职业教育
教师资格制度研究
——制度有效性的视角

查吉德　著

暨南大學出版社
JINAN UNIVERSITY PRESS

中国·广州

图书在版编目（CIP）数据

职业教育教师资格制度研究：制度有效性的视角/查吉德著．—广州：暨南大学出版社，2011.9
ISBN 978－7－81135－928－2

Ⅰ.①职…　Ⅱ.①查…　Ⅲ.①职业教育—教师—教育制度—研究—中国
Ⅳ.①G715

中国版本图书馆 CIP 数据核字（2011）第 152546 号

出版发行：暨南大学出版社

地　址：中国广州暨南大学
电　话：总编室（8620）85221601
营销部（8620）85225284　85228291　85228292（邮购）
传　真：（8620）85221583（办公室）　85223774（营销部）
邮　编：510630
网　址：http：//www.jnupress.com　http：//press.jnu.edu.cn

排　版：广州金易计算机技术服务部
印　刷：佛山市浩文彩色印刷有限公司

开　本：787mm×960mm　1/16
印　张：14.5
字　数：276 千
版　次：2011 年 9 月第 1 版
印　次：2011 年 9 月第 1 次

定　价：28.00 元

序

百年大计，教育为本。教育大计，教师为本。教师是教育的实施者，先进的教育理念，良好的课程内容和教学方法，归根结底都要由教师来落实。教师的职业素质是教育成效的依托，教师队伍的整体质量是教育发展和改革的基础。教师作为一种专业化职业，承担着科技、文化传承和培养下一代的重任，理应具有严格的职业资格要求和认定制度。胡锦涛总书记在全国优秀教师代表座谈会上的讲话中强调要“严格教师资格准入制度”。教师资格制度的改进和完善，不仅有利于保证教师队伍的基本质量、开辟教师来源的多样化和规范教师管理，对教师而言，也有利于提高社会地位，促进专业发展。因此，教师资格制度在教师队伍建设方面应该占第一梯次的位置。

中国拥有世界上最大规模的教育和教师队伍，中国也是世界上教育和教师历史最悠久的国家之一，仅从甲骨文有“教”字、“师”字算起，就有四千年的历史。但中国教师资格制度的出现，从1993年《教师法》颁布算起不过十余年，正式全面实施则已经是21世纪的事了，可以说尚处于初级阶段。现行法规规定的教师资格有七大类，即幼儿园教师、小学教师、初中教师、高中教师、中等职业学校教师、中等职业学校实习指导教师和高等学校教师，其中中职教师就占有两类，高校教师中还包括高职教师。在义务教育阶段之后，职业学校教师和普通学校教师可以说各占半壁江山，这两类学校的培养目标、学生的学习基础、教师的教学方式和学校的条件设施都有显著区别，必然也应体现在对教师的要求上。但是，现行的教师资格制度规定高中教师与中等职业学校教师资格相互通用，实际上抹杀了这两类教师的区别。至于高等职业学校教师资格，更是混同于普通高校教师，实习指导教师资格则仅限于中等职业学校。由此可见，现行的教师资格制度尚未顾及职业教育的特点及对职业学校教师的资格要求，这无疑是一个很大的不足之处。

2005年实施的《国务院关于大力发展职业教育的决定》，正式确立了职业教育作为当前我国教育事业发展的战略重点地位，提出了明确的发展目标、任务及相应的支持保障举措，其中包括“实施职业院校教师素质提高计划”，并于2007年由教育部、财政部正式立项。我有幸获准负责了该计划中“职业教育教师资格制度研究”的开发项目，查吉德当时作为我指导的博士生，是课题研究的骨干力量，并在此基础上完成了自己的博士论文，这本《职业教育教师资格制度研究：制度有效性的视角》，就是他在博士论文的基础上完成的。本书是我国第一本关于职教教师资格制度方面的研究专著。本书借用新制度经济学的理论框架，对现行教师资格制度在职教教师队伍建设方面的有效性问题进行了深入系统的研究，包括有效性的评价标准、有效性表现、低效的制度分析等，在此基础上还提出了颇有新意的制度设计。本书内容丰富，资料数据翔实，文字流畅，研究结论具有一定的学术创新性和较好的应用价值，为我国教师资格制度改革与创新提供了有益的参考。书中基于职教教师职业任务确立其专业性，基于教师专业性确立其专业资格的观点，对传统的基于专业社会学的教师专业化理论有所突破。由于目前针对职教教师资格认定制度的局限和缺乏深入的参与实践，作者对问题的分析和改进制度的设计必然还存在一些不够周密之处，查吉德博士作为青年学者，我们相信他会不断加深思考，取得进一步提高。为此，我乐意推荐此书与学界同仁共享。是为序。

俞启定

2011 年 6 月

前　言

教师是影响教育发展的关键要素，这是经过无数事实证明的。正因为教师之于教育的重要性，关于谁有资格当教师的问题自然成为一个非常朴素的教育命题。千百年来，不同社会、不同阶级、不同利益团体、不同个体对教师资格均有着不同的理解。为了规范教师资格，教师资格制度便应运而生。尤其是随着教师专业化理论的发展，教师资格制度已被认为是推动教师专业化、提高教师队伍整体素质与质量的重要手段。

为保证教师队伍质量，推动教师专业化，我国于20世纪90年代初期开始探索实施教师资格制度，并于2001年全面实施。然而，作为特定历史时期的产物，教师资格制度能否适应职业教育发展要求？其有效性如何？如果低效，其制度层面的原因是什么？如何创新，才能提高其有效性？针对这些问题，本书进行了系统深入的研究。全书共分为七章：

第一章是“问题陈述”。本章着重阐述了本研究的宏观背景；分析了职业教育发展中突出存在的两个不适应问题，即职业教育观念、人才培养模式、课程体系、教学方式方法等与职业教育人才培养规律不适应，教师队伍的整体素质和质量与职业教育人才培养要求不适应；剖析了有效的教师资格制度在解决职业教育发展中存在的两个不适应问题的作用与意义，指出教师资格制度不仅可以在提高教师队伍整体素质与质量方面发挥重要作用，而且可以成为推动教师主动寻求改变，离开“舒适地带”以适应教育教学改革要求的内在动力；进而阐明了研究的目的与内容、研究方法与研究意义。

第二章是“文献综述”。本章对国内外教师资格制度有效性问题的相关文献进行了梳理。从国内文献来看，研究人员对实施教师资格制度的意义高度认同，但同时指出了现行教师资格制度存在的突出问题，提出了相应的对策和建议。另外，国内学者所做的国际比较研究及国外研究文献给我们提供了重要启示：一是有效性是教师资格制度安排的重要原则；二是提高教师资格认证标准可能会降低申请人的获证率，加剧教师供需矛盾，影响教育公平；三是多元证书模式并非优于单一证书模式，选择哪种证书模式关键视教育发展需要而定；四是效度是教师资格考试的关键，也是教师资格考试备受争议的焦点；五是内行教学是教育质量保障体系的重要内容，要求教师资格与教学任务相匹配。

第三章是“核心概念厘定与理论框架”。本章在对职教教师、教师资格制度、制度、制度有效性等概念进行解析的基础上，提出了评价教师资格制度有效性标准，从而为第四章的调查研究、第五章的制度分析奠定了理论基础。笔者认为，评价教师资格制度的有效性包括三个维度：一是制度整体的有效性，即教师资格制度能否满足利益相关者（政府、学校、教师和学生）的利益需要；二是教师资格认证的有效性，包括教师资格认证标准的有效性、认证方式的效度以及认证结果的预测效度；三是制度执行的有效性，包括作为职业准入制度的教师资格制度是否被有效执行，以及作为执业资格制度的教师资格制度是否被有效执行。

第四章是“职教教师资格制度有效性分析”。本章根据第三章确立的制度有效性评价指标调查研究了现行教师资格制度在职教教师队伍建设方面的有效性。本章研究表明，教师资格制度总体表现低效：一是职教教师资格认证低效。认证标准未能有效反映职教教师的专业性；认证方式不能有效审核申请人真实的教育教学能力；认证结果——教师资格证书缺乏预测效度。二是职教教师资格制度执行低效。中职学校并没有严格执行教师的职业准入制度，大量的中职教师属于“先上岗，后取证”；不少中职学校在教师招聘中并不要求应聘者必须拥有教师资格证书；少部分在职教师依然没有取得教师资格证书；绝大多数承担实习指导教学任务的教师并没有取得中等职业学校实习指导教师资格证书，属于“无证上岗”或“持无效证件上岗”（如持中等职业学校教师资格证书）。三是制度整体缺乏有效性，未能有效满足利益相关者的利益需要。对于政府而言，教师资格制度未能有效促进职教教师队伍建设和教师队伍整体素质与质量的提高；对于学校而言，教师资格制度未能给予强烈的质量信号，教师资格证书缺乏预测效度，学校并未因教师资格制度的实施而降低教师招聘的显性与隐性成本；对于教师而言，教师资格制度未能有效改善其经济待遇，提升其专业地位，促进其专业发展；对于学生而言，教师资格制度未能保证教师的基本教学质量，未能降低其因择校不慎而受到非专业的、低质量的职业教育教学服务的风险。

第五章是“职教教师资格制度低效的制度分析”。本章从制度质量、制度冲突、制度环境三个方面分析了现行教师资格制度在职教教师队伍建设方面低效的原因。在制度质量方面，现行教师资格制度忽视了职教教师的专业性，认证标准效度低；忽视了制度的内生性，不能有效满足利益主体的利益诉求；在认证对象上存在制度真空，广大兼职教师无须资格认证，削弱了教师资格制度的权威性和严肃性；制度实施机制缺失，不仅缺乏违约处罚条款，而且对各地的配套政策、制度实施缺乏监管措施，加之层层交互委托代理的制度执行模式的缺陷，导致制度执行低效。在制度冲突方面，现行教师资格制度既与一些外在制度，如人力资源与社会保障部实施的教师上岗资格制度、教育部门实施的“双师型”教师资格制度、职教教师教育制度、职教教师职务制度、职业学校人事分配制度等存在一定冲突，也与内在制度，如教师资格传统、人们的教师资格认知图式存在一定冲突。制度冲突影响了制度的社会认同，使制度遭遇合法性危机，进而影响了制度的执行。在制度环境方面，职教教师的有效供给不足压缩了教师资格制度的实施空间；教育政策执行不力的整体政策氛围，影响了教师资格制度的执行，导致制度执行中的种种失真行为；人们对教师专业的认知态度也在一定程度上影响了教师资格制度的价值认同。

第六章是“职教教师资格制度创新”。本章在第三、第四和第五章研究的基础上，设计了新的专门的职教教师资格制度，包括职教教师资格认证制度、职教教师资格发放制度和职教教师资格管理制度。同时，本章还对影响职教教师资格制度有效实施的配套制度进行了探讨，包括职教教师教育制度、人事分配制度以及职业教育制度。

第七章是“结束语”。本章对整个研究进行了概括性阐述，包括研究的主要结论与建议以及存在的主要问题与展望。

目　录

第一章　问题陈述

教师资格制度（又称“教师资格证书制度”）是国家对教师实行的职业许可制度，是对从事教师职业者所应具备的条件和身份的一种强制性规定。教师资格制度作为教师职业准入制度和教师专业化的重要标志，其意义已被社会广泛认可，被世界各国作为规范教师管理，促进教师专业化，提升教师队伍素质乃至提高教育质量的重要手段。1993 年《中华人民共和国教师法》和 1995 年《教师资格条例》颁布后，我国开始探索实施教师资格制度，并于 2001 年全面推行。根据《教师资格条例》，我国将教师资格分为七大类：幼儿园教师资格，小学教师资格，初级中学教师和初级职业学校文化课、专业课教师资格（统称初级中学教师资格），高级中学教师资格，中等专业学校、技工学校、职业高级中学文化课、专业课教师资格（统称中等职业学校教师资格），中等专业学校、技工学校、职业高级中学实习指导教师资格（统称中等职业学校实习指导教师资格）和高等学校教师资格。可见，七类教师资格中，中等职业学校独占两类，即中等职业学校教师资格和中等职业学校实习指导教师资格。由此引发了一个非常现实的问题——职教教师资格制度的有效性问题。[①] 特别是随着我国职业教育的大力发展，教师队伍建设方面出现了许多新情况和新问题，现行职教教师资格制度有效性问题越显突出。因此，有必要对职教教师资格制度的有效性问题作深入系统研究。本章主要对研究问题进行陈述，包括研究背景、研究目的与内容、研究方法与研究意义。

第一节　研究背景

当今世界，知识经济已露端倪，全球化浪潮越演越烈，综合国力竞争日趋激烈，而综合国力竞争主要是人才竞争，人才竞争的关键是教育竞争。为此，各国（地区）政府纷纷从提升本国（地区）在全球化市场中的竞争力、维护自身经济利益的角度考虑，制定和颁发了有关教育改革的政策，有的还将教育

---

① 我国并没有单独的职教教师资格制度，本书所指的现行职教教师资格制度实际上是指教师资格制度中涉及中等职业学校教师的那部分条款。

改革列入优先考虑的范围之内，以期通过大力发展教育，建立起各国（地区）潜在的、庞大的人才库，从而维持或增强其在国际市场中的竞争力（D. Hargreaves，1998；Fink & Stoll，1998）。[①] 职业教育由于其与社会经济发展关系密切，[②] 在培养高素质技能型人才方面具有不可替代的重要作用而备受关注。如欧盟分别于2000年制定《里斯本战略》、2002年发表《哥本哈根宣言》、2004年发表《马斯特里赫特声明》，反复强调职业教育对提高欧盟核心竞争力的重要作用。澳大利亚分别于2002年和2005年颁布《面向未来的就业技能》和《用技能武装澳大利亚人》，提出澳大利亚职业教育与培训体系要对不断变化的产业需求作出更快更准确的反应，以保持澳大利亚经济发展的强劲势头。2003年和2005年英国分别发布了《21世纪的技能——认识我们的潜力》和《技能在英国：长期的挑战》，提出英国2020年应达到的技能水平，用技能、知识和个人品质武装所有年轻人，以提高生产力，促进社会发展和公平。2003年和2004年德国政府连续发起“职业教育攻势”的国家行动，开展寻访职业教育“问题地区”的“职业教育远足计划”，设立全国“职业教育日”。[③] 面对全球化的职业教育发展与改革浪潮，中国不可能置身事外。本节将对我国职业教育发展与改革的社会、经济背景作一梳理，在此基础上分析教师问题对职业教育发展与改革的影响，由此引出研究主题——职教教师资格制度有效性问题。

一、职业教育难担历史重任

从世界范围来看，“后工业社会”、“信息社会”、“知识经济”、“全球化”等概念被广泛用来描述当今人类社会的典型特征，人类已经进入了经济更灵活、科技更复杂、文化更多元、道德更不确定以及民族认同感更显危机的社会状态之中。从国内来看，我国正处于大发展、大变革时期，经济快速发展，城市化进程快速推进，人们的生活方式正在发生巨大变化，一些学者将之称为“社会转型期”。在这种社会状态中，“唯一确定的是不确定，唯一不变的是变”，变革本身俨然成为社会生活的一种“常态”。面对时代变革，我国政府从提升国家社会经济竞争力，促进社会公平，构建和谐社会的战略高度出发，

---

① 操太圣，卢乃桂．伙伴协作与教师赋权——教师专业发展新视角［M］．北京：教育科学出版社，2007.2.

② 据中国社会科学院国情调研课题组的研究，中等职业教育与GDP的灰色关联度高达0.9。参见：中国社会科学院国情调研课题组．中国职业教育：发展与挑战——来自中国社会科学院的报告［J］．职业技术教育，2007（21）：18—49.

③ 第四战略专题调研组．职业教育发展战略研究［J］．教育研究，2010（7）：20—25.

调整教育发展战略，将大力发展职业教育作为教育工作的战略重点，并赋予职业教育重大历史使命。2005年《国务院关于大力发展职业教育的决定》（国发〔2005〕35号）明确提出：把发展职业教育作为经济社会发展的重要基础和教育工作的战略重点，并指出，“大力发展职业教育，加快人力资源开发，是落实科教兴国战略和人才强国战略，推进我国走新型工业化道路、解决‘三农’问题、促进就业再就业的重大举措；是全面提高国民素质，把我国巨大人口压力转化为人力资源优势，提升我国综合国力、构建和谐社会的重要途径；是贯彻党的教育方针，遵循教育规律，实现教育事业全面协调可持续发展的必然要求”。该决定要求：职业教育为我国走新型工业化道路，调整经济结构和转变增长方式服务；为农村劳动力转移服务；为建设社会主义新农村服务；为提高劳动者素质特别是职业能力服务。党和国家领导人也反复强调职业教育的战略意义，要求把职业教育摆在更加突出的位置，抓紧抓好。2007年，胡锦涛总书记在党的十七大报告中强调指出，要“加快普及高中阶段教育，大力发展职业教育”。温家宝总理多次要求，“在整个教育结构和教育布局当中，要把职业教育摆到更加突出，更加重要的位置”。2008年以来，国务委员刘延东多次强调，一定要把职业教育作为整个教育事业改革发展的战略重点和战略突破口，作为调整优化教育结构、促进各级各类教育协调发展的关键环节，放在更加突出的位置抓紧抓好。在党和国家的重大决策和相关文件中，反复强调职业教育在社会主义现代化建设中的基础作用和战略地位，要求采取强有力的措施，推动职业教育又好又快地发展。另外，改革开放以来，我国经济保持了平稳较快发展，年均增长速度达到9.5%，人均GDP突破1 000美元。① 经济的快速发展为职业教育发展提供了坚实的经济基础和强大动力。

良好的政策环境和经济环境共同推动了我国职业教育的快速发展。如中等职业学校（含中等专业学校、职业高中、技工学校、成人中专）年招生人数由2001年的398万人增至2009年的873.6万人，增长119.5%，年均增长10.33%；在校生由2001年的1 164万人增至2009年的2 178.7万人，增长87.17%，年均增长8.15%。② 然而，随着职业教育规模的急剧扩张，原有的并不充裕的教育资源被稀释，加之基础教育的改革与发展滞后于职业教育的发展，不能为中等职业学校输送优秀毕业生，经过初中（部分高中）学术分流后进入中等职业学校的学生素质越来越差，由此导致职业教育质量问题越来越突出。以广州市为例，虽然近年来该市职业教育快速发展，招生规模逐年扩

① 数据来源：刘伟．经济增长与宏观调控［R］．广州讲坛第二十三讲，2005-07-25.

② 数据来源：据国家统计局官方网站公布的《国民经济与社会发展统计公报》（2001—2009）中的数据整理。

大，但人才培养质量与企业需求仍有较大差距，职业教育的快速发展并没有从根本上缓解技能型人才紧缺的矛盾。如2005年广州市高级技师和技师共需要7.43万人，高级技工则需47.13万人，而现实是高级技师和技师只有3.98万人，高级技工只有17.17万人，分别相差3.45万人、29.96万人（查吉德，2006）。另据笔者2009年末参与的一项调查，广州市番禺区96.6%的企业近两年存在不同程度的缺工问题。在缺工类型方面，企业最缺的是普工（69.88%的企业表示缺普工），其次是技工（53.01%的企业表示缺技工）。经进一步与企业负责人交谈发现，虽然从缺工人数来看，普工最缺，但从招工难度而言，技工最难招。普工短缺问题可以通过提高工资待遇来解决，但技工短缺问题通过提高工资待遇也无法解决，因为劳动力市场本身就很少有技工供给（查吉德、苏海燕，2010）。可见，虽然中等职业学校每年向社会输送了大量的毕业生，但毕业生质量与企业要求仍有较大差距，企业缺乏技术工人的状况依然没有得到有效改善。总体来看，“高增长、低质量”的职业教育根本不能履行时代赋予的历史使命，与人们的预期形成巨大反差。虽然职业教育经过了10年的快速发展，在规模上已占据我国高中阶段教育的半壁江山，但我国社会经济发展中面临的突出问题并没有得到有效缓解。职业教育既没能为我国走新型工业化道路、产业结构调整、经济增长方式转变提供强有力的人才支持，缓解高素质技能型人才的供需矛盾，也没能为农村剩余劳动力转移、社会主义新农村建设提供有效服务。

二、教师队伍难解职业教育之困

面对理想与现实的矛盾，政府开始积极寻求对策，并调整发展战略，在注重规模发展的同时，强调质量的提高。如2007年9月11日，时任教育部副部长吴启迪在天津举行的国际职业教育论坛上的讲话中指出，“在今后一段时期内，职业教育应把提高质量作为其工作重点”。2008年3月，时任教育部职业教育与成人教育司司长黄尧在全国中等职业教育教学改革专家咨询委员会成立会议上的讲话中指出：“提高职业教育质量，是当前和今后一段时期职业教育工作的重点、重要任务。今天讲发展，不仅数量要增加、规模要扩大，而且更要注重质量和效益的提高……我们要一手抓发展、一手抓质量，并且要把提高质量放在更加突出的位置上。”2010年出台的《国家中长期教育改革和发展规划纲要（2010—2020）》明确将提高质量作为职业教育发展的重点。要提高职业教育质量，首先必须了解目前职业教育存在的主要问题，根据问题“对症下药”。为此，近年来，不论是政策的制定者，还是教育的研究者与实践者都逐步开始对职业教育中的问题进行梳理和反思。从已有的文献来看，影响职业教育质量的因素包括职业教育外部因素和内部因素两个方面，其中，外部因素主要是经费投入不足、管理体制不完善、办学机制不灵活等；内部因素则突出表现为“两个不适应”：一是职业教育观念、人才培养模式、课程体系、教学方式方法等与职业教育人才培养规律不适应。如董仁忠、石伟平（2006）认为，“我国职业教育的人才培养模式一直是‘以学校和课堂为中心’，比较封闭，缺乏市场敏感性，与社会和企业的需求相脱节，缺乏社会和企业的强力参与；培养目标没能反映劳动力市场及职业岗位的需求；课程的学科形态太浓，学术性倾向太浓，职业性倾向不足，没有根据工作实践的逻辑来开发和实施课程”。二是教师队伍的整体素质和质量与职业教育人才培养要求不适应。如2007 年 1 月 25 日，在教育部2007 年第 1 次例行新闻发布会上，时任教育部副部长吴启迪指出：“提高职业教育办学质量的关键在教师……没有一支高素质的教师队伍就不可能有高质量的职业教育。俗话说‘名师出高徒’，教师的素质和教学水平上不去，职业教育的教学改革就难以推进，人才培养的质量就难以保证，因此，必须把加强教师队伍的建设摆在职业教育发展中的重要位置。”她认为，“职教教师队伍仍然是当前制约职业教育发展的突出环节。目前存在这样的三个问题：第一是随着职业教育的持续扩招，教师紧缺的问题也日益严重。第二是专业课教师的比例偏低，教师的专业技能水平和实践教学能力偏弱问题很突出。第三是管理制度不健全，职教特色不明显，相关的条件保障不足”。在对王继平主持的全国教育科学“九五”规划国家教委重点课题“面向 21 世纪职业教育师资队伍建设对策研究”的鉴定意见中，以国家教委原职业技术教育司司长刘来泉为组长的专家组认为，“职教师资队伍建设是事关我国职业教育改革和发展的关键所在，是制约我国当前职业教育质量和水平的薄弱环节”（2003，p. 1）。

面对第一个“不适应”，改革势在必行。近年来，在政府的主导下，我国职教界掀起了一场轰轰烈烈的教育教学改革热潮。2008 年，《教育部关于进一步深化中等职业教育教学改革的若干意见》（教职成〔2008〕8 号）提出了八点改革意见：一是进一步提高对深化教育教学改革紧迫性和重要性的认识；二是坚持以服务为宗旨、以就业为导向，进一步更新教育教学思想和观念；三是坚持育人为本，把德育工作放在首位；四是改革人才培养模式，大力推行工学结合、校企合作、顶岗实习；五是优化专业设置和结构，推进专业建设规范化；六是改革教学内容、教学方法，增强学生就业和创业能力；七是进一步完善教学管理，积极进行制度创新；八是加强教学保障条件建设，建立提高教学质量的长效机制。不论是文件要求的教育教学观念的更新，还是人才培养模式、教学内容与方法的改革，抑或专业建设都需要教师作出改变。正所谓“教育要改革，教师必须改变”。“因为在改革的实施中，仅仅是新的课程方案、课程材料、教学策略以及学校的组织结构等并不能自行启动以求实现有效的改革，它们都必须通过参与并投入其中的人，即教育工作者，更直接地说是通过教师来实现。若处于改革中的教师无动于衷，则学校教育系统中其他方面再多的变化最终也将无济于事。因此，教师改变成了教育改革取得成功的内在动力和终极力量。”（尹弘飚、李子建，2007）然而，遗憾的是教育改革总是面临教师难以改变的困境。一方面，教育教学改革不断复演着“失败”与“回归”，使得教师对改革前景缺乏积极乐观的态度，因此，面对外在的改革要求，教师总是习惯性地采取观望态度甚至是抵制态度。另一方面，根据管理心理学理论，“每一个人都有自己的‘舒适地带’，即有自己熟悉的活动范围和经验，在其中就会觉得安全、舒适和稳妥，一旦逾越，则可能会遇上困难、麻烦、危险和挑战”（操太圣、卢乃桂，2007，p.7）。因此，面对改革，教师往往不愿意投入太多精力和时间，不愿意改变自己的教育观念，更不愿意改变自己驾轻就熟的教学方式、教学方法，放弃自己的“舒适地带”。对于教师的消极态度，当前不论是改革的主导者——政府，还是改革的主持者——高校或研究机构的专家，抑或改革的实践者——学校，都没有作深入思考与研究，没有正视教师的消极态度，往往是采取“强制性”手段迫使教师改变。政府通过评估（如示范性学校评估、重点学校评估、专业与课程评估）等行政手段迫使学校进行改革；学校通过评估（教学评优、课程评优）等行政手段迫使教师作出改变；专家则通过报告、讲座等方式将自己的理论单向灌输甚至是强加给教师，教师对专家的理论缺乏深入理解与认同。有鉴于此，职业教育改革总体上依然是“新瓶装旧酒”，“虽经改革，但各种关于教育、教与学的陈旧态度却依然根深蒂固”（Tyack & Tobin，1994），“个别学校虽然一度表现出色，但随着时间的推移，变革的能量逐渐‘损耗’，最终总是回归当初，与其他传统学校并无二致”（Fink，2000）。[①] 笔者认为，要真正提高改革的成效，必须改变教师，必须在制度上作出回应，将教师改变与教师专业发展相结合，通过制度促进教师改变，促使教师主动离开“舒适地带”，寻求专业发展。

面对第二个“不适应”，加强教师队伍建设势在必行。当前我国职教教师队伍面临数量与质量的双重问题。教师数量不足始终是制约职业教育发展的瓶颈。早在20世纪80年代，国家就试图通过扩大教师来源等措施来解决职业教育教师数量不足的问题。如1985年，《中共中央关于教育体制改革的决定》

---

① 操太圣，卢乃桂．伙伴协作与教师赋权——教师专业发展新视角［M］．北京：教育科学出版社，2007.5.

指出："师资严重不足，是当前发展中等职业技术教育的突出矛盾。各单位和部门办的学校，要首先依靠自身力量解决专业技术师资问题，同时可以聘请外单位的教师、科学技术人员兼任教师，还可以请专业技师、能工巧匠来传授技艺。要建立若干所职业技术师范院校，有关大专院校、研究机构都要担负培训职业技术教育师资的任务，使专业师资有一个稳定来源。"1986 年，国务院召开的第一次全国职业技术教育工作会议上通过了《关于加强职业技术学校师资队伍建设的几点意见》，明确提出了"多渠道解决师资来源问题"的基本思路。根据这一思路，中等职业学校主要通过"改、分、调、聘、留"等五种渠道解决教师不足的问题。"改"，即将文化课教师改为专业课教师；"分"，即从普通高校或职业技术师范学院毕业生分配；"调"，即从教育系统外调进专业技术人员；"聘"，即从社会上聘请兼职教师；"留"，则是选择少数优秀毕业生留校作实习指导教师。据统计，2006 年，新增中等职业学校专任教师 99 436 人，其中，31 725 人为录用毕业生，约占 32%，外单位调入 31 737 人，约占 32%，非教师调入 13 361 人，约占 13%，其他渠道来源 22 613 人，约占 23%。[①] 多种渠道解决教师数量不足的问题，必然面临一个非常现实的问题，那就是如何从制度上保障新增教师的质量，把好"入口"关？在与西部 I 省 A 市中职校长座谈中，校长们反映，最近几年新增教师整体素质较差，许多新增教师即使经过两年的在岗实践锻炼与培训也不能成为一名合格的职教教师（查吉德，2009，pp. 121—130）。除了数量不足以外，中等职业学校还存在在职教师质量偏低、结构不合理等问题。如 2009 年，中职专任教师中，普通文化课教师与专业课教师共计 657 717 人，[②] 其中专科及以下学历的教师 117 521 人，占 17. 8%。[③] 也就是说，17. 8% 的普通文化课和专业课专任教师学历未达到《教师法》规定的本科学历要求。另据和震（2010）等人对某直辖市中职教师的素质调查显示，教师职业工作知识、教育教学知识薄弱，且教学组织管理能力和实践操作能力欠缺。职业工作知识被中职教师列入自己最欠缺知识的首位，超过 50% 的教师认为自己掌握的教育理论不适合职业学校的学生，且职业教育理论知识是教师认为自身最欠缺的知识之一；教学组织管理能力和实践操作能力被学生列为教师最欠缺的两项能力，43. 8% 的学生反映近半数的教师对于教学中出现的技术和安全方面的突发问题不能妥善处理，超过 50% 的教师认为在教学中难以遵循实际的工作标准和规范，接近 50% 的教师感觉自

---

① 教育部职业教育与成人教育司，教育部职业技术教育中心研究所. 新世纪中国职业教育发展——2004—2007 年职业教育发展报告［M］. 北京：高等教育出版社，2009. 16.

② 根据《教师法》第十一条，对中等职业学校实习指导教师资格的学历未作本科要求。

③ 数据来源：据教育部官方网站公布的 2009 年教育统计资料（中等教育）中的数据整理。

己的实践教学课不能得到学生的普遍认可和欢迎。教师结构方面，专业课、实习指导课教师比例偏低。据统计，2009 年，中职专任教师总数为 682 151 人。其中，普通文化课教师 303 603 人，占 44.5%；专业课教师 354 114 人，占 51.9%；实习指导教师 24 434 人，只占 3.6%。[①] 该教师结构与发达国家存在较大差距，如在日本，2002 年，职业学校普通文化课教师只占 1/6，5/6 是技术、职业和专业课教师（Moriki Terada ,2007，pp. 159—183）。为提高在职教师队伍整体素质和质量，近年来，国家加大了教师培训工作，突出“双师型”教师队伍建设。如教育部于 2000 年下发了《关于进一步加强中等职业教育师资培养培训基地建设的意见》（教职成〔2000〕9 号），10 年来先后遴选确定了 56 个全国重点建设职业教育师资培养培训基地，同时依托大型企业建立了 8 个全国职教师资专业技能培训示范单位，各省市也相继建立了 300 多个省级职教师资培训基地（王珺瑶，2010）；2006 年底，教育部、财政部联合下发了《关于实施中等职业学校教师素质提高计划的意见》（教职成〔2006〕13 号），启动了中等职业学校教师素质提高计划，计划到 2010 年培训 15 万名专业骨干教师。与新增教师一样，在职教师的培训同样面临质量问题。虽然教育部、财政部《关于实施中等职业学校教师素质提高计划的意见》（教职成〔2006〕13 号）对培训作了原则要求，如提出采取“基地培训 + 企业实践”的培养模式进行，时间为两个月，参培教师先在国家公布的培训机构进行 1 个月的专业理论和教育教法培训，然后到对口企业进行 1 个月的企业实践活动，通过现场观摩、上岗操作等方式，熟悉相关专业领域的新知识、新技能、新工艺、新方法；培训结束时，教师要按规定完成教学论文或教案，经考核合格，由培训机构颁发“中等职业学校骨干教师国家级培训证书”。这种原则要求体现了“双师型”教师的基本理念，但并没有确定具体的培训考核标准。事实上，由于缺乏教师培训与师资队伍建设的专业化标准，当前职教教师培训机构基本上是“八仙过海，各显神通”，对培训质量缺乏有效的考核评价。笔者从部分接受过培训的教师那里了解到，有些培训基地不是针对教师的需要开展培训，而是根据基地自身的教学资源组织培训，培训结束后，也没有严格的考核制度，只是发一个结业证书，证明有过这段学习经历，培训效果并不理想。一些教师反映，“两个月的时间学习技能根本不行，只能学点理论，了解一些前沿信息和经验，回到工作岗位，一切又回到原点”。由于培训效果不理想，一些学校不是将培训作为提高教师素质的一项常规制度惠及每一位教师，而是将培训作为对工作表现突出的教师的一种奖励，培训往往不是“雪中送炭”，而是“锦上

---

① 数据来源：据教育部官方网站公布的 2009 年教育统计资料（中等教育）中的数据整理。

添花”。另外，在学校层面，由于缺乏专业标准，学校在教师队伍建设方面注重“量”而非“质”，注重“形式”而非“内容”，往往是为了“培训”而“培训”，对于培训目的则缺乏考虑。因此，教师培训与教师队伍建设急需专业化标准或依据。

三、教师资格制度难解职教教师队伍之围

教师是重要的，这是经过无数事实证明的，但是，对于整个教师队伍建设而言，还有一个谁起作用更大的问题（王保华，2007，p. 5）。“教师资格制度因其在保证教师质量方面所表现出来的不可替代作用，必然成为教师质量保障体系的核心内容。”（袁贵仁，2005）首先，作为一项职业准入制度，教师资格制度可以把好教师“入口”关，确保新增教师质量，保证每一名新增教师都是合格的职教教师。正如前文所述，当前我国职教教师数量严重不足，因此国家鼓励扩大教师来源，特别是鼓励从行业、企业聘请管理、技术骨干作为中等职业学校的兼职教师，建设一支“双师”结构的教师队伍。保证数量庞大的新增教师（包括兼职教师）的质量，对于优化教师队伍结构，提高教师队伍质量至关重要。其次，作为教师专业化的重要推动力量，教师资格制度有助于促进“教师改变”，促使教师主动离开“舒适地带”，适应教育教学改革需要。职业教育要能真正履行时代赋予的重大历史使命，必须寻求变革，而“教育改革”的成功对“教师改变”的依赖非常大，“教师改变”是“教育改革”成功的关键，但“教师改变”需要一种外在与内在的推动力，单纯的行政手段很难对其奏效，这种推动力是基于教师专业发展的需要，是基于教师自我价值满足的一种力量，这种力量可以使教师离开“舒适地带”发生“内在改变”（操太圣、卢乃桂，2007，p. 13）。教师资格制度是一种保证教师队伍建设健康发展的外在和内在的制度力量。作为外在的制度力量，教师资格制度是面向所有教师的一项具有法律约束力的制度，要求所有教师必须为之作出改变；作为一项内在制度，教师资格制度是符合教师专业发展需要的一种专业要求性制度（王保华，2007，p. 5）。因此，教师资格制度是促进“教师改变”，寻求自我专业发展，保障职业教育改革成功的重要制度力量。再次，基于职教教师专业性要求的教师资格标准可以成为职教教师培养培训、队伍建设的重要依据，使职教教师队伍建设不仅有章可循，而且有据可依。

当然，教师资格制度能否有效解决职教教师队伍建设中的诸多问题，取决于制度的有效性，包括制度安排是否有效，制度执行是否有效。与发达国家相比，我国的教师资格制度还处于探索阶段，而且《教师资格条例》等教师资

格制度的实施法规均是特定历史时期的产物。面对社会经济的变化和职业教育的快速发展，现行教师资格制度的有效性备受质疑。毛才盛（2007）认为，当前我国没有独立的职教师资资格认定体系，兼职教师的资格认定制度不健全，对职教师资的资格设置尚不全面。高山艳、刘红云（2008）认为，职业学校教师资格更多的是参照普通教育相同层级的教师资格，缺少与职业教育特点相适应、体现职业教育内涵的职业学校教师资格制度，缺少对职业学校教师专业技术和技能以及相关职业经验的规定。现行教师资格制度存在的诸多问题，影响了教师资格制度在职教教师队伍建设方面的有效性。对此，虽然有一些研究者对完善现行教师资格制度提出了一些针对性措施［如俞启定（2006）等学者建议建立教师资格再认证制度；任学印（2000）等学者建议建立多层级、多类型的教师资格证书体系］，但已有研究更多的是就事论事，即制度有什么问题，相应地提出什么对策，并没有真正指向制度的有效性这一核心问题，也缺乏系统性。因此，在职业教育快速发展的历史背景下，在我国教师资格制度全面实施十年后，有必要对职教教师资格制度的有效性问题作深入系统研究，以期为完善我国职教教师资格制度提供理论指导和政策参考。

第二节　研究目的与内容

基于以上研究背景分析，本书拟在职业教育大发展大改革之际，对职教教师资格制度的有效性问题进行系统研究，试图解决以下问题：如何评价教师资格制度的有效性？现行职教教师资格制度的有效性如何？造成现行职教教师资格制度低效的制度因素有哪些？职教教师资格制度如何创新才能提高有效性？为达到以上研究目的，本书主要包括五大研究内容：

第一部分，即第一章和第二章，主要是对研究问题的陈述和文献综述，包括研究背景、研究意义、研究目的与内容、研究方法、国内外研究状况。拟解决的研究问题是：为什么要研究职教教师资格制度？如何研究？国内外研究现状如何？通过这部分的研究，确立研究内容与问题，理清研究思路。

第二部分，即第三章，通过对核心概念——职教教师、教师资格制度、制度、制度有效性的界定，阐述本研究的理论框架。在概念分析的基础上，提出教师资格制度有效性的评价指标。本部分拟解决的研究问题是：以什么理论框架分析研究职教教师资格制度的有效性问题？

第三部分，即第四章，根据第二部分建立的研究框架，调查分析现行职教教师资格制度的有效性状况，包括职教教师资格认证的有效性、职教教师资格制度执行的有效性以及职教教师资格制度整体的有效性。本部分拟解决的研究问题是：现行职教教师资格制度有效性如何？

第四部分，即第五章，主要是利用制度分析方法，从制度质量、制度冲突与制度环境三个方面对职教教师资格制度低效的原因进行分析。本部分拟解决的研究问题是：造成现行职教教师资格制度低效的制度层面的原因是什么？

第五部分，即第六章，主要是根据职教教师资格制度低效的表现及其制度的分析，结合我国职业教育发展的实际情况和国际经验，设计专门的职教教师资格制度，包括职教教师资格认证制度、发放制度和管理制度以及相关的配套制度。本部分拟解决的问题是：为了提高制度的有效性，职教教师资格制度应如何创新？

第三节　研究方法

根据研究的目的与任务，本书采用定性与定量相结合的研究方法。除了文献分析法、比较研究法、逻辑演绎法以外，主要采用了调查研究法和制度分析法。

一、调查研究法

调查研究法是一种经验性社会研究方法，即以询问的方式对社会事实的系统把握和解释（彼德·阿特斯兰德，1995，p.4）。一般包括问卷调查、访谈、座谈会等形式。本书主要采用问卷调查法，辅之以访谈和座谈会。调查的基本逻辑框架如图1－1。

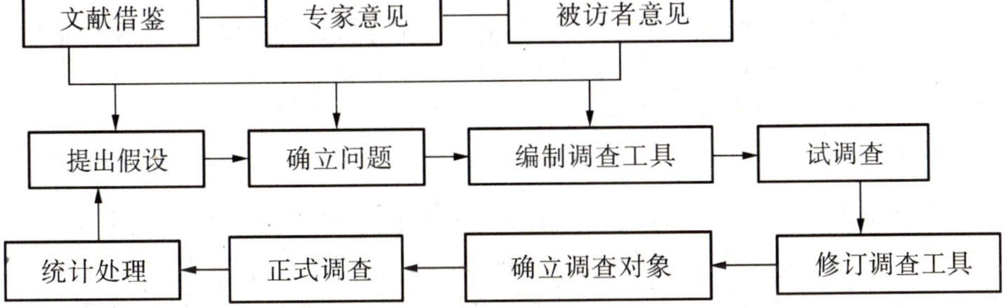

图1－1　调查研究的逻辑框架图

（一）提出假设

根据研究目的，在研读已有研究文献、访谈中职学校教师（校长）、咨询有关专家的基础上，本书提出如下研究假设：教师资格制度的有效性包括制度安排的有效性、制度执行的有效性与制度整体的有效性三个方面，集中体现在教师队伍建设方面；现行教师资格制度在职教教师队伍建设方面低效；教师资格制度因经济发展水平、学校办学水平、学校类型、教师类别不同，其有效性存在一定差异。

（二）确立问题

根据研究目的与研究假设，本书确立以下调查问题：现行职教教师资格制度的有效性如何？教师资格制度在不同经济发展区域（东部、中部、西部）的中职学校、不同办学水平的中职学校（国家重点中职学校、省级重点中职学校、市级重点中职学校、非重点中职学校）、不同类型学校（中职学校、普通中小学）、不同类别教师（普通文化课教师、专业课教师、实习指导教师）队伍建设中，其有效性是否存在显著性差异？中职教师、校长对完善教师资格制度有何意见和建议？

（三）编制调查工具

为达成研究目标，验证研究假设，本书对调查问题进行了细化，确立了三大调查内容：一是从教师资格认证标准、认证方式和认证结果三个方面了解职教教师资格认证的有效性；二是从新教师职业准入制度的执行情况与在职教师执业资格制度执行情况两个方面了解职教教师资格制度执行的有效性；三是从社会公共利益与教师个体利益两个方面了解职教教师资格制度整体的有效性。在此基础上编制调查工具——调查问卷。另外，为提高调查工具的效度，笔者还对部分中职教师和中职校长进行了试调查并听取他们的意见和建议，根据试调查结果对调查工具作出进一步修订和完善。

（四）确立调查对象

教师是教师资格认证的对象，是教师资格制度的利益主体，他们对教师资格制度有切身感受。因此，教师对教师资格制度的态度与评价是衡量教师资格制度有效性的重要依据。据此，本研究以中职学校教师作为主要调查对象。另外，中职学校校长作为职教教师队伍建设的基层管理者，对教师资格制度在职教教师队伍建设方面的有效性有最直接、最深刻的认识和体会，因此他们对教师资格制度的态度与评价也是衡量教师资格制度有效性的重要方面。为提高调查对象的代表性，保证调查信度，本书采取分层随机抽样法确立调查对象。在地域上，考虑到经济发展水平可能影响教师资格制度的实施，因此按东、中、西部三个层次确立调查样本；在办学水平方面，考虑到学校的办学水平可能会影响教师资格制度的实施，为此按国家重点中职学校、省级重点中职学校、市级重点中职学校和其他非重点中职学校四个层次确立调查样本。此外，为便于比较，除了对中职学校教师进行调查以外，还以广州市为例，对部分普通中小学教师进行调查。同时，在确立调查对象时，还考虑了性别、教龄、承担的课程类型（普通文化课、专业课、实习指导课）等因素。

（五）正式调查

在完成调查工具的编制并确立调查对象之后，笔者制订了较为详细的调研计划，包括调查时间的安排、调查人员的选择与培训、调查问卷的回收方式等。如为避免系统误差，在正式调查前，对调查人员（中职学校教师代表、职教教师培训机构代表）进行了现场或远程培训，对调查目的、调查内容、注意事项等作了说明和解释，帮助调查人员充分理解调查工具。

（六）统计处理

调查问卷回收后，进行初步整理，剔除无效问卷，并对问卷进行编号。利用 Excel（试算表软件）进行问卷数据录入，录入完毕后导入 Spss（社会科学统计软件包），利用 Spss16.0 对数据进行统计处理，并对统计处理结果进行分析解释。对问卷调查中的开放题数据，进行人工整理，并作分类汇总，在此基础上，抽象出普遍性的观点。根据统计处理结果来验证研究假设。

二、制度分析法

作为一种研究方法，制度分析因研究视角的差异而不同，既有政治学的制度分析方法，也有经济学的制度分析方法，更有社会学的制度分析方法。即使同一学科，其不同学派的制度分析方法也不同，如新制度经济学的制度分析框架采取的是个人主义方法论，而旧制度经济学采取的是整体主义方法论。总体而言，不同学科、不同学派因对制度的不同理解、研究的侧重点差异，而形成了不同的制度分析框架。因此，对于什么是制度分析方法，也就仁者见仁，智者见智了。如新制度经济学家诺思（2008，序 p. 16）认为，“制度分析从根本上来说并不是研究博弈规则，而是研究个人对这些规则的反应。尽管这些规则可以即时改变，但个人对规则变化的反应却是一个极其复杂和缓慢的适应过程。规则的变化要求规范、惯例和非正式准则的演进”。卢现祥等人（2007, p. 9）认为，“制度分析实质上是人的行为分析、利益矛盾分析、人与人关系（生产关系）分析的总称”。胡春梅（2007）认为，“制度分析是经济学研究方法之一，是分析研究制度对经济增长、经济发展有何影响的一种研究方法”。林义（2001）认为，制度分析的理论及方法论内核在于从一个整体的、相互联系的、辩证发展的及历史的视角研究经济制度的变迁及其与社会、政治、历史、文化等因素的互动作用。邹吉忠（2003）认为，“制度分析方法的核心是将行动与互动纳入一种有规则和结构的开放系统中，分析行动与互动的逻辑可能性、规则、结构性位置、可能的后果、运行的机制”。黄建（2008）认为，“制度分析方法是一种从制度的角度对某一社会现象的产生、发展的原因以及发展趋势、未来走向等进行分析的理论体系，它首先寻找产生这一社会现象的制度根源，探讨制度这一社会现象产生、发展的功能，在价值判断的基础上，寻求促进或抑制该社会现象的制度方法”。张烨（2006）认为，“制度分析之于教育政策，指的是从新制度主义视角透视教育政策的制定、执行等活动，将教育政策放在变迁的制度环境中，考虑其如何在制度环境中发挥作用，并如何受到制度环境的影响”。从以上定义可以看出，任何一种定义都难以准确地表达制度分析的本质，也难以涵盖制度分析的所有内容。因此，笔者认为，制度分析方法并非特指一种具体的研究方法，更应被理解为一种研究框架，这种研究框架必须有特定的定语，因为不同学科、不同学派的制度分析框架存在较大差异，如新制度经济学的制度分析方法、马克思主义的制度分析方法。基于此，根据研究任务要求，本书主要采用新制度经济学的制度分析方法，即借用新制度经济学的制度分析理论与框架，研究教师资格制度的源起、有效性及改革创新等问题，基本逻辑框架如图 1－2 所示。

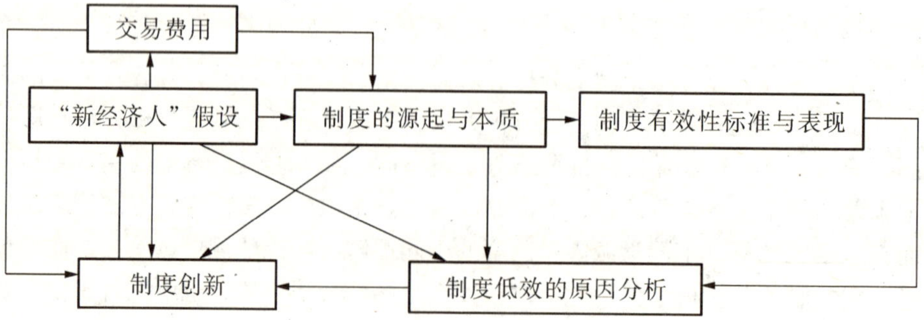

图 1－2　制度分析的逻辑框架图

制度分析的逻辑起点在于人性的假设。根据新制度经济学提出的“新经济人”假设，人类行为有三个基本特征：一是认知方面表现出有限理性。人们获得的信息往往具有不完全、不确定和不对称等特征，且人们对环境的计算和认识能力是有限的。二是动机方面具有双重性，既追求财富最大化，也追求非财富最大化。三是机会主义行为倾向。受行为效用最大化动机及有限理性影响，人们在行为选择方面存在机会主义行为倾向。正如威廉姆森所言，人的机会主义本性直接影响了以私人契约为基础的市场效率。市场上交易的双方不但要保护自己的利益，还要随时提防对方的机会主义行为。每一方都不清楚对方是否诚实，都不敢轻率地以对方提供的信息为基础，而必须以自己直接收集的信息为基础作出交易决策。因此，机会主义的存在使交易费用提高。[①] 由此构成了制度产生的基本逻辑路线：因人类理性的不足增加了市场行为的不确定性，加之受效用最大化行为动机驱使，人们往往具有机会主义行为倾向，市场行为的不确定性和机会主义行为的存在增加了交易费用，进而影响了效用最大化目标的实现。因此，需要制度弥补人类理性的不足，减少不确定性，约束机会主义行为，降低交易费用，实现交易双方的利益最大化。循此逻辑，本书分析了教师资格制度的产生路径，试图回答为什么要有教师资格制度这一基本问题。

制度的有效性是制度分析的核心。为什么要有制度？制度安排为了解决什么问题？制度是否达到了预期目标？是否解决了应当解决的问题？制度如何创新才能更有效地解决问题，更好地达到目标？这些问题始终是制度分析的重要内容，其本质都是制度的有效性问题。从制度的源起来看，制度的有效性实质上是制度与制度相关人的行为在特定环境下的契合关系，制度、制度相关人与制度环境构成了制度有效性分析的三个基本要素。其中，制度包括正式制度、非正式制度与制度的实施机制；制度相关人是指制度的利益相关者，就教师资格制度而言，主要包括教师、学生及其家长、学校与政府；制度环境则是作为外在变量影响着制度相关人对制度的认知和遵守，进而影响着制度的有效性。据此，本书在分析教师资格制度源起的基础上，结合利益相关者的利益诉求，从制度的制约性和使动性两方面构建教师资格制度有效性的具体指标，并制定相应的调查问卷，对教师资格制度的有效性进行调查研究。根据调查结果，该书从制度质量、制度冲突与制度环境三个方面对现行教师资格制度在职教教师队伍建设方面低效的原因进行分析。

制度变迁与创新是制度分析的重要内容。诺思（2008，p.7）认为，“制

---

① 李建德．“新制度经济学”的命名者——威廉姆森其说、其人［J］．经济译文，1994（1）：52—58.

度在社会中的主要作用，是通过建立一个人们互动的稳定（但不一定是有效的）结构来减少不确定性，降低交易费用，但制度的稳定性丝毫不否定它们处于变迁之中这一事实。从惯例、行为准则、行为规范到成文法、普通法，及个人之间的契约，制度总是处于演化之中，因而也在不断改变着对我们来说可能的选择”。事实上，随着制度实施环境的变化，制度实施的相对价格会变化，交易费用也会相应变化。相对价格、交易费用的变化构成了制度变迁的动力。就教师资格制度而言，现行教师资格制度在职教教师队伍建设方面低效为制度的改革与创新提供了势能，迫切需要新的职教教师资格制度，以有效促进职教教师队伍整体素质与质量的提升。为此，本书在对现行教师资格制度低效的原因进行制度分析的基础上，基于制度的源起与本质，力图设计新的专门的职教教师资格制度。

第四节　研究意义

根据本研究讨论的主题、内容与方法，本书在职教教师理论的丰富与发展以及职教教师队伍建设的实践方面，都具有积极意义。

首先，丰富了职教教师理论。教师是教育的关键，自从教育产生以来，教师问题就相伴而生，因此，教师问题一直是教育研究的热点与焦点问题。然而，正如职业教育未能成为教育研究的主流一样，职教教师问题也未能成为教师问题研究的主流。当前关于职教教师问题的研究成果还非常有限，已有的一些成果主要是职教教师教育或“双师型”教师方面的研究，极少有针对职教教师资格制度方面的研究。本书对职教教师资格制度的系统研究，可以更加全面地探讨职教教师问题的有关理论，丰富学术界对职教教师问题的理论积累。如本研究从教师专业的内生性理论出发，利用职业分析的方法，对中职教师与普通高中教师的职业活动进行了比较研究，通过比较提出职教教师的专业特质与资格要求。该研究思路突破了传统以专业社会学为基础的教师专业化理论，提供了职教教师专业化研究的新视角。

其次，对教师资格制度的深究是本研究重要的理论贡献。一般教育研究往往回避制度问题，认为教育制度是一种外生变量，是由教育行政管理部门制定出来用以约束教育活动和行为的框架或规则，教育制度问题是一个非教育学问题，或者说是一个“真实的伪命题”（即教育制度是一个问题，但是没法研究的问题）。因此，教育研究往往多集中在“教育过程的目标、原则、程序、方法、技术层面，教育制度基本上被作为非教育的因素看待，或者说，被看作我们研究教育问题的背景”（康永久，2003，p. 114）。正是基于这样一种基本认识，教育制度往往被认为是教育行政管理部门的事，是领导的事，与研究无关或者基本与研究无关。另外，少量教育制度方面的研究，更多是从教育的角度谈制度问题，而不是从制度的角度谈教育问题，忽视了制度本体研究。如已有教师资格制度的研究一般是从教育的视角研究此问题，更多的是文本研究，缺乏对制度的深入研究。本书拟突破此问题已有的研究范式，试图从制度的角度研究教师资格制度，可谓是此类研究的一次新尝试。通过对职教教师资格制度有效性问题的深入研究，可以更加全面地理解教师资格制度，所取得的研究结论可能成为相关研究的理论基础。

再次，为我国正在进行以及未来的相关改革提供借鉴。教师资格制度是教师的职业准入制度，是把好教师“入口”关，保障教师队伍基本水平的关键，是开展相应教师教育与培训的定向定位依据，也是促进教师专业化的重要途径。但前提是，教师资格制度是有效的，能满足利益相关者的利益诉求，包括政府代表的社会公共利益与教师个体利益诉求。与发达国家相比，我国的教师资格制度还处于探索阶段，而且《教师资格条例》等教师资格制度的实施法规均是特定历史时期的产物。面对社会经济的变化和职业教育的快速发展，现行教师资格制度是否有效？如果“低效”，其原因是什么？职教教师资格制度如何创新，才能提高有效性？这些问题均需要研究。本书正是针对以上问题的一项系统研究。因此，笔者相信，这项研究会为我国教师资格制度的完善、职教教师队伍建设提供重要的理论依据与政策参考，为相关改革提供知识与实践上的双重借鉴。

最后，本书借用新制度经济学的制度分析框架研究一项具体的制度安排的有效性问题，是相关研究的一次尝试，为相关研究提供了可兹借鉴和参考的研究视角与分析方法。

第二章　文献综述

教师资格制度始终是随着相关研究的不断开展而不断发展完善的。理论与实践虽不一定同步发展，但至少是相互促进的，理论为实践提供指导，实践则为理论提供研究内容，不断推动理论的自我超越。不论是教师资格制度实施前的师范教育阶段，还是教师资格制度的初步确立时期，直至教师资格制度在世界各国逐步普及的当代，每一个发展时期，每一次的进步和完善都离不开相关问题的研究。前人的研究也为本研究的开展奠定了基础，在此，笔者从国内与国外两个方面对教师资格制度有效性问题的相关研究作一综述，以期更好地批判吸收前人已有的研究成果。

第一节　国内文献综述

从现有研究文献来看，目前国内关于职教教师资格制度方面的研究还非常有限，系统性研究很少，而关于职教教师资格制度有效性问题的研究更是少之又少。虽然关于职教教师资格制度的研究文献特别少，但关于教师资格制度的研究文献还是比较丰富的。已有研究虽然不直接针对教师资格制度的有效性问题，但与此问题不无关系，因此对本研究仍有较强的借鉴和启示意义。

一、研究的发展历程

新中国关于教师资格制度的研究基本上是围绕教师资格制度的政策实施展开的，从研究历程来看，大致包括三个阶段：

一是 20 世纪 70 年代末至 90 年代初，教师资格制度实施前的研究。这一时期主要以介绍国外教师资格制度经验为主。据中国期刊网检索数据，[①]

---

① 笔者以“教师资格”为题名，选定中国全文期刊数据库、中国重要会议论文数据库、中国博士学位论文数据库和中国优秀硕士学位论文数据库，并采取模糊检索方式，结果显示有 612 篇相关文章，经一一核查，排除与教师资格制度相去较远的其他方面的文章及会议报道、有关文件后，剩下 550 篇相关论文，除去 23 篇职教教师资格研究论文，共有 527 篇教师资格制度研究论文。中国全文期刊数据库和中国重要会议论文数据库检索时间是 1979—2009 年，中国博士学位论文数据库和中国优秀硕士学位论文数据库检索时间是 1999—2009 年。

1979—1990 年，共有 12 篇教师资格制度研究论文，其中有 10 篇是介绍发达国家经验的文章，包括美国（7 篇）、英国（2 篇）和日本（1 篇）。如 1979 年《比较教育研究》第 19 期介绍了日本的“教师资格证书”，1980 年元元发表了《美国中学外语教师的资格》，1981 年《比较教育研究》第 1 期以简讯的形式介绍了《美国关于颁发教师资格证书的要求》，1985 年《江苏教育》第 15 期介绍了《美国密执安州的教师资格审定制度》。

二是 20 世纪 90 年代初至 2000 年，教师资格制度探索实施阶段的研究。这一时期，我国开始探索实施教师资格制度，相关研究变得丰富起来。据中国期刊网检索数据显示，1991—2000 年，共有 42 篇相关研究论文。从研究主题来看，这一时期除了国际比较研究以外，[①] 主要以政策研究为主，特别是对教师资格制度的解读与思考，包括对教师资格制度的意义、问题等方面的思考。值得注意的是，这一时期职教教师资格制度开始受到关注，42 篇教师资格制度研究论文中，有 2 篇是关于职教教师资格制度的，分别是 1996 年刘慧英在《职业技术教育》第 5 期发表的论文《中等职校教师资格应有专业限制》和 2000 年陈幼德在《教育发展研究》第 2 期发表的论文《德国职业教育教师资格及其培养模式的启迪》。

三是 2001 年以来，教师资格制度全面实施后的研究。这一时期伴随我国全面实施教师资格制度，相关研究受到更多关注。据中国期刊网的检索数据，2001—2009 年发表的相关论文达到 496 篇，是前两个阶段的 9 倍多。这一时期，不仅研究成果更加丰富，而且研究的视角与主题更加多样，系统性也更强。在研究视角方面，除了依然受关注的文本研究和国际比较研究以外，一些学者开始从教师专业化、教师教育等角度去研究教师资格制度问题。在研究主题方面，一些研究者开始关注微观层面的教师资格认证标准、教育教学能力测试标准、职业院校“双师型”教师资格等问题。这一时期，围绕教师资格制度不仅有一般研究，而且还有系统性更强的学位论文研究和全国重点课题研究。在学位论文方面，有 28 篇硕士学位论文和 1 篇博士学位论文；在课题方面，比较有代表性的是 2008 年教育部师范教育司司长管培俊主持完成的全国教育科学“十五”规划教育部重点课题“中国教师资格制度研究”和 2009 年北京师范大学俞启定教授主持完成的教育部、财政部中职教师素质提高计划之公共项目“职业教育教师资格制度研究”。

---

① 42 篇论文中，有国际比较研究论文 17 篇，占 40.48%，其中又以美国研究为主，有 7 篇论文是研究美国教师资格制度的。

二、研究内容与主要观点

从研究主题来看，已有研究主要涉及五个方面的内容：一是实施教师资格制度的意义研究；二是现行教师资格制度的问题研究；三是完善教师资格制度的对策研究；四是教师资格制度的国际比较研究；五是职教教师资格标准研究。下面分别对这五个方面的主要研究观点作一梳理。

（一）实施教师资格制度的意义研究

制度的意义体现了制度设计者与研究者对此制度的期待，这种期待是检验制度有效性的重要依据，当制度在实际运行中符合人们的期待，那么可以说这种制度是有效的；相反，当制度在实际运行中没有达到人们的期待要求，那可以说这种制度是低效的甚至是无效的。当我国刚刚开始探索实施教师资格制度时，一些研究者对教师资格制度实施的意义作了广泛讨论，对此制度寄予了较高期望。从掌握的文献来看，就此问题比较集中的观点主要有以下几点：

（1）实施教师资格制度，有助于教师管理的科学化、规范化和法制化。如钱怀瑜、陈进卫（1998）认为，教师资格制度作为法律制度，规范了教师的任用条件，解决了教师任用上的混乱状态和不正之风，有利于师资管理的严肃性，使师资管理从混乱无序的人治状态走上科学法制的轨道。

（2）实施教师资格制度，促进了教师来源的多样化，有利于提高教师队伍素质。如李永鑫、肖荣勋（2008）认为，教师资格认证工作的开展为吸引优秀人才从教，为教育系统以外的人员从教开辟了一条渠道，有利于推进教师来源的多元化，满足学校对不同层次、不同专业、不同学历人才的需求。包秀荣（1996）认为，实施教师资格制度拓宽了教师的来源渠道，有利于教师队伍优化。吴全华（2001）认为，教师资格制度通过严格的考核与认定程序，严把教师队伍“入口关”，只向那些具备教师资格条件者发放教师资格证书，这样势必将滥竽充数者封堵在教师队伍之外，从而提高教师队伍的素质，促进教师队伍中未达到资格规定标准的教师努力提高自己的文化知识水平和教育教学能力，提高教育教学质量。

（3）实施教师资格制度，有利于教师的专业化，有利于提高教师的社会地位。如毛才盛（2007）认为，启动职教教师资格认定制度，可以使教师任用走上科学化、规范化和法制化轨道，使教师职业走向专业化，吸引优秀人才从事职业教育。渠素彬（2008）认为，“实施教师资格制度加速了我国教师的专业化进程”。陆家海（2002）认为，“实施教师资格制度是教师职业走向专业化的重要步骤，有利于体现教师职业特点，使教师地位和队伍素质形成良性循环”。

（4）教师资格制度有利于教师教育的发展。如孔晓东（2007）认为，“教师资格制度与教师教育制度都是以提高教师的素质和专业化水平，保证教育教学质量为主旨。因此，教师资格制度与教师教育制度具有本质上的一致性。教师资格作为从事教师职业的准入条件和标准，决定着教师教育的内容、过程、方式、模式、考核等，对教师教育具有导向和制约作用，随着教师教育专业化水准的不断提高，教师资格的要求也会随之提高或变化。所以说，推行教师资格制度有利于促进教师教育的发展”。刘复兴（2003，p. 245）认为，建立开放性的教师教育体系，培养研究型教师必须依赖完善的教师资格证书制度作为保障教师队伍质量的基本条件。建立严格的教师资格制度是我国教师教育转型的紧迫要求。

（二）现行教师资格制度的问题研究

除了对教师资格制度的意义进行探讨之外，一些学者还对现行教师资格制度存在的问题进行了反思。教师资格制度的建立与实施主要是为了解决教师队伍建设问题，如果该制度有“问题”，那么在解决教师队伍建设问题方面将表现为“低效”甚至“无效”。因此，从这个意义上讲，教师资格制度的“问题”根本上都可以归为“有效性”问题。归纳起来，目前这方面研究的主要观点如下：

（1）对教师资格认证条件、认证标准的反思。一些研究者认为目前教师资格认证条件偏低，缺乏全国统一的教育教学能力测试标准，未能体现各类教师的专业性。如王森（2007）认为，我国教师准入“门槛”过低，程序简单，认证机构资质过低，控制手段也不完善，没有真正做到“择优上岗”，对师范毕业生实行直接的教师资格认定，缺乏实际教育教学能力的考核测试和有力的监督机制，面向社会人员的教师资格认定又缺乏全国统一的考试标准，各地标准参差不齐，师德方面的要求显得更是薄弱。高山艳、刘红云（2008）认为，职业学校教师资格更多的是参照普通教育相同层级的教师资格，缺少与职业教育特点相适应、体现职业教育内涵的职业学校教师资格制度，缺少对职业学校教师专业技术和技能以及相关职业经验的规定。

（2）对教师资格时效性的反思。根据我国现行教师资格制度，教师资格是“一次认定，终身有效”，对此，有不少学者提出了质疑。如杨瑾、余艳（2006）认为，教师资格“终身制”违背了教师专业发展规律，与时代发展对教师素质的需要不相适应，不利于形成教师终身学习的有效激励机制，影响教师队伍长远建设效果，与当今职业资格制度的基本规范和国际惯例不符，与世界教师资格制度难以接轨。俞启定（2006）认为，“终身制”无法弥补教师资格认定的局限性。由于初次认定教师资格的对象多是未曾有过正式执教经历的人员，对他们只能考核基本的知识和能力，而能否真正胜任工作，归根结底还要看正式在岗的实践。靠就职前的教师资格认定是难以确保申请者都具备教育教学能力的。如果没有后续的再认证，就难以将不具备基本从业条件的人员清理出教师队伍。

（3）对教师资格融通性的反思。我国现行教师资格制度允许教师资格可以向下融通，且高级中学教师资格与中等职业学校教师资格也可以融通。[①] 另外，现行教师资格制度对教师资格学科或专业间的融通问题没有作出规定。对此，一些学者提出了质疑。如俞启定（2008，pp. 36—38）认为“教师资格的简单向下融通只顾及到学科、专业水平能够‘高就低’，却忽视了各类教师的教育教学能力要求是各有专长的。不同年龄阶段的学生有不同的身心发育特征和学习特点，不同级别的学校有不同的培养目标和教学要求，不同类别的教师有不同的教学方式和教学艺术，它们之间并不是简单递增或递减的层次关系”。如中职学校教师与高中教师无论是来源上还是任职条件要求上都有明显区别，显然不能一概通用。李子江、张斌贤（2008）则就学科融通性问题，对现行教师资格制度提出了批评，认为“教师资格适用范围规定模糊，对于不同种类、不同学科的教师资格之间是否可以融通、如何融通等问题都没有明确规定，导致教师漠视资格证书使用范围，随意跨学科授课现象屡见不鲜”。

（4）对教师资格分类的反思。不少学者认为，现行教师资格分类过于笼统，等级太单一，难以适应学校对不同水平层次教师的需求，也不利于教师的专业发展。如李子江、张斌贤（2008）认为，教师资格类别划分简单，没有按学校或学科类型进行细分，也没有根据教师任教年限或年级进行分级设置。教师资格认证中，采用的是较为单一的合格制，教师资格认证的重点放在了初任教师的资格认证上，只为教师从业确定了最基础的准入要求，主要解决教师队伍的录用“入口”问题，缺乏专业发展和知识更新方面的考虑，教师资格的认定没有与继续教育以及从业人员专业水平的不断提高结合起来，缺乏对教师职业发展的有效激励，不能适应学校对不同水平层次教师的需求，难以保证行业质量。卢万合、蔡文香（2008）认为，现有教师资格分类使得教学管理

---

① 我国《教师资格条例》第五条规定：取得教师资格的公民，可以在本级及其以下等级的各类学校和其他教育机构担任教师；但是，取得中等职业学校实习指导教师资格的公民只能在中等专业学校、技工学校、职业高级中学或者初级职业学校担任实习指导教师。高级中学教师资格与中等职业学校教师资格相互通用。

人员、生活辅导人员、心理咨询人员、学校服务人员没有应得的教师资格证书。

（5）对教师资格认证对象的反思。有学者对现行制度将教师资格认证对象限定于中国公民提出了质疑，如俞启定（2008，pp. 36—37）认为，“目前教师资格制度实施对象就是中国公民，在实际操作中基本上仅限于中国内地公民，这显然是有局限性的。港澳台公民以及华侨，从法理上应属中国公民，有权申请教师资格，但由于其身份上的特殊性，不见得完全能适合现行标准，在认定程序操作上也有明显的困难，从而限制了他们申请教师资格。另外，为数不少的外籍教师已在我国各级各类教育机构中任教，这是教师队伍必要的和有益的补充，也是符合日益全球化的世界教育发展潮流的。但在现行法规框架内外籍教师无法获取教师资格，对他们来说是不合理的，而且事实上允许外籍教师无证上岗，也削弱了我国教师资格制度的严谨性”。

（三）完善教师资格制度的对策研究

既然教师资格制度的问题实际上指向的都是制度的有效性问题，那对策方面的研究自然是为了提高其有效性。因此，关于完善教师资格制度的一些对策性研究为本书拟开展的职教教师资格制度创新研究奠定了研究基础，提供了研究思路。归纳起来，目前，国内关于完善教师资格制度的代表性观点有以下几种：

（1）提高教师资格认证标准。如王奇（2004）认为，我国高等教育已进入大众化阶段，十年前所颁布的《教师法》规定的教师资格学历不仅已落后于教育发展的实际状况，而且也有悖于教师专业化发展的趋势，建议提高教师资格学历标准。考虑到我国地区教育发展的不平衡因素，也有学者建议，在经济发达地区提高教师资格标准（任学印，2000）。

（2）实行国家教师资格考试制度。如潘胜寒、赵瑞情（2003）建议，参照医生、律师、注册会计师的国家考试办法，实行统一的国家教师资格考试。任学印（2000）建议，参照会计专业资格考试分甲、乙两种考试的办法，将教师资格考试也分为甲、乙两种。乙种考试是对不具备规定学历的在职教师的学历替代考试，参照自学考试和国家文凭考试的做法进行，保证考试质量；甲种考试是教师职业技能考试，面向所有具备学历的非师范专业毕业生和通过乙种考试者，只有通过甲种考试，才能获得教师资格。

（3）建立多级别、多类型的教师资格证书体系。比较多的学者赞同建立多级别、多类型的教师资格证书体系，以此解决我国教师资格证书单一的问题，有效性、融通性问题以及地区差异问题，并更好地促进教师的专业发展。

如李国钧、李雯（2006）提出分级教师资格认定制度，认为应该根据地区差异，将教师资格分为省级教师资格和国家级教师资格，省级教师资格证书只能在省内通用，国家级教师资格证书可以在全国通用。另外，根据教师成长规律将省级教师资格分为初任教师、中级教师、高级教师和终身教师；将国家级教师资格分为专业教师和终身教师。任学印（2000）建议，“扩充教师资格种类，在采取由点到面、循序渐进，滚动发展完善教师资格制度的过程中，要逐步建立适应于社会上优秀专家、学者承担学校特别课程和讲座的‘特别教师资格’，解决临时代课等需要的‘临时教师资格’和适应外国专家来华任教的‘外籍教师资格’等教师资格制度。同时可以设立鼓励骨干教师终身从教的‘功勋教师’等终身证书”。姚建国（2005）认为，由于我国地区间教育发展水平差异比较大，建议在设定全国统一的最低标准的基础上，分县、地（市）、省三级进行认证，三级之间，由低到高，不能越级，在本级认证只能在本行政范围内有效。

（4）实施教师资格再认证制度。为了解决现有教师资格“一次认定，终身有效”带来的弊端，除了有学者旗帜鲜明地提出多级别的教师资格外，也有些学者采取了较为温和的改良建议，提出通过建立教师资格再认证制度以解决这方面的问题（俞启定，2006；杨瑾、余艳，2006）。

（四）教师资格制度的国际比较研究

国内关于国际教师资格制度的比较研究，主要是对发达国家（如美国、德国、日本、法国、加拿大、澳大利亚等）以及一些新兴的发展中国家（如韩国、新加坡等）的教师资格制度的经验介绍，尤其以研究美国、日本的文献居多。代表性成果如下：陈幼德（2000）对德国职教教师资格的研究；吕红、朱德全（2009）对澳大利亚职教教师资格的研究；刘育锋（2006）对北欧国家职教教师资格制度的研究；朱旭东（2007）、秦立霞（2008）等对美国教师资格制度的研究；赵中建（2007）、姚琳（2005）等对英国教师资格制度的研究；李国立（2007）等对日本教师资格制度的研究；侯建国（2007）、王利敏（2008）等对德国教师资格制度的研究；金铁洙（2006）等对韩国教师资格制度的研究。诸多国际比较研究的基本内容一般包括各国教师资格制度的演变历史、现状、问题及对我国教师资格制度的启示。国际比较研究对于完善我国教师资格制度，提高教师资格制度的有效性具有一定的启示意义。透过已有研究，目前国际教师资格制度呈现出的几个共同的特点和趋势，值得我们思考和研究。

（1）逐步提高教师资格认证标准。随着教育水平的不断提升，为提高教师资格制度的有效性，一些国家普遍提高了教师资格认证标准。如“二战”后，美国各州普遍提高了教师最低学历要求，到1964年，大学毕业已经成为大多数州获得教师资格证书的最低要求，越来越多的州开始将教师的大学教育加师范教育实践延长至五年；在教师资格认证中加强了学科知识与普通文化知识的要求，各州的教师资格政策制定者普遍认为，合格教师应具备某一学科的专业知识、良好的普通文化教育背景以及一定的教育理论知识与教学实践经验（朱旭东，2008，pp. 6—9）。但提高教师资格认证标准导致大量申请人无法获得教师资格证书，特别是少数民族申请人的获证率大大降低，从而引起了教育公平问题。为解决此问题，美国的一些州设置了临时证书或选择性证书，但这类证书的设置在一定程度上削弱了教师的专业性，有悖教师的专业化进程。

（2）一些国家实施了国家教师资格考试制度，即要获得教师资格需通过教师资格考试。如美国为了教师资格认定专门开发了普瑞克西斯（Praxis）系列测试；德国教师申请人要获得教师资格必须通过二次国家考试。但关于考试制度存在一定争议，主张考试的人认为，“尽管考试的作用有限，但考总比不考好。考试可以减少不合格的人走进教师行业的可能性。而且政府有必要向国民证明公立学校的教师是合格者”。反对者认为，“尽管各地使用的考试内容的效度都是经过专家审定的，但对于一个教师起码应该具备的知识和能力目前尚无一个统一的意见，对考试内容是否有效的判断因而缺乏一个客观的标准。……许多考试形式只能考查一些肤浅、表层的问题，无法深入检查教师资格申请人对于复杂问题的理解和应变能力。更重要的是，与成功教学有关的许多品质和能力，如责任心、课堂组织能力、实际教学能力、对学生的关怀等，是无法用一张纸和一支笔进行的考试考查出来的”。① 可见，如何制定科学的教师资格考试标准，提高教师资格考试的效度，仍然是一个颇具挑战的课题。

（3）多元证书模式与单一证书模式共存。国际上，既有一些国家采取多元证书模式，也有一些国家选择单一证书模式。如美国教师资格证书最复杂，根据证书获得途径的不同可以把教师资格证书分为传统教师资格证书和选择性教师资格证书两种；按照工作岗位划分，一般分为教学、管理两大类的教师资格证书；按照证书水平，将教师资格证书划分为初始教师资格证书、标准教师资格证书、专家/熟练教师资格证书和临时教师资格证书；按照证书有效范围可分为州教师资格证书和国家教师资格证书（朱旭东，2008，pp. 6—9）。又如日本的教师资格证书分为普通资格证书、特别资格证书和临时资格证书，其中普通资格证书又分为三个等级，即专修资格证、一种（级）资格证、二种

---

① 陈振华．国外教师资格证书制度的若干问题［J］．华东师范大学学报（教育科学版），1996（3）：85—90.

（级）资格证（龚兴英，2004）。当然，教师资格证书的种类并非越多越好，关键是要构建适合本国教育发展需要的证书体系。因此，也有些发达国家只采取一种教师资格证书，如英国、德国就只有一种“合格教师资格证书”。事实上，美国教师资格证书的多样性带来了很大的混乱，由此导致了美国减少教师资格证书种类的趋势（陈振华，1996）。另外，关于有些国家设置的临时证书或选择性证书，也有不同的看法。一种观点认为在教师短缺的情况下，实施临时证书制度是可行的应急措施；另一种观点认为，这只是一个权宜之计，但往往被滥用了，只要教学专业宽恕这样降低标准，那么就势必削弱作为一个真正的专业人员所应有的素养（高葵芬，2003）。可见，多元证书模式并非优于单一证书模式，是选择多元证书模式还是采取单一证书模式主要视各国教育的具体情况而定。

（4）教师资格终身制正在受到挑战。教师资格终身制是比较普遍的做法。如德国的教师资格证书一旦获得便终身有效，美国也设有终身教师资格，日本的教师资格也是终身有效。但这一传统正在受到挑战，反对者认为，“由于教师工作的非竞争性特点，以及大多数教师是在几年的成功的教学实践后才被提供一定的聘用期，而家长和儿童（除了最浅显的方面）没有机会对教师的效能作出判断，所以有责任强化教师的进修规定”。另外，“教学过程就像生活中其他事情一样变化着，没有什么东西静止不变。教师的培养与培训必须是一个不断的过程……（但）许多教师在取得终身证书后并不做什么努力去跟上时代要求”。[①] 教师资格证书终身制显然不利于教师的专业化发展。因此，美国开始减少终身证书的发放，并向长期证书转变，目前已经有 32 个州要求教师通过在职学习规定的大学课程或参加在职培训，定期更新证书（高葵芬，2003）。日本也于 2007 年 6 月通过了《教育职员资格法修正案》，依据该修正案，从 2009 年 4 月 1 日开始引入教师资格证书更新制度，原来终身有效的教师资格证书需要每隔十年更新一次，未及时更新者和未通过更新者，其资格证书被视为失效（沈鸿敏，2008）。

（5）教师资格制度与教师教育制度的关系密切。纵观世界各国教师资格制度的演变历史，教师资格制度与教师教育制度的关系十分密切。朱旭东的研究认为，美国教师资格证书制度的发展过程与美国教师教育制度的变革是相一致的（朱旭东，2008，p. 6—9）。王宪平、唐玉光（2004）研究认为，综观世界各国教师教育发展的历史与现状，教师资格证书制度与教师教育制度之间的关系可粗略地概括为替代关系、分离关系和混合关系三种形式。以职教教师资

---

① 陈振华．国外教师资格证书制度的若干问题［J］．华东师范大学学报（教育科学版），1996（3）：85—90.

格制度为例，各国职教教师资格制度主要有两种模式。一种是将教师资格制度与教师教育制度紧密结合。这类国家一般实行定向型的职教教师教育制度。如在德国，要获得职教教师资格，必须接受严格的职教教师教育，接受职教教师教育的学生必须是文理中学毕业生且有12个月的企业实习或工作经历，大学毕业通过第一次国家考试后，再经过两年的实习，[①] 并通过第二次国家考试才能被聘为职教教师（陈幼德，2000）。另一种是教师资格制度与教师教育制度分离。这类国家一般采取非定向型的教师教育制度，但对职教教师有一定的学历和课程学习要求。如美国要求职教教师应在他们所教范围取得学士学位，并对所教技术课程有1年以上实际工作经验，但在合适的技术领域有5年以上经验的可以代替学士学位要求（汪秉权、屠群锋，2001）。因此，改革和完善教师资格制度不能忽视教师教育制度问题。

（五）职教教师资格标准研究

职教教师资格标准是职教教师资格制度的重要内容，是职教教师资格考核评价的重要依据。本书虽然不对职教教师资格标准作专门研究，但也会涉及此问题，尤其是标准的效度问题，因此，国内关于职教教师资格标准的研究对于本书也有一定的借鉴与启示意义。目前，国内关于职教教师资格标准的研究主要包括三个方面：

（1）基于职教教师工作的任务特点，构建职教教师标准。如教育部职业技术教育中心研究所承担的亚太经合组织教育论坛职教项目“职业教育师资标准及其开发方法”。该研究是国内较早开展的职教教师标准的研究，研究团队由来自中国、中国台北、美国、泰国、墨西哥、马来西亚、韩国、日本、印度尼西亚、文莱等10个国家和地区的研究人员组成，他们利用职业分析法和调查研究法，研究了中专、技校、职业高中各种职务（助理讲师、讲师、高级讲师）的理论课教师的岗位职责及技工学校实习指导教师的岗位职责，并提出职教教师的8大职业活动：课程开发、教学设计、教学实施、管理、指导学生、教学评估、公共关系和职业发展（刘京辉等，2000，p. 111）。又如赵为粮主持的重庆市教育科学“十一五”规划重点课题“中等职业学校教师能力标准研究”。该研究主要基于中职不同职务教师（初级、中级和高级）的职业任务，构建了较为完备的中职教师能力标准体系，包括中职教师能力领域、能力单元、能力要素及不同教师职务的能力表现，其中能力领域包括职业道

---

① 现已缩短为18个月。参见：Waldemar Bauer. TVET Teachers and Instructors in Germany [A]. Philipp Grollman & Felix Rauner. *International Perspectives on Teachers and Lectures in Technical and Vocational Education* [C]. Dordrecht: Springer Publishers, 2007. pp. 123 – 158.

德、行业联系、课程设计、教学工作、学生鉴定、交流合作、职场安全、学生管理和专业发展等9个方面。①

（2）将一般教师要求与职业教育特点相结合，提出职教教师标准。虽然研究人员从不同角度提出了不同的职教教师标准或要求，但普遍认为职教教师应该具备三个方面的知识和能力，即教育理论知识与教学能力，专业知识与专业能力以及专业实践知识与实践能力。如王乐夫、姚洪略（2009）认为，中职教师应该具备师范性、学术性和技术性三个方面的素质。技术性强调应用能力，解决的是“如何做”的问题；学术性强调学科专业知识，解决的是“教什么”的问题；师范性则强调教育教学方法，解决的是“怎么教”的问题。陈永芳、颜明忠认为，职教师资的资格具备双重实践特征：一是作为职教教师的教学实践，它存在于教学的具体组织与实施过程中；二是作为专业技术人员的生产实践，它存在于生产劳动的具体组织与实施过程中。职教教师的任务，是使学生具备在企业从事专业技术工作必须具备的职业能力，因此职教教师的教学实践必须与不断变化的专业技术人员的职业实践相适应（姜大源，2007，p. 342）。吴全全、王泽荣（2008）认为，职教教师不仅应具备双重实践（教学实践与生产实践）能力，还应具备双重理论（专业理论和教育理论）能力。具体来说，职教教师应具备四个方面的能力：掌握专业理论知识的能力；掌握与本专业相关的职业实践及工作过程知识的能力；掌握职业教育的教学论与方法论知识的能力；掌握职业教育教学过程知识，即专业理论、专业理论的职业实践、教育理论及教育理论的教育实践的能力。赵志群（2002）认为，职教教师应当在本专业领域掌握坚实的基础理论和专门知识，特别是与应用型人才的职业实践有直接联系的知识，能够正确分析和评价该专业领域的职业活动和工作过程，有一定的课程开发能力；在本专业领域掌握较广的职业实践能力，具备一定实践经验；具有职业教育基本理论基础和能力，能够按照职业学习规律正确分析、评价、设计和实施职业教育教学过程；具有从事职业教育管理工作和处理相关公共关系的基本能力；具有对学生德智体美全面发展和职业发展提供指导的能力；具有一定的职业发展能力。

（3）“双师型”教师标准研究。从已有文献来看，关于“双师型”教师标准并没有统一的规定，从来源来说可以分为三类（刘韵琴、文红，2010）：一是行政标准，即教育行政部门制定的有关标准，如教育部办公厅《关于全面开展高职高专人才培养工作水平评估的通知》（教高厅〔2004〕16号）的附件——《高职高专院校人才培养工作水平评估方案（试行）》中规定，“双师

① 参见：重庆市中等职业学校教师能力标准（修订版）。

型”教师是具有讲师（或以上）教师职称，又具备下列条件之一的专任教师：①有本专业实际工作的中级（或以上）技术职称（含行业特许的资格证书）；②近五年中有两年以上（可累计计算）在企业第一线本专业实际工作经历，或参加教育部组织的教师专业技能培训获得合格证书，能全面指导学生专业实践实训活动；③近五年主持（或主要参与）两项应用技术研究，成果已被企业使用，效益良好；④近五年主持（或主要参与）两项校内实践教学设施建设或提升技术水平安装工作，使用效果好，在省内同类院校中居先进水平。二是院校标准，即一些学校在教师管理中，根据国家有关文件要求，结合自身实际，制定了本校的“双师型”教师标准。如天津工程师范大学要求“双师型”教师既能讲授专业理论课，又有一定实践经验（具有所教专业相关的社会职业岗位经历资格或能力）。具体标准是：①大学本科及以上学历；②具有中级以上专业技术职务，具有两年以上的相关专业经历或具有高级工及以上职业资格；③接受过系统教育理论的培养和培训。三是学者标准，即研究者从不同角度去研究，并提出他们认为合理的“双师型”教师标准。如贺文瑾（2003）提出“双师型”教师应具备的职业素质标准是“一全”（全面的职业素质）、“二师”（既是教育教学活动的“经师’，又是引导学生成长成才的“人师”）、“三能”（能进行专业理论或文化知识讲授的教育教学能力，能进行专业技能基本训练指导的能力，能进行科学研究和课程开发的能力）、“四证”［毕业证、技术（技能）等级证、继续教育证和教师资格证］。可见，不论是官方提出的行政标准，还是院校标准，抑或学者眼中的“双师型”教师标准，似乎针对的都是成熟的在职专任教师，是一种“发展性”教师资格标准，而非“入门性”资格标准，是对已获得教师岗位或教师资格者，甚至已获得中级教师职务者，附加专业实践能力方面的要求。然而，从学理角度而言，“双师型”教师原本是根据职业教育的特点，对职教教师提出的一种素质要求，是职教教师专业性使然。既然如此，专业实践能力应该是所有职教教师的入职要求，但在实践层面，往往又将“双师型”教师作为一种发展性资格，与专业带头人、骨干教师并行，专业实践能力并不是针对所有职教教师的入职要求，而是对在职的成熟教师的发展性要求。对此，有专家学者提出了质疑。如时任教育部职业教育与成人教育司副司长王继平（2008）认为，“双师型”是职教教师的基本素质，任何一名合格的职教教师都应该是“双师型”教师，职教教师资格条件应该对申请入职者从事相关行业（职业）的经历或经验、专业实践能力等方面提出要求。然而，受教师有效供给①不足的影响，“鱼与熊掌”

① 有效供给是一个经济学概念，是指与消费需求和消费能力相适应的供给。此处所指的有效供给，是人才市场与职业教育教师数量和质量需求相适应的供给。下文同。

总是不可兼得，教师入职时，如果强调了专业实践能力方面的要求，必定会对教育教学能力方面的要求有所降低，而强调了教育教学能力的要求，则又会放宽专业实践能力的要求（甚至不作要求）。因此，关于“双师型”教师标准问题仍需作进一步研究。

综上所述，国内研究者一方面普遍肯定了实施教师资格制度的积极意义，但另一方面又指出了现行教师资格制度存在的突出问题，这些问题从根本上而言都属于“有效性”问题。现行制度在认证条件、认证标准、时效性、融通性、证书设置和认证对象等方面的问题影响了该制度在促进教师队伍建设方面的有效性。如时效性方面，现行的“一次认定，终身有效”制度安排不利于教师的专业发展；融通性方面，现行制度允许教师资格向下融通和学科间融通显然忽视了各级各类教师的专业性要求，影响了教育教学质量；认证条件的低要求，虽然有利于吸引更多的人从事教师职业，但降低了教师的专业地位，不利于教师的专业化，等等。为了提高现行教师资格制度在促进教师队伍建设方面的有效性，一些学者建议：提高教师资格准入“门槛”；实施国家教师资格考试；建立多级别、多层次的证书体系；打破教师资格终身制，建立教师资格再认证制度，等等。然而，国际经验提醒我们：一是提高教师资格认证标准可能会降低申请人的获证率，特别是经济欠发达的西部地区、少数民族地区与广大农村地区，这不仅加剧了部分类型教师（如职教教师）数量不足的矛盾，而且会影响教育公平。如果按有些学者的建议，只在经济发达地区提高认证标准，这样又会出现各地标准不统一的问题。因此，提高教师资格认证标准仍需慎重。二是教师资格考试制度虽是许多国家的普遍做法，但教师资格考试的效度始终备受质疑。三是多元证书模式并非优于单一证书模式，选哪种证书模式关键视教育发展需要而定。另外，教师资格制度与教师教育制度联系紧密，教师资格制度的完善必须充分考虑教师教育制度方面的因素；关于职教教师资格标准虽然是仁者见仁、智者见智，但一个基本原则是必须体现职教教师的专业性，唯有如此才能提高标准的效度。

第二节 国外文献综述

与国内相比，一些发达国家的教师资格制度不论是实践层面还是研究层面都更加成熟，研究成果也更加丰富，但关于职教教师资格制度方面的研究也非常有限。在此，本书拟从制度的有效性方面重点对欧美发达国家职教教师资格制度的研究作一梳理。

一、研究的发展历程

欧美发达国家关于职教教师资格制度的研究大致可以分为两个阶段：

第一阶段是20世纪60年代以前，这一时期的研究主要是从教学质量的角度，探讨职教教师资格问题（Vocational Teacher Qualification）[①]，试图回答“谁才有资格担任职业学校教师”这样一个最朴素的教育命题。如1810年裴斯泰洛齐[②]在他的著作《葛督德如何教育他的孩子们》中，试图回答这样一个问题：什么知识和实践能力对孩子们是必要的，它们如何授教给孩子们或孩子们如何获得，由此对职教教师及其教学工作做了初步的探索。在依万顿（Yverdun），他更是花了20多年时间从事教师培训工作。19世纪初期，瑞士教育家费伦伯格（Philipp Emanuel von Fellenberg，1771—1844）[③] 将裴斯泰洛齐的职业教育思想付诸实践，并致力于教师培训工作，不仅要求教师熟悉实践劳动，而且要接受专业知识、教学方法和学校一般管理的培训（William P. Sears，1931，pp. 87—93）。在德国，19世纪末20世纪初，各州为促进职业教育发展，纷纷实施了教师培养培训计划，包括普鲁士计划、慕尼黑计划、符滕堡计划、巴登计划，要求职教教师不仅懂得教学技术，而且熟悉产业界真实的就业环境，要求木工教师是真正的木匠、缝纫教师是真正的裁缝、记账教师是真正的会计（Joseph S. Taylor，1914，pp. 97—114）。在美国，1825年俄亥俄州产生了第一个规范教师资格的教师证书法令，它规定了教师在普通知识和教学实践方面应达到的要求和得到的培训，这被认为是世界教师资格制度的开端（朱旭东，2008，p. 2）。虽然美国在世界上最早开始实施教师资格制度，但在职教教师资格方面却是向德国学习的。20世纪初美国职业教育界普遍认识到职业学校教师缺乏产业实践能力，导致学生学非所用，为此美国一些州开始向德国学习，如辛辛那提州模仿慕尼黑计划实施了辛辛那提计划，突出教师实践方面的资格要求（Joseph S. Taylor，1914，pp. 97—114）。20世纪初，美

① 国外关于职业教育的名称非常多，有职业教育（Vocational Education，Career Education，Occupational Education）、职业与技术教育（Vocational and Technical Education）、技术教育（Technology Education）、实业教育（Industrial Education）、职业技术教育与培训（Vocational and Technical Education and Training）、继续教育与培训（Further Education and Training），等等，在本书统称为职业教育。

② 1775—1780年，裴斯泰洛齐在纽霍夫（Neuhof）的一个农场为穷人创办了一所职业学校，他与20个孩子一起工作，教他们农业、织布、纺纱和其他知识。这所学校被认为是第一所真正的职业学校（Industrial School）。

③ Philipp Emanuel von Fellenberg（1771—1844），出生于瑞士，19世纪在欧洲和美国具有广泛影响的职业教育专家。

国职业教育促进会教师培训与资格证书委员会（1913，pp. 60—62）在一份关于职教教师培训问题的调查报告《州属男子职业学校教师的培训与选择》中指出，作为州政府资助的职业学校，应该由州决定谁可以成为教师，并认为职教教师资格证书应该不同于一般教师资格证书，应该包括四个方面的考核：书面考试、证书、面试和实践证明。1912 年，美国研究者大卫·斯内德（David Snedden，1912，p. 58）等学者认为职业学校教师首先要是一名工人，其次要接受过教学和管理年轻人的教育培训。1919 年，威廉姆·H. 杜丽（William H. Dooley，1919，p. ix）在其著作《供教师培训使用的职业教育原则与方法》中，认为职教教师应该具备四项资格：他应该是所教学科的专家；他必须有智慧并富有同情心地对待青少年和成人；他必须知道与职业教育相关的人类其他领域的活动；他必须知道怎样教学。1921 年，美国西弗吉尼亚州根据 1917 年颁布的《史密斯·胡斯法》（Simith Hughs Law）制定了《职业教育指南》，要求每一所职业学校的教师都应该是合格教师（Qualified Teacher），对农业、家庭经济、工业贸易等专业的教师资格作了明确规定，如要求所有农业职业教育机构的教师都应是农业学院或相当程度的院校毕业，并完成专业教师培训课程；兼职教师也需满足这些条件或成功连续经营过一个农场两年且有农业教学工作或农业推广工作经历；农业职业教育机构的校监除了具有教师资格外，还需要具有至少三年教学或监督农业职业教育的成功经历。车间指导教师（Shop Teacher）的资格包括以下四个方面：一是对该行业有全面的了解，在完成学徒期后还需有不少于两年的实践经验；二是接受过普通学校教育，至少毕业于初等学校；三是个性特征受到州教育委员会及其代理人的认可；四是有专门的教学准备。[①] 在英国，教师资格制度也有 100 多年的历史，据泰勒博士 1914 年编著的《职业教育手册》，当时，英国苏格兰爱丁堡 25 所职业性夜间继续教育机构共有 421 名教师，其中 122 人有正式的教师资格证书，其他教师也具有教育委员会提供的教学技艺证明（Joseph S. Taylor，1914，p. 29）。总体而言，这一时期对教师资格制度的研究非常有限，更多的是关注“教师资格”问题，研究的关键词是“资格（Qualification）”。

第二阶段是 20 世纪 60 年代以后，教师资格制度因其在保障教师质量，促进教师专业化方面表现出的不可替代的重要作用，受到世界各国的普遍重视，相关研究也变得丰富起来，该时期研究的关键词由“Qualification”变为“Certification”（证书）。20 世纪 60 年代以来，教师专业化逐步得到学术界的普遍认可，并在政府的有关文件中得以确认。为保证教师质量，促进教师专业化，

---

① J. F. Marsh. *A Catechism on Vocational Education in West Virginia under the Smith-Hughs Law* [M]. Charleston：Jarrett Printing Co.，1921. pp. 14 - 27.

世界各国纷纷强化教师资格制度，提高教师准入“门槛”。如法国、德国、瑞士、意大利、日本、韩国、西班牙、墨西哥、美国等世界经合组织成员国均采取了竞争性的教师资格考试制度（Helen F. Ladd，2007）。与提高教师资格准入“门槛”，促进教师专业化相伴而生的，是教师申请人数下降，教师供需矛盾加剧。面对教师专业化的高要求与教师数量不足的矛盾，各国纷纷在传统的主流教师资格认证通道以外，开辟了选择性通道（Side Entrants）。据黑伦·F.拉德（Hellen F. Ladd，2007）的研究，25 个世界经合组织成员国中有 17 个国家开辟了选择性通道，如美国针对职教教师不足的问题开展了教师职业能力测试，以吸引更多的人从事职教教师工作，一些没有教师教育背景、没有职业经历的毕业生被允许获得选择性职教教师资格证书。选择性通道的开辟虽然可以缓解教师数量不足的矛盾，但也有学者认为选择性证书制度的实施有悖于教师专业化精神，甚至认为允许大量持选择性证书的教师进入课堂会降低教育教学质量。如伊斯瑞吉（Elizabeth A Ethridge，2000/2001）认为，选择性证书计划会威胁教育教学质量，孩子们会为此遭受连累，教育领域里出现选择性证书就如同让早教工作者去医疗人员短缺的农村和城镇充当儿科医生一样荒谬可笑。纵观 20 世纪 60 年代以来国外关于教师资格制度的研究，始终围绕教师专业化的高要求与教师数量不足的矛盾与政策调整而展开。这些研究虽然内容与观点各异，但都围绕一个核心问题，那就是制度的有效性，即教师资格制度在教师队伍建设方面的有效性。

二、研究内容与主要观点

20 世纪 60 年代以来，欧美发达国家关于教师资格制度有效性问题的相关研究主要包括三个方面：一是教师资格考试效度研究；二是职教教师选择性通道研究；三是教师资格与学生学业成绩相关性研究。

（一）教师资格考试效度研究

为了考核评价教师申请人的教育教学能力，保证教师质量，世界上许多国家实施了教师资格考试制度，有些国家考试成绩直接决定考生能否获得教师资格，有些国家则决定考生能否获得教师工作职位（Helen F. Ladd，2007）。如在德国（Waldemar Bauer，2007），职教教师候选人大学毕业必须通过第一次国家考试，再经过 18 个月的教学实习，并通过第二次国家考试才能被聘为职教教师。第一次国家考试一般包括第一专业或第二专业或教育科学（职业教育学）学位论文；关于专业学术知识（也可能包括专业教学法）的笔试和口试；以职业教育学为主的教育科学考试。教学实习包括在培训学校观摩听课、指导学生和独立教学以及在教师培训学院学习教育理论和专业教学法。教学实习期满，参加第二次国家考试，考试成绩是对教学实习的检验。第二次国家考试主要包括以教育理论、教育哲学和专业教学法为主要内容的笔试；教育理论、教育和公民服务法案、学校管理、学校教育社会学等方面的基本问题考试；第一专业和第二专业①教学论与方法论考试；第一专业和第二专业教学实践考试。在美国（Michael A. Rebell，1987），长期以来，教师候选人被认为在承担教育国家的年轻人方面能力准备不足，解决此问题的长期措施是（Long-range Solution）要求增加教师的薪水、提升教师专业地位、提高教师培训标准，但基于政治方面的考虑，迫切需要有项措施能迅速保证教师的教育教学能力。教师资格标准化考试因快捷、成本相对较低、客观等优点，在筛选教师方面具有很强的政治吸引力。因此，20 世纪 70 年代以来，美国各州普遍实施了教师资格标准化考试。然而，对于教师资格标准化考试，也有不少学者提出了质疑：纸笔测试能真正评价有效课堂教学必需的所有技能吗？假如测试只覆盖了任教学科内容的最基本的知识，那测试作为获取教师资格证书的依据合适吗？是不是应该将大学的成绩与平时表现也作为评价依据？标准化测试能够测量出有效教学需要的热情、爱心、维持秩序的能力以及其他重要品质吗？可见，一些研究者对教师资格考试的效度存在疑虑。确实，对于任何一项考试而言，效度都非常关键，它关系到考试目标能否实现。教师资格考试的效度主要包括标准关联效度和考试内容效度两个方面。标准关联效度要求考试能够证明那些通过考试或考试中得分高的应试者在工作中的表现要好于那些没能通过考试或考试中得分较低的应试者。换句话说，有效的考试标准能够通过考试预测实际工作能力。考试内容效度要求考试的内容和良好的工作绩效要求的知识与技能高度相关。如瑞贝尔（Michael A. Rebell，1987）认为，教师资格考试标准关联效度要求，考试中知识与能力表现更好的教师候选人在实际教学中表现更好；考试内容效度要求，如果考试不能包括有效教学需要的所有知识，但至少应包括有效教学必备的最基本的学科知识。由于很难获得考试分数对实际工作能力的预测数据，因此，极少有标准关联效度的研究，更多的是考试内容效度研究。据阿尔伯特·沙克（Albert Shanker，1987）的研究，教师资格考试通

---

① 德国职教教师候选人（相当于我国师范生）在大学期间一般要求学习两个专业，第一专业为职业类专业；第二专业是普通文化类专业（如数学、物理、政治、德语、英语、体育）。参见 Waldemar Bauer. TVET Teachers and Instructors in Germany ［A］. Philipp Grollman & Felix Rauner. *International Perspectives on Teachers and Lectures in Technical and Vocational Education* ［C］. Dordrecht：Springer Publishers，2007. pp. 123 – 158.

常包括专业测试和教育学测试两部分。在专业测试的内容选择方面，有两种做法：一种是以申请人大学主修专业应该包括的基本知识为基础，且很少有概念类识记型内容，如美国国家教师资格考试；另一种是以申请人拟任教课程内容为基础，换句话说，申请人只需要知道拟任教年级水平的知识，如果是高中数学教师，那只需要知道高中数学知识，如美国国家评价系统公司（National Evaluation Systems，Inc.）开发的一些教师资格测试。主张前者的研究者认为，教学要求教师用不同的方法帮助不同的学生学习掌握教学内容，如果教师用一种方法不能让一些学生学习掌握教学内容，那就必须寻求第二种、第三种甚至更多的方法让所有学生学习掌握教学内容。教师要能以不同的教学方法帮助不同的学生学习掌握教学内容，他自身的专业知识水平必须达到一定的高度，必须超越学生应该掌握的知识水平；持第二种观点的学者认为，作为职业能力测试，应基于职业任务，教师资格考试内容只需要达到教师职业任务要求的知识水平就可以。可见，教师资格考试中，对专业测试内容如何选择才能更有效度这一问题依然存在一定争议。对于教育学测试的效度，阿尔伯特·沙克（Albert Shanker，1987）认为情况更糟，他认为教育学测试应该与其他职业测试一样，主要考察候选人的判断能力、处理不确定问题与情景的能力，而当前测试中普遍采用的多项选择题并不能测出候选人这方面的能力。被试的考试成绩在一定程度上取决于他们的考试技巧，取决于他们对每道考题背后的假设判断。另外，没有具体情景的选择题，被试只能被迫选择一个选项，正确的选项往往被认为是班级教学中正确的教学方法，这是对个性化教学的一种偏见。因此，这种测试不能真正反映候选人教育学的知识基础或教学技能。

另外，一般认为，提高教师资格考试标准，能提高教师资格证书的有效性。然而，提高考试标准会导致教师申请人数的下降，尤其是会降低教育水平相对较低的少数民族地区或群体申请人教师资格考试的通过率，减少了少数民族人士从事教师职业的机会，这不仅加剧了教师数量不足的矛盾，也引起了教育公平问题，违背了制度的公平性原则。如据调查，1983 年，在美国加利福尼亚教师资格考试中，白人教师候选人通过率是 76%，而黑人只有 26%，墨西哥裔为 38%，亚裔是 50%；在路易斯安那州国家教师资格考试中，白人候选人通过率为 78%，而黑人只有 15%；在加利福尼亚州教师资格考试中，白人候选人通过率是 90%，而黑人只有 35%。因为教师资格考试的高标准导致少数民族群体通过率降低，从而招致一些民族主义者的批评，甚至引起了不少诉讼案，所以有些研究者建议降低考试标准，甚至取消教师资格考试。降低考试标准会降低考试的效度，而取消教师资格考试又难以找到合适的替代工具来评价教师申请人的教育教学能力，如面试等其他评价方式存在较大的不确定性和一定的随意性。也有研究者认为，少数民族候选人教师资格考试通过率低主要是因为受教育水平低，而受教育水平低主要是由于少数民族学校缺乏合格教师造成的。因此，为了确保下一代少数民族学生受到良好的教育，必须保证教师资格的高标准。（Glazer，1985）为此，他们建议应加强少数民族地区教师的培训，帮助这些地区教师候选人达到教师资格要求，提高教师资格考试的通过率，这样既能保证教师资格证书的有效性，也能解决教师数量不足及教育公平问题。①

（二）职教教师资格选择性通道研究

正如前文所述，20 世纪 60 年代以来，世界各国为了提高教育质量，促进教师专业化，纷纷提高教师资格标准。但与教师资格高标准相矛盾的是，职教教师数量不足的问题非常突出。有学者将职教教师数量不足的原因归为教师资格制度。如 H. C. 卡扎纳斯和 L. D. 基佛特的研究（H. C. Kazanas & L. D. Kieft，1966）认为，造成职教教师短缺的原因一方面是现行教师资格制度过于理想，如美国大多数州要求职教教师不仅具有学士学位，而且有至少三年的行业企业实践经验，换句话说要从事职教教师职业必须有 7—8 年的专业准备，这使许多人不得不放弃从事职教教师职业的想法；另一方面教师资格证书的获取途径单一，没有试着开辟新的职教教师资格证书通道。针对教师数量不足的问题，一些国家纷纷开辟选择性通道，以增加教师供给。如美国于 1966 年成立了国家职业能力测试所（National Occupational Competency Testing Institute，简称 NOCTI）②，开发全国通用的职业能力测试标准，针对不具备规定学历和行业经历的教师候选人实施国家职业能力考试。NOCTI 的每一种测试都包括两个部分（Richard L. Lynch，1998）：一是通过笔试考查职业要求的技术知识；二是通过操作测试（Performance Test）以测量职业要求的典型技能。目前，NOCTI 的职业能力考试广泛运用于美国职教教师资格考试中。H. C. 卡扎纳斯和 L. D. 基佛特（H. C. Kazanas & L. D. Kieft，1966）认为，假如职业能力测试能够最大

① Michael A. Rebell. Disparate Impact of Teacher Competency Testing on Minorities: Don't Blame the Test Takersor the Tests ［A］. Michael L. Chernoff, Paula M. Nassif & William Phillip Gorth. *The Validity Issue: What Should Teacher Certification Tests Measure?* ［C］. New Jersey: Lawrence Erlbaum Associates, Inc., Publishers, 1987. pp. 1 - 34.

② 1966 年在罗格斯大学（Rutgers University）一天开了两个会议，讨论没有学位的职教教师资格问题，会议提出建立并实施全国职业能力考试制度；1969 年，美国教育委员会专员分三期资助罗格斯大学开展名为“职业能力测试：国家项目”的研究；1971 年，芝加哥代表会议通过设立 NOCTI 执行委员会以实施 NOCTI 的理念；1972 年，执行委员会与普林斯顿教育测试服务部签订合作协议并在普林斯顿教育测试服务部下面成立了 NOCTI 办公室；1975 年，NOCTI 成为一家独立的研究服务机构。——笔者根据 NOCTI 门户网站资料整理。

化利用，它将在四个方面发挥积极作用：一是判断职教教师候选人的技术知识与技能；二是增加职教教师数量；三是指出测试失败者的弱点；四是改进教师质量。韦伯（Edwen J. Weber，1970）也认为，职业能力测试是保证职教教师资格证书申请人具备最起码的职教资格的重要方法，它具有四个方面的作用：一是为没有文凭的潜在合格者提供获取职教教师资格证书的通道；二是发现潜在合格者的弱点并提出针对性的建议以帮助他们达到教师资格认证要求；三是为职教教师资格认证要求的调整提供方法；四是增加具备职业能力的教师供给。虽然研究者、各州教育主管普遍赞同在职教教师资格认证方面使用职业能力测试，但对于如何使用仍存在争议，主要争议就是职业能力考试成绩能否代替或在多大程度上能代替目前规定的职业经历要求。折中的观点认为，职业能力测试可以作为平衡的教师资格证书认证课程的一部分，并用于帮助确定候选人理论与实践知识的数量与程度，但不能取代职业工作经历（H. C. Kazanas & L . D. Kieft，1966）。可见，职业工作经历始终是职教教师资格的重要条件。

（三）教师资格与学生学业成绩相关性研究

教师资格制度的有效性最终由学生学业成绩来检验。因此，教师资格（包括资格证书、专业教育背景、职业经历等）与学生学业成绩的相关性成为一些研究关注的重点。主流观点认为，教师资格对学生的学业成绩有显著影响。如格尔德海伯和布鲁尔（Goldhaber & Brewer，2000）对12年级学生数学成绩的研究发现，有数学教师资格证书的教师所教学生的数学成绩明显好于没有数学教师资格证书或拥有其他学科教师资格证书的教师所教的学生，而且主修数学专业的教师所教学生的数学成绩也好于不是主修数学专业的教师所教的那些学生；汉鲁舍克等人（Hanushek，et al.，1994）的研究表明，教师对其所教学科或科目的了解程度与学生在此学科或科目上的成就呈正相关；达琳—哈蒙德（Darling - Hammond，2000）的研究发现选择性教师资格与学生学业成绩之间呈否定性相关，她通过比较发现，有着更严格的教师资格制度的州的四年级和八年级学生的阅读和数学成绩要好于教师资格制度更自由的州。但格尔德海伯和布鲁尔（1999）认为，没有研究证据表明持传统教师执照的教师的业绩要好于持选择性教师执照的教师，也不能证明教师执照的某些要素比其他要素更有效果或教师执照对教学质量有什么影响（Monk，David H.，1994）。在预测学生的成绩方面，一部分研究认为教师的最高学位并不能很好地预测学生的学业成绩，教师的从教年限与学生的学业成绩也并不总是呈线性相关（Hanushek，et al.，2004）。相比，教师资格证书是预测学生学业成绩的更好指标（Monk，David H.，1994）。在职业教育方面，林克（Richard L. Lynch，

1998）的研究认为，虽然教师的职业工作经历被视为职教教师资格证书的基础，而且具有某种职业经验也是对教学有帮助的，特别是对于新教师，但丰富的职业经验对于当前职业教育课程的教学效果并没有影响，教师职业经历的年限、职业能力测试分数与教学效果之间并没有显著相关。

虽然对教师资格证书的作用存在一定的争议，但普遍的观点认为教师资格对学生的学业成绩具有显著性影响，因此教师资格与教学任务的匹配性问题自然受到研究者的普遍关注。教师资格与教学任务相匹配被称为内行教学（In－field Teaching），反之则为外行教学（Out－of－field Teaching）。对内行教学的监控调查是美国教育质量保障的重要方面。美国教育部教育统计中心（National Center For Education Statistics，简称 NCES）经常进行相关的调查。如据《“国家在冒险中”发布后 10 年美国教师的调查报告》，美国中、初等教育中，95% 的教师持有与其承担的主要工作任务（Main Assignment Field）相匹配的教师资格证书，[①] 59. 7% 的教师持有与其他教学科目相匹配的教师资格证书；[②] 73. 4% 的教师主修或辅修的专业与其承担的主要教学科目相匹配，44% 的教师主修或辅修的专业与其承担的其他教学科目相匹配。[③] 据《公立中学职业教育教师调查报告》，1992 年秋，美国公立中学有 118 000 名职教教师，其中 79% 在综合高中，21% 在职业学校；66% 的职教教师有与主教学科目直接相关的非教学工作经历，平均在相关的非教学岗位工作达 10 年。[④]

综上所述，国外关于教师资格制度的研究给我们诸多启示。首先，有效性是教师资格制度安排的重要原则。随着教育水平的不断提升，各国对教师专业提出了更高要求，但教师专业化的高要求与教师数量不足始终是一组难以调和的矛盾。对此，一些学者认为，不应降低教师准入标准以增加教师数量，而应加强教师培训使教师候选人达到教师专业化的高要求，从而提高教师资格制度的有效性，否则教师资格制度将会陷入“形式化”误区而缺乏有效性。其次，效度是教师资格考试的关键。考试效度决定了考试目标的实现程度。如在专业考试内容方面，教师至少应掌握所任教学科的基本知识与技能；在教育学测试内容方面，则要求以教育教学中遇到的实际问题为主要考试内容，重点考查申请人处理教育教学问题的能力。再次，职业经历或职业能力是职教教师资格的

---

① 美国不仅对教学人员进行资格认证，对学校的管理人员、教辅人员也进行相应的资格认证。

② 有些教师可能既有与主要工作任务相匹配的教师资格证书，也有与非主要工作任务相匹配的教师资格证书，或者只持有与非主要工作任务相匹配的教师资格证书。

③ NCES. America's Teachers Ten Years after “National at Risk” [EB/OL]. http：//nces. ed. gov/pubs94/94149. pdf，1994－08－00.

④ NCES. Public Secondary School Teacher Survey on Vocational Education [EB/OL]. http：//nces. ed. gov/pubsearch/pubsinfo. asp？pubid＝94409，1994－02－28.

重要条件或者说是职教教师专业性的重要体现。最后，内行教学是教学质量保障体系的重要内容，要求教师资格与教学任务相匹配，包括教师所持教师资格证书、职前教育背景、职业工作经历等与教学任务相匹配。

第三章　核心概念厘定与理论框架

本书主要基于“职业教育教师”、“教师资格制度”、“制度的有效性”、“制度”等核心概念，设计研究框架。职教教师是研究对象，教师资格制度是研究主题，制度的有效性是研究的问题与焦点，制度的相关理论则是本研究的理论基础。本章将对这些核心概念进行解析，通过概念分析，进而提出研究的基本假设与理论框架。

第一节　职业教育教师

如果笼统来讲，我们可以将职教教师界定为在职业学校从事教学工作的人员，本研究主要是指在中等职业学校从事教学工作的人员，即中等职业学校教师。从工作内容划分，包括普通文化课教师、专业课教师和实习指导教师；从工作时间划分，包括专任教师和兼职教师。然而，作为本书的研究对象，除此限定之外，还需要进一步追问：职教教师是一个什么样的职业，职教教师是否是一种专业化职业，职教教师与普通高中教师的职业任务、专业性有何区别等更深层次的问题。

一、职教教师是一种专业化职业

教学是否是一种专业？教师是否是专业人员？这个问题似乎始终是一个似是而非的问题。根据沃金斯和德鲁利（Watkins & Drury，1995）的研究，虽然自教育产生之日起便有了教师，但教师作为一个专业化职业是在20世纪中叶，伴随着福利国家的诞生和发展而出现的（赵康，2000）。[①] 1966年，国际劳工组织（ILO）和联合国教科文组织（UNESCO）在法国巴黎共同主持召开了“教师地位之政府间特别会议”，此次会议发布的官方文件《关于教师地位的建议书》中明确指出：“教育工作应该被视为专门职业。这种职业是一种要求教员具备经过严格而持续不断的研究才能获得并维持专门知识及专门技能的公

---

① 赵康．专业、专业属性及判断成熟专业的六条标准——一个社会学角度的分析［J］．社会学研究，2000（5）：30—39.

共业务；它要求对所辖学生的教育和福利具有个人及共同的责任感。”这是第一次经由国际的教育学者和行政人士共同讨论与合作，对各国的教师地位给予的专业的确认和鼓励。[①] 由此，可以说“教学是一种专业”在学术界与行政界已经取得了基本共识。然而，果真如此吗？正如布鲁柏克（1991，p.468）在其名著《教育问题史》中所言：“回顾几个世纪以来的漫长历史，似乎可以认为，教师的质量是由于对下面一些基本问题的不同而有很大差别。因此，一位未来的教师，是否仅仅懂得了自己所要教授的内容就足够了？或者说他是否还需要在教学技巧上接受专门的训练？由这个问题引出了一些更重要的问题：即教学能否被看成是一种科学，还是一种艺术呢？教学能否被视为一种职业呢？如能这么看，那么为什么他们的声望常常会由于他们所教的学生的年龄不同而有那样大的不同？”事实上，从教育内部而言，教师的社会地位不仅因所教学生的年龄不同而存在较大差异（从幼儿园到小学、中学，再到大学，其教师的社会地位与声望基本上呈逐步上升的趋势），而且即使所教学生同处于一个年龄段，教师的社会地位也会因教育对象的不同而存在较大差异，如同样是高中阶段教育，职教教师的社会地位普遍低于普通高中教师的社会地位。从教育的外部而言，教师的专业地位更是不能与相对成熟的职业，如医生、律师相提并论。我们可以举一个非常简单的例子，如学生及其家长对于教师的意见和建议完全可以置之不理，但对于医生的建议往往是照单全收。因此，不少人断然否认教师职业的专业性，否认教师是一种专业化的职业，或者采取折中态度，认为教学只能算是半专业、准专业或边际专业，如史汀内特（T. M. Stinnett）、曾荣光、韦伦斯基（H. L. Wilen - sky）等人在比较分析教师工作特征与专业标准的基础上，认为教师职业与“已确立的专业”的专业化程度要求还有一定的差距，为此，教师职业不是专业，是一种“准专业”或“边际专业”（刘育峰，2009）。刘捷（2002，内容提要 pp. 1—2）认为，“教师专业是‘一个形成中的专业’，其地位高于半专业而接近成熟专业的地位，处于专业与半专业的中间状态”。但更多的学者认为，教师是一种专业化的职业，许多国家的教师政策也反映了这一点（教育部师范司，2003，p. 2）：1986 年，美国卡内基教育基金会、霍姆斯小组相继发表了《国家为 21 世纪教师作准备》、《明日之教师》两个重要报告，同时强调以确立教师专业性为教师教育改革和教师职业发展的目标；日本早在 1971 年就在中央教育审议会通过的《关于今后学校教育的综合性扩充与调整的基本措施》中指出，“教师职业本来就需要极高的专门性”，强调应确认、加强教师的专业化；我国台湾和香港从 20 世纪 80 年代

① 操太圣，卢乃桂．伙伴协作与教师赋权——教师专业发展新视角［M］．北京：教育科学出版社，2007. 20.

后期开始加大教师专业化教育制度的改革，教师专业化的观念成为社会的共识；在我国大陆，1993 年颁布的《教师法》同样肯定了教师作为“履行教育教学职责的专业人员”的地位。

为什么“教师是一种专业化职业”呢？对此，学者们更多的是从专业社会学[①]的视角出发，对此予以解释或论证。专业社会学认为，整个社会由不同层级的职业群体构成，并将那些因具备一些独特性质并能在整个职业结构中占据较上层社会位置的职业群体称为“专业”。至于一些新兴职业努力实现或模仿已被认可专业所具备的特质，最终成为其中一员的过程，则被称为“专业化”。对于专业、专业化进行社会学分析形成了不同的理论流派，如伊斯特候普（Easthope,1990）等人将专业社会学观点简要归纳为功能主义学派、符合互动学派、新韦伯主义学派和马克思主义学派四个理论流派；曾荣光（1998）则将之归纳为特质模式、权力模式和历史发展模式三种不同的理论模式。但就教育界关于专业化的论述来看，主要依据的是其中具有典型功能主义特征的特质模式，即认为在各种成熟专业身上，无一例外地具有一些相似的、具有普遍意义的“专业特质”。[②]如赵康（2000）提出了专业的六条标准：正式的全日制职业；专业组织和伦理法规；知识和教育；服务和社会利益定向；社区的支持和认可；自治。利伯曼（M. Lieberman，1956）提出了专业的八标准：范围明确；垄断地从事社会不可缺少的工作；运用高度的理智性技术；需要长期的专业教育；从事者无论个人、集体均具有广泛的自律性；专业的自律性范围内，直接负有作出判断、采取行为的责任；非营利，以服务为动机；形成了综合性的自治组织，拥有应用方式具体化了的伦理纲领。[③] 1948 年美国教育协会（National Education Association，简称 NEA）提出了专业的八标准：含有基本的心智活动；拥有一套专门化的知识体系；需要长时间的专门训练；需要持续的在职成长；提供终身从事的职业生涯和永久的成员资格；建立自身的专业标准；置服务于个人利益之上；拥有强大的、严密的专业团体。[④] 我国学者王建磐（2001）提出了专业六标准：专业知能，即构成专业的首要标准是需要一

---

① 专业社会学关注于人类社会中一部分知识含量极高的特殊职业（如医生、律师、工程师和教师等），研究它们在社会整体中的作用、与其他社会单位（如客户、公众、大学和国家等）的内在联系，以及它们自己作为社会有机体运动、变化和发展的规律。专业、专业服务、专业人员、专业组织、专业主义、专业化等是该领域的典型概念和术语。参见：赵康．专业、专业属性及判断成熟专业的六条标准——一个社会学角度的分析［J］．社会学研究，2000（5）：30—39.

② 操太圣，卢乃桂．伙伴协作与教师赋权——教师专业发展新视角［M］．北京：教育科学出版社，2007. 21.

③ 钟启泉．教师“专业化”：理念、制度、课题［J］．教育研究，2001（12）：12—16.

④ 刘育峰．论专业与职教教师职业［J］．中国职业技术教育，2009（15）：61—64.

套完善的专门知识和技能体系作为专业人员从业的依据；专业道德，即某一职业群体为更好地履行职业责任、满足社会需要、维护职业声誉而制定的自我约束的行为规范或伦理标准；专业训练，需要经过长期的培养与训练；专业发展，即需要不断地学习进修；专业自主，享有有效的专业自治；专业组织，即形成坚强的专业团体。教育部师范司组织编写的《教师专业化的理论与实践》（2001，p. 94）一书中提出了专业三标准：专业职业具有不可或缺的社会功能；专业职业具有完善的专业理论和成熟的专业技能；专业职业具有高度的专业自主权和权威性的专业组织等。虽然，研究人员的观点存在一定差异，但总体而言，对于成熟专业的“特质”或“标准”的理解，共性多过差异性，概括起来，主要体现在四个方面：一是需要从业者接受过长期的专业教育和专门的职业训练；二是服务于社会公共利益，且具有不可或缺性；三是具有自身的职业标准和准入资格，包括职业伦理规范与职业纪律；四是专业是一项要求极高的智力活动，需要从业者不断的自我发展。

对照成熟专业的基本特质，我们可以发现职教教师具备了成熟专业的基本特质，满足了成熟专业的基本“标准”。首先，职教教师这一职业，其从业者必须接受长期的专业教育，一般要求接受高等教育；其次，职教教师这一职业，不仅是从业者个人谋生的手段，更是一项公共活动，关系到受教育者的前途，也关系到一个国家社会经济的发展；再次，职教教师这一职业具有自身的职业标准和准入资格，只有达到该职业的标准和准入资格，才能成为一名职教教师；最后，职教教师职业是一项要求极高的智力活动，不论是教学内容的掌握与组织，还是教学方法的选择、班级管理都需要教师具有极高的智慧，而且随着知识的更新、教育技术的进步、学生身心特点的变化，要求教师不断地学习，不断地促进自身的专业发展，否则将难以胜任教学工作。因此，从专业社会学的视角而言，职教教师应是一种专业化职业。

二、职教教师的专业性是内生的而非外烁的

诚如发展中国家以发达国家为参照系来判断自身的发展水平、设定自身的发展目标，借鉴发达国家的成功经验促进自身的发展一样，处于社会认可中的教师这一职业，参照成熟专业标准来判断该职业是不是一种专业或者说判断该职业的专业化水平，甚至是借鉴成熟专业的某些“特质”来塑造教师专业性，显然是教师专业化研究与实践的一条捷径。然而，“从专业社会学的角度来看，教学专业化所孜孜追求的其实是一种外烁的‘特质’，而非对自身特色的发掘、展示和张扬；是对专业形式的过度关注，而非对本职业内容的细致推敲

和精致构建”（操太圣、卢乃桂，2007，p. 23）。因此，这种专业化容易步入“工程化”、“消闲化”、“行政化”和“技术化”的误区（钟启泉，2003）。“不少国家关于教师专业化政策的撰写也基本反映出其对专业化形式的过分关注，而真正能够体现教师工作特质的内容或元素却在发展过程中被忽视或舍弃。”如我国20世纪90年代中期实施的教师资格制度，“其本意显然是在于促进教师任用走上科学化、规范化和法制化的轨道，从而促进教师职业走向专业化。但由于对专业化理论本身缺乏较清晰的认识，不能把握专业化各项标准之间的逻辑联系，因此在政策实行上就很容易顾此失彼，犯下重形式轻实质的错误，这从政府为增加教师储备，让未受过教学专业教育的考生在通过几门教育学课程的考试以及一次试讲之后就颁授其教师资格证书的做法可见一斑。实施类似政策的后果与其说是在推动教学专业化的进程，毋宁说正通过削弱教学专业化的知识基础而陷其于不利地步”（操太圣、卢乃桂，2007，pp. 43，33—34）。

诚如人们习惯以成熟专业（如律师、医生）为参照来外烁教师的专业特质一样，在职教教师专业化方面，人们则倾向于以相对成熟的普通教育教师的专业性来外烁职教教师的专业特质，甚至以普通教育教师的专业性代替职教教师的专业性。还是以我国教师资格制度为例，虽然《教师资格条例》设有两类中职教师资格，但现行制度对中职教师的工作任务、职业特点缺乏充分考虑，在认证条件、认证标准方面几乎完全参照普通高中教师资格要求，忽视了职业教育教学的内在特点，不能充分反映职教教师的专业特质。如作为一种与就业市场联系最紧密的教育类型，职业教育要求教师必须具备一定的职业经验，了解其所教科目对应的职业，但现行教师资格制度在此方面明显缺失，并没有职教教师职业经验的要求（刘育锋，2006）。笔者认为，职教教师作为教师的一种类型，显然具备一般教师的基本特征，在教师资格方面与其他类型的教师存在一定的共性，但职教教师由于其教育目标、教育对象、工作任务等各方面与其他类型的教师存在较大差异，这种差异决定了他们专业性的差异，也决定了他们的专业资格差异。换句话说，职教教师的专业性是内生的，而非外烁的。

三、职教教师的专业性取决于其职业活动

以高中阶段教育为例，虽然中等职业教育与普通高中教育同属于高中阶段教育，职教教师与普通高中教师的专业性存在一定共性，但两者职业活动的差异决定了他们专业性的差异。

首先，中职学校与普通高中的人才培养目标不同。人才培养目标是人才培养的出发点和归宿，它不仅决定了教育的性质，而且决定了教育的内容与方

法，决定了教师的专业取向与要求。根据《教育部关于制定中等职业学校教学计划的原则意见》（教职成〔2009〕2号），中等职业学校旨在培养生产、服务一线工作的高素质劳动者和技能型人才。根据《普通高中新课程改革方案》和《国务院关于基础教育改革与发展的决定》，普通高中教育是在九年义务教育基础上进一步提高国民素质、面向大众的基础教育，旨在为学生的终身发展奠定基础。可见，职业教育是专业教育，主要是培养高素质的劳动者和技能型人才，属于就业教育；普通高中教育是基础教育的延续，是通识性的，旨在培养德、智、体、美全面发展的人，属于升学教育。就业取向的职业教育，决定了其教师的专业性是实践型的，要求教师不仅具备一定的专业知识和师范技能，更应具有丰富的非教学实践经验和较强的专业实践能力。如职教教师的最早形态——学徒制中的师傅往往是某一行业的能工巧匠，这些师傅多数没有什么文化知识，更没有教学方面的理论和技能，但正是这些人，凭借着出色的手艺将人类的手工技艺及其蕴涵的文化一代一代传承下来。又如19世纪末20世纪初，德国各州普遍要求职教教师具有行业企业的实践经验。当时普鲁士对建筑贸易专业教师的要求是已经在建筑行业获得了成功的人士，且政府鼓励他们一边从事教学工作，一边在建筑行业兼职；在慕尼黑，所有的职教教师都来自产业界（Industrial Fields），他们是成功的技师；在符滕堡，文化课教师也必须有6个月到1年的企业工作经历；在巴登，职业学校教师候选人要在产业界服务1—2年才能教授职业科目（Joseph S. Taylor，1914，pp. 97—107）。在一些国家（如美国），比较盛行的观点是，如果职教教师不能同时满足教学与行业经验两个条件，那宁愿选择后者，即要求教师具备丰富的行业经验，具有良好的工艺技术或商贸实践能力。因此，早在1917年美国史密斯·胡斯法案（Simith Hughs Law）就明确要求，职教教师必须具有专门领域的工作经历。受此影响，美国一些州雇用技术工人充当职业学校教师，并不要求他们受过中学后人文（Liberal Arts）或教育学培训（Richard L. Lynch，1998）。这种强调"实践性"的传统一直沿袭到今天，并成为职教教师的专业特质。如美国要求职教教师应在他们所教范围取得学士学位，并对所教技术课程有1年以上的实际工作经验，但在合适的技术领域有5年以上经验的可以代替学士学位要求（汪秉权、屠群锋，2001）。可见，非教学的专业实践性是职教教师重要的专业特质，而且作为职教教师专业特质的"实践性"是在职业教育教学实践中形成的，而非参照成熟专业"外烁的"。相比，以升学为目的的普通高中教育，其教师并没有非教学实践经验和专业实践能力方面的要求。

其次，中职学校与普通高中的教育对象不同。"因材施教"是教学的基本原则，意思是指教师应根据学生的特点选择合适的教育教学方法。因此，因教育对象不同，教育教学方法也不同，由此对教师提出了不同的专业性要求。众所周知，在我国，中职学生是经过初中（部分高中）学术选拔后分流下来的，这部分学生有比较典型的群体特征。据相关研究，中职学生主要表现出以下特点：①学习基础与学习习惯较差，学习动机不强，厌学情况突出。据方芳、王雷（2008）针对湖南省宁乡县的一项调查，在中考成绩方面，2005 年至少有 90% 的中职生没有达到中考分数线，而普通高中只有 25% 的学生没有达到中考分数线，且普通高中学生即使没有达到中考分数线，整体成绩依然比中职生高出许多，中职学生最低录取分数为 430 分，而普通高中为 530 分。随着中职学校逐步采取注册入学的方式，中职学生整体的学习基础将进一步降低。另据钱平（2009）的调查，中职学生的厌学比例高达 71.4%，表现为课堂上注意力不集中、对学习不感兴趣、不喜欢学校的生活、害怕考试、进到教室就犯困、经常不完成作业等。②对学习缺乏自信心。据邱开金（2006）的调查，24.4% 的中职生认为自己是受挫者，9.6% 的学生认为自己是失败者，40.6% 的学生对自己学习信心不足或没有信心。③来自低收入家庭，农村家庭的比例较高。据方芳、王雷（2008）的调查，普通高中 66.37% 的学生来自农村，而中职学校这一比例高达 94.99%。另外，中职学校学生家长的受教育程度普遍低于普通高中学生的家长，且中职学生的家庭相对处于社会的底层。26.14% 的中职学生的父亲只有小学及以下文化水平，而普通高中这一比例是 14.97%，只有 1.3% 的中职学生的父亲具有大专及以上学历，而普通高中这一比例是 9.89%；90.97% 的中职学生的父亲是农民、工厂工人或下岗工人等低阶层，而普通高中这一比例是 58.86%（见表 3－1、表 3－2）。④对职业教育缺乏认同感。据邱开金（2006）的调查，只有 28.1% 的中职学生入读职业学校是自己的决定，38.5% 的学生是由父母或亲人决定进入职业学校学习的。可见，中职学生与普通高中学生存在较大差异，中职学生文化基础普遍较差，学习习惯也不好，对学习缺乏自信心，他们多数来自社会底层，家庭教育背景较差，对职业教育缺乏认同感。面对这类学生，需要对教师提出更高的专业要求。教师不仅是“传道、授业、解惑者”，而且是“管理者”，不仅要会“教”，而且要会“管”。

表 3－1　中职与普高学生父亲受教育程度分布比较　　单位:%

父亲受教育程度 / 学校类型	小学及以下	初　中	高　中	大专及以上	其　他
普通高中	14.97	42.09	25.42	9.89	7.62
中职学校	26.14	50.28	14.63	1.13	7.84

表 3-2 中职和普高学生父亲职业分布比较 单位:%

学校类型 学生父亲职业	普通高中	中职学校
高阶层（党政机关及公务员、企业管理人员或专业技术人员、军人）	15.01	2.58
中阶层（教师、医务工作者、个体经营者、商业或服务行业人员、新闻文艺工作者）	26.12	6.45
低阶层（工厂工人、下岗工人、农民）	58.86	90.97

再次，中职教师与普通高中教师的职业活动不同。①中职教师与普通高中教师实际工作任务不同。据调查,[①] 以活动频率统计，当前中职教师最频繁的10 项职业活动依次是：学生管理、教学管理、与学生联系、教学实施、学习指导、学生分析、改进教学实践、教学设计、企业实践、教学评估；普通高中教师最频繁的10 项职业活动依次是：教学实施、教学设计、学生管理、与学生联系、学习指导、改进教学实践、与家长联系、学生分析、研究、教学管理。可见，中职教师最频繁的职业活动是“学生管理”，而普通高中教师则是“教学实施”；中职教师更频繁地开展企业实践、职业指导、与行业企业联系等活动，而普通高中教师则更频繁地开展教学设计、与学生家长联系、研究、教材开发等职业活动。②中职教师与普通高中教师工作重点不同。为了克服以实然推导应然的“自然主义”错误，调查不仅包括对教师职业活动频率的实然调查，还包括职业活动重要性的应然调查。根据调查结果，中职教师认为最重要的10 项职业活动依次是：学生管理、企业实践、与学生联系、教学实施、学生分析、与行业企业联系、改进教学实践、教学管理、教材开发、职业指导；普通高中教师认为最重要的10 项职业活动依次是：教学实施、教学设计、学生分析、学习指导、与学生联系、行政管理、教材开发、教学管理、研究、与家长联系。可见，中职教师与普通高中教师对于职业活动的重要性的评价存

① 2008 年底，教育部教育规划专项课题“职教教师专业化”子课题“职教教师资格与标准”课题组分别在北京、天津、河北、江西、浙江，对来自全国25 个省、直辖市的268 位中职教师进行了中职教师职业活动的调查。该调查将教师的职业活动分为20 项，问卷的横向内容为频率、重要性和难度三个指标，每个指标又细分为1—5 个等次，其中1 为最低，5 为最高。对于频率来说，1—5 分别为很低、低、一般、高和很高；对于重要性而言，1—5 分别表示很不重要、不重要、一般、重要和很重要；对于难度而言，1—5 分别表示很不难、不难、一般、难和很难。为比较中职教师与普通高中教师职业活动的差异，笔者用该课题组的调查问卷对江西、广东、湖南的四所普通高中153 名教师的职业活动进行了调查。对这两次调查结果，笔者采取模糊综合评判法，计算各项职业活动的综合得分并由高到低进行排序。(详见表4-2)

在明显差异。中职教师认为最重要的职业活动是“学生管理”，其次是“企业实践”，而普通高中教师认为最重要的职业活动是“教学实施”，其次是“教学设计”；中职教师认为与行业企业联系、职业指导等工作也非常重要，而普通高中教师认为研究、与家长联系更加重要。③中职教师与普通高中教师的工作难度不同。受职业任务和学生特点的影响，两类教师面临的职业活动的难度也存在较大差异。中职教师认为最难的10项职业活动依次是：企业实践、学生管理、改进教学实践、与行业企业联系、研究、教材开发、教学管理、职业分析、教学实施、职业指导；普通高中教师认为最难的10项职业活动依次是：教材开发、改进教学实践、研究、企业实践、指导其他教师、教学设计、职业指导、与行业企业联系、与其他部门及人员联系、职业分析。可见，对中职教师挑战最大的职业活动是企业实践和学生管理，而对普通高中教师挑战最大的是教材开发和改进教学实践；中职教师认为教学实施、教学管理是难度较大的职业活动，而普通高中教师则认为指导其他教师、教学设计、与其他部门及人员联系难度更大。(见表3-3)

可见，中职教师与普通高中教师的职业活动存在较大差异。以升学为目的的普通高中，其教师的职业活动基本上是围绕教学中心工作展开，包括教学实施、教学设计、改进教学实践、教材开发等，其职业活动的焦点更加突出，工作相对也更加单纯；以就业为目的的中职学校，其教师的职业活动则要复杂得多，不仅要完成课堂教学任务，还要承担大量的学生管理工作和企业实践任务。

表3-3 中职与普高教师职业活动比较

职业活动	频率排序	重要性排序	难度排序
学生管理	1（3）	1（14）	2（20）
教学管理	2（10）	8（8）	7（13）
与学生联系	3（4）	3（5）	20（17）
教学实施	4（1）	4（1）	9（12）
学习指导	5（5）	12（4）	12（16）
学生分析	6（8）	5（3）	16（15）
改进教学实践	7（6）	7（12）	3（2）
教学设计	8（2）	11（2）	11（6）
企业实践	9（19）	2（17）	1（4）
教学评估	10（12）	14（11）	14（14）
职业指导	11（20）	10（15）	10（7）

（续上表）

职业活动	频率排序	重要性排序	难度排序
与家长联系	12（7）	13（10）	19（19）
行政管理	13（15）	19（6）	18（18）
指导其他教师	14（11）	17（13）	15（5）
研究	15（9）	16（9）	5（3）
与行业企业联系	16（18）	6（20）	4（8）
与其他部门及人员联系	17（13）	18（16）	13（9）
其他指导	18（14）	20（18）	17（11）
教材开发	19（16）	9（7）	6（1）
职业分析	20（17）	15（19）	8（10）

说明：①数据来源：中职教师的职业活动数据来自教育部职业技术教育中心研究所主持的“职业教育教师资格标准”研究课题组（简称课题组）的调查；普通高中教师数据系笔者采用课题组的调查问卷所作的调查数据。②笔者利用模糊综合评判法，根据被调查者在每题项上的选择人数计算出各职业活动的综合得分并从高到低进行排序，单元格中括号外的数据为中职教师的职业活动相关指标排序，括号内的数据为普通高中教师相应职业活动相关指标的排序。

四、职教教师的专业性决定其专业资格

中职教师与普通高中教师职业活动的差异，决定了两者专业性的差异与专业资格的差异。如果以能力来划分的话，普通高中教师强调的只是教学能力，而中职教师除了应具备教学能力以外，起码还应具有两种能力：①学生管理能力。根据调查，学生管理工作不仅是职教教师职业活动中出现频率最高的职业活动，也是被职教教师认为最重要的工作，更是被职教教师认为最有难度的工作之一。学生管理工作之所以重要、有难度，是由当前中职学生的特点决定的。正如前文所述，中职学生绝大多数是中考的“失败者”，其中很多学生存在知识基础差、学习习惯不好、学习方法不佳等问题，这使得他们普遍存在厌学情绪，存在烦躁、自卑、自傲、害羞、忌妒、抑郁、消沉等心理问题（马庆杰，2008）。近年来国内的一项研究（林向英、韦小满、郑慧勇，2005）表明，94%的中职学生有过课堂问题行为，35%的学生经常发生课堂问题行为，甚至有不少学生存在严重的暴力倾向，违法乱纪、打架斗殴问题比较突出。因此，相对于普通高中，中职学生更难以教育，也难以管理，但这些学生进入了学校学习，学校就有责任将他们管好，这也是部分学生家长对学校提出的基本要求。因此，相比普通高中，中职学校学生管理问题非常突出，要求教师具有良好的学生管理能力。②专业实践能力。调查表明，企业实践活动是职教教师

非常频繁的一项职业活动，有26.5%的教师非常频繁地到企业去开展实践活动，有23.9%的教师频繁地到企业去开展实践活动，累计有50.4%的教师经常开展企业实践活动。另外，职教教师普遍反映，企业实践是一项十分重要的职业活动，也是难度最大的一项工作。因此，考虑到职教教师的职业任务，专业实践能力也是职教教师应具备的又一项重要能力。

综上所述，笔者认为职教教师的专业性是内生的，其专业性是由其职业活动决定的，既不应以成熟专业（如医生、律师）为参照，也不应以普通高中教师为参照来外烁职教教师的专业特质。职教教师与普通高中教师因培养目标、教育对象、职业活动的差异，在专业性方面存在明显差异。总的来说，职教教师的专业性突出表现为“双重”实践性，既包括教育教学实践，也包括非教学的专业实践，不仅要求教师具备良好的教学能力，而且要求教师具备突出的学生管理能力和专业实践能力；而普通高中教师的专业性则突出表现为单一实践性，即教学实践，强调教师的教学能力。

第二节　教师资格制度

当今社会，劳动分工越来越细化，职业也越来越丰富，为保证职业对象（顾客）能获得基本的、合格的职业服务，世界各国对职业的管理越来越规范，纷纷制定了相关职业的职业法规，要求从业人员具备基本的职业资格。但在我国，由于长期受计划经济体制的影响，职业资格并没有独立存在过，它不过是和“工作岗位”、“待遇”紧紧联系在一起的一种名誉而已。加之职业资格不可避免地与“身份”和“地位”相联系，而在意识形态挂帅的年代，谈“地位”、“身份”问题是很忌讳的（金难，1996）。因此，职业资格问题始终没有得到充分的研究，相关概念也显得比较模糊。在此，有必要对教师资格制度的概念作一梳理，以便加深对本书研究主题的认识与理解。

一、职业资格制度：教师资格制度的前位概念

要理解教师资格制度，首先必须对职业资格制度有正确的认识。职业资格通常简称为资格，对它的理解可谓仁者见仁，智者见智。如哈统等人（1981）认为，资格是人们学到的能力与职业任务的系统化结合，是从事一种职业活动（有时也包括其他重要的生活实践活动）时能够应用和通过学习获得的能力或潜力，包括知识、技能和技巧。资格通常通过对某一领域的职业活动、学习内

容以及与人相联系的能力说明来表示。[1] 我国原劳动部和人事部1994年联合颁发的《职业资格证书规定》（劳部发〔1994〕98号）指出：职业资格是对从事某一职业所必备的学识、技术和能力的基本要求。职业资格包括从业资格和执业资格。从业资格是指从事某一专业（工种）学识、技术和能力的起点标准。执业资格是指政府对某些责任较大、社会通用性强、关系公共利益的专业（工种）实行准入控制的条件，是依法独立开业或从事某一特定专业（工种）学识、技术和能力的必备标准。石金涛、陈琦（2003）认为，职业资格是有关组织对从事某一行业工作人员基本条件的客观规定。对于个体来说，职业资格是一张进入社会、以专业知识和技能服务于社会并取得报酬的准入证，是任职者职能水平的客观反映；对于企业来说，职业资格是岗位工作要求的客观形式，也是对从事该工作人员的要求和考核标准；对于社会来说，职业资格是允许个体进入特定劳动力市场的一种法律许可或社会承诺，通过获取职业资格，企业的人变为社会的人。从已收集到的文献来看，虽然对职业资格概念的表述不同，但从中我们可以抽象出职业资格的两个基本要素："条件"与"身份"。所谓"条件"，是指从业者必须具备胜任某职业活动或任务的知识和能力；所谓"身份"，是指获得了某种职业资格所得到的相应的社会（或法律）地位。"条件"是获得职业资格及相应"身份"的前提，只有达到了某种职业的基本任职条件，才能获得相应的职业资格，获得相应的"身份"；"身份"则是从业者获取职业资格的动力，获得某种职业资格带来的可预期的"身份"（包括社会声誉与利益），是从业者通过自我努力满足职业资格"条件"，获取职业资格的动力。由此，可以将职业资格简单界定为从事某种职业活动所应具备的条件和身份。

不论是"条件"还是"身份"，都必须经过制度化的确认或证明才能生效，才能被社会广泛认可。对职业资格的制度化确认或证明便产生了职业资格制度。具体而言，职业资格制度就是国家按照有利于经济发展、社会公认、国际可比、事关公共利益的原则，在涉及国家、人民生命财产安全的专业技术工作领域，对专业技术人员实行的资格准入制度（刘学钊等，2004）。它起源于工业革命以后，是各个行会推行的行业技术资格证书和技术职称制度，是一种职业和岗位专门化的必然结果，也是社会分工及管理进步的表现，它直接影响着有关职业的质量及随之而带来的社会声誉和地位。对职业资格的确认或证明要通过颁授或持有资格证书来实现。当前国际上对资格证书的含义主要有两种理解：一是"执照（Licence）"，二是"证书（Certification）"。"执照"是一

---

① 赵志群，苏敏．职业资格研究——职业资格和学历证书相互沟通的基础［J］．职教论坛，2005（12）：4—7.

种法律文件，属于职业资格的范畴，具有强制性，主要是政府根据相应的法律、法规，针对某些职业而建立的准入资格认证制度。当某人具备某一行业或领域所要求的最低知识、技能与能力时，经过认证或考试，合格后由政府权责部门颁授证明方可执行服务。而“证书”则是指某人具备或通过某一行业或领域的专业组织所制定的基本要求时，由该专业组织所颁发的证明，它是一种非法律的文件，不具备强制性（严望良，2002）。职业资格证书（或执照）对于个体来说，是一张进入社会（即就业）、以自己的职业特长服务于社会并取得报酬的入场券或准入证；对于社会来说，职业资格证书（或执照）是允许个体在社会大舞台活动的一种法律许可或社会承诺，“自然人”通过获取职业资格成为“社会人”，社会通过职业资格管理使个人在职业活动中奉公守法并遵循职业规范。

二、教师资格制度：入门性与发展性矛盾

根据以上职业资格制度的分析，我们可以认为，所谓教师资格制度，简言之就是对教师资格条件及身份的制度化确认。“条件”与“身份”构成了教师资格的两个基本要素。教师资格制度既是对教师从业者应具备的任职条件的强制性规定，也是对教师资格获得者的“身份”的法律认可。“条件”是获得教师资格及相应“身份”的前提，只有达到了教师职业的任职条件，才能获得教师资格，获得相应的“身份”；“身份”则是从业者获取教师资格的动力，包括获得教师资格带来的可预期的社会声誉、专业地位及经济利益。“条件”与“身份”是对应的，教师资格认证条件要求越高，取得教师资格后获得的社会地位，特别是专业地位也就越高。我国著名教育家顾明远先生（2002）曾多次指出，“社会职业有一条铁的规律，即只有专业化，才有社会地位，才能受到社会的尊重。如果一种职业是人人可担任的，则在社会上是没有地位的”。但“条件”并非越高越好，事实上，受教师供给的影响，一些国家（如我国）只是将教师资格认证条件设定为教师职业的基本准入条件，即从事教师职业所必须具备的最基本的知识、能力和素质要求。但也有一些国家（如美国），在基本准入条件以外，设定一个更高的目标条件并给予相应的更高的“身份”，以满足有更高追求的教师的需要，并以此促进教师的专业发展。由此，产生了教师资格制度的第一组基本矛盾，即“入门性”与“发展性”的矛盾。在我国，关于教师资格制度是定位为“发展性”还是立足于“入门性”仍存在一定争议。一部分学者从教师专业发展的角度出发，倾向于“发展性”教师资格制度，主张建立多层次的教师资格证书体系；另有一部分学者从操作

性出发，倾向于“入门性”教师资格制度，并不主张建立多层级的发展性教师资格证书体系，而是建议适当提高准入“门槛”，建立教师资格再认证制度以解决教师专业发展问题。不论是“发展性”教师资格制度，还是“入门性”教师资格制度，促进教师的专业发展都是题中应有之义。根据新制度经济学的观点，制度不仅要有资源配置效率，还必须有适应性效率。① 适应性效率要求制度能激发人们学习知识、技能，促使默会知识发展的主观能动性，激励人们创新的“主观意愿”。就教师资格制度而言，其不仅能促进资源的合理配置，吸纳合适的人进入教师队伍，把好教师“入口”关，而且能激励教师教学知识、技能的习得和默会知识的创新，促进教师的专业发展，以应对不确定性的教育教学问题，从而促进教师队伍素质与质量长期稳定地提升。因此，促进教师的专业发展是教师资格制度的重要功能，也是检验该制度有效性的重要指标。但促进教师的专业发展与“发展性”教师资格制度之间并不能画等号，“入门性”教师资格制度也能促进教师的专业发展，如实施教师资格再认证制度或注册登记制度。

教师资格制度是立足于“入门性”，还是着眼于“发展性”，必须综合考虑制度的有效性。“有效性”是制度的出发点和落脚点，也是制度设计的基本原则。相对而言，实施“发展性”教师资格制度对制度的外部条件要求更高，要求有充足的、有效的教师供给，否则，“发展性”教师资格制度将难以实施，也难以发挥其应有的作用。笔者认为，在我国目前的制度环境下，并不具备实施“发展性”职教教师资格制度的充分条件，更宜于实施“入门性”职教教师资格制度。首先，在一些教育发展水平相对落后的地区（如西部、广大农村）并不具备实施“发展性”职教教师资格制度的条件，这些地方仍面临教师数量不足与质量较差的双重问题。因此，我国今后相当长一段时期内，实施职教教师资格制度的首要任务是确保每一名新增教师及在职教师都能达到合格教师要求。相对于满足教师更高的专业追求而言，“门槛”问题更迫切。其次，实施“发展性”教师资格制度，设计多层级的证书体系，会增加制度实施成本，降低制度实施效率。正如诺思（2008，p. 50）所言，“在一切社会，从最原始的直至最先进的，人们无不在自己身上施加种种约束，以此来为自己与他人的联系提供结构。在信息与计算能力有限的情况下，比之无制度的世界，约束降低了人类互动的成本”。因此，效率性是衡量制度有效性的重要

---

① 诺思认为，可以将“整体的制度结构在决定一个社会或经济体系在多大程度上能鼓励试验、实验和创新”归结为适应性效率。可见，适应性效率是指制度在激励与使动方面的作用程度。参见：［美］道格拉斯·诺思．制度、制度变迁与经济绩效［M］．杭行译．上海：格致出版社，上海三联出版社，上海人民出版社，2008. 111—112.

指标。再次，发展性教师资格制度与教师职务制度存在功能重复，从而造成制度供给过剩，损耗制度的效率。日本新制度经济学家青木昌彦的研究表明，制度之间的相互关联可能会形成制度效率损失，制度之间的互补可能会形成制度效率的提高（黄玉捷，2004）。我国实施的教师职务等级制度是满足教师更高专业追求的重要制度，其因与教师切身利益息息相关，已成为促进教师专业发展的重要制度力量。受此影响，如果实施发展性教师资格制度，不仅会造成制度供给过剩，还会因制度间的相互关联而造成制度效率的损失。

三、教师资格制度：全国统一性与地区差异性矛盾

我国地域辽阔，各地社会经济、教育发展水平极不平衡，各地教师队伍水平及教师的供求状况存在较大差异，由此对教师资格也有不同要求。通过对一些地方中职学校教师招聘条件的分析，发现教师招聘条件表现出明显的地区差异性。总体而言，东部经济发达地区的教师招聘条件要高于西部欠发达地区，城市要高于农村。全国统一的教师资格制度显然抽象了地区差异性，对于经济发达地区，教师资格认证"门槛"可能偏低，对教师资格申请人缺乏约束力，而一项没有约束力的制度，在实践中就会缺乏权威性和有效性。正如E. 博登海默（Edgar Bodenheimer，1999，p. 332）所言，"一条法律规范是有效的，这就意味着这条法律规范对于它所指向的那些人具有约束力"。但对于教育发展水平相对落后地区（如西部、广大农村），教师资格认证"门槛"不是低了，可能是高了。如据调查，西部一些中职学校面临的最突出问题是教师数量不足，其次是质量问题，他们认为现行教师资格认证标准在上海、北京等发达地区现在能达到，但在西部地区估计要在5—10年后才能达到。在西部偏远农村，仍有大量的教师没有达到《教师法》规定的学历要求。如据调查，西部L省A市1 802名中职学校专任教师中仍有584人未达到国家规定的本科学历，占专任教师总数的32.4%（查吉德，2009，pp. 121—130）。可见，全国统一的教师资格制度始终存在两难问题，如果认证标准高了，相对欠发达地区则很难达到，这不仅加剧了这些地方教师供给不足的矛盾，且会影响教育公平；如果低了，对于相对发达地区而言，教师资格制度则失去了约束力，从而影响了制度的权威性和有效性。因此，有学者（李国钧、李雯建，2006）建议参照美国、澳大利亚等国的做法，建立分级教师资格认证制度，根据地区差异，将教师资格分为省级教师资格和国家级教师资格，省级教师资格证书只能在省内通用，国家级教师资格证书可以在全国通用。地方证书与全国证书相结合的教师资格制度，较好地照顾了地区差异性，但也存在地方证书标准不统一，不利

于教师合理流动等问题。如美国各州教师资格证书种类、更新期限、获得证书的标准都有很大差异，导致各州之间教师不能正常流动（Linda Darling - Hammond & Gary Sykes，2003）。为此，美国于 20 世纪 80 年代开始由全国专业教学标准委员会（NBPTS）探索建立全国统一的教师资格标准及教师资格证书，但由于全国统一的教师资格标准要求较高，导致一些教育水平相对较低的地区和群体，尤其是少数民族地区和群体教师申请人数下降，获证率降低。不仅加剧了教师的供需矛盾，而且影响了教育公平。如 1983 年，在美国路易斯安那州的国家教师资格考试中，白人候选人通过率为 78%，黑人只有 15%（Michael A. Rebell，1987），另据美国全国专业教学标准委员会（NBPTS）2007 年 12 月的数据，北卡莱罗那州一共有 12 770 名中小学教师获得国家教师资格证书，而在一些教育水平不高的州最少的只有 1 人获得了国家级教师资格证书（Melissa. E. W & Anthony. B . F. ，2008）。因国家证书导致部分州通过率过低，从而引起了教育公平问题，并招致一些民族主义者和相关学者的批评（Michael A. Rebell，1987）。可见，全国统一性与地区差异性的矛盾是教师资格制度面临的又一组矛盾。一方面全国统一的教师资格证书，虽然可以方便教师流动，有利于提高教师资格证书的权威性，但不利于体现地区教育发展水平的差异性，有悖教育的公平。另一方面为了照顾地方差异性，设置地方教师资格证书，但因各地教师资格认证标准存在较大差异，导致教师资格证书水平的差异，不利于各地教师之间的合理流动，也不利于凝聚教师专业共识，在一定程度上损害了教师资格制度的权威性和有效性。

为了协调全国统一性与地区差异性的矛盾，我国现行教师资格制度实际上采取了一种折中办法，即证书和基本认证条件统一，但具体的认证办法和认证标准不统一。如学历、普通话水平、思想品德、教育学和教育心理学考试大纲等基本要求统一，但教育教学能力测试办法、标准由各省级教育行政部门自行制定，教育学和教育心理学考试也由各省级教育行政部门自行命题并组织实施。这种制度安排依然未能有效解决全国统一性与地区差异性的冲突。由于没有全国统一的教师资格认证标准，导致各地的教师资格认证标准良莠不齐。有些地区已出现了结构性师资过剩，认证标准相对严格；而一些地方仍然存在教师不合格率较高和师资数量不足的问题，难免降低教师资格认证标准。由此，一张全国通用的教师资格证书，由于各地认证标准的差异，其含金量却不一样，从而影响了教师资格制度的权威性，也影响了教师资格证书的信度和效度。针对这种问题，有学者（姚琳，2007）呼吁制定全国统一的教师资格认证标准，也有学者（潘胜寒、赵瑞情，2003）建议参照医生、律师、注册会计师的国家考试办法，实行统一的国家教师资格考试。但全国性的教师资格认证标准或教师资格考试真的管用吗？正如前文所述，抽象了地区差异性的全国统一的教师资格认证标准，不利于体现地区差异性，且有悖教育公平。

那么，该如何协调全国统一性与地区差异性的矛盾呢？笔者认为，虽然我国各地社会经济、教育发展水平存在巨大差异，但教师的专业性并不因为地区差异性而改变。因此，以教师专业性为基础的教师资格认证标准应该是全国统一的，如果对欠发达地区实行照顾性政策（如降低教师资格认证标准、实行地方性教师资格证书制度），那不仅有损于制度的权威性与有效性，而且会进一步拉大地区间的差距，使得弱者越弱，强者越强。广大欠发达地区社会经济发展落后主要是教育发展落后，而教育发展落后主要是由这些地区教师队伍整体素质与质量低，缺乏合格教师造成的。这些地区教师资格申请人获证率低（如果实行更严格的全国统一的教师资格认证标准或国家教师资格考试），则是由于其受教育水平低，受教育水平低主要也是由于缺乏合格教师造成的。因此，为保证这些地区下一代学生受到良好的教育，不至于陷入“弱者越弱”的恶性循环的怪圈，必须保持教师资格的高标准。然而，地区差异性作为一种社会现实存在，在制度安排上也不得不作出妥协与让步，否则制度将缺乏合法性基础，难以有效实施。为此，本研究提出，在教师资格证书层次上，突破现有单一合格制证书模式，设置短期证书、长期证书和终身证书。短期证书要求相对较低且一次性有效，有效期为 5 年。长期证书要求相对较高且长期有效，但需定期注册登记，每个注册期为 5 年。长期证书连续三次通过注册，可换取终身有效的终身证书，终身证书无须注册。设置短期教师资格证书可以为欠发达地区教师队伍建设提供一个缓冲期，在缓冲期内，国家可以加大对西部、广大农村欠发达地区的教师培养培训力度，帮助他们达到长期教师资格标准，从而促进全国教师队伍整体素质与质量的提升，促进各地职业教育的均衡发展，实现更大意义上的教育质量公平。

四、教师资格制度：古老而全新的命题

教师资格的制度化确认经历了一个漫长的历史过程。虽然自从教师职业产生以来，教师资格问题随即相伴而生，社会各界从不同的视角对教师资格提出了不同要求，对教师的社会地位提出了不同看法，但长期以来对教师资格的条件与身份并没有制度化的确认，教师资格制度的历史也没有教师资格的历史那么长。事实上，在我国，教师资格制度还是一个全新的命题。

中国作为历史悠久的文明古国，有组织的教育活动源远流长。早在四千多年前的殷商时期，甲骨文中就已出现了“师”（）的字样，稍后西周的官方

学校更形成了从事各类教学活动的教师系列，仅在乐师当中就有磬师、钟师、笙师、镈师、韎师等（《周礼·地官司徒》）。漫长的古代社会积淀了厚重的尊师重教的传统，在教师任用方面也不乏合理和可行的举措，然而，其基本的原则往往是"能者为师"或"学高为师"，在制度上缺乏对教育教学方法等职业特有的要求。只是到了近代，教师培养的专门化才被提到议事日程，政府也渐渐有了突出资格认证的意向。1904 年我国得以真正实施的第一个正式学制《奏定学堂章程》（亦称《癸卯学制》）对于各高等、中等、初等实业学堂正、副教员的任职资格作了规定，要求中等实业学堂正教员"以将来大学堂实科毕业及高等实业学堂考列优等者及游学外洋高等实业学堂毕业得有毕业文凭者充选，暂时只可以实业传习所较优之毕业生充之"；副教员"以将来高等实业学堂考列中等者及游学外洋得有高等实业毕业文凭者充选。暂时只可以实业传习所其次之毕业生充之"。[①] 1906 年，清政府颁发的《学部通行各省举办实业教育文》中要求，"预储教员，尤其重要，应于各省城先立实业教员讲习所，渐次推行，饬各府厅州县设法分立，以广师资。至初级师范学堂农工商诸科，原系酌量加习，今拟改为必修科，令师范学生各自习一科，亦可备将来初等实业学堂、实业补习普通学堂、艺徒学堂教员之选。要之……其教授之法重实习不重理论，由浅近而入精深。其教授所取材宜就本地所有，随时采辑，遇事发明"。[②] 辛亥革命后，1912 年民国政府颁布的《中学校令》规定："中学校教员以经检定委员会认为合格者充之。" 1913 年民国教育部《实业学校规程》对甲种、乙种两实业学校的教员资格均作了明确规定，要求甲种实业学校教员资格为："一、在国内专门学校毕业者；二、在国外专门学校毕业者；三、在高等师范学校毕业者；四、在教育部认定之公私立专门学校毕业者；五、有中等学校教员之许可状者；六、在甲种实业学校毕业、积有研究者。"[③] 1916 年，由于师范教育尚不发达，难以满足小学教师的需求，为解决小学教师数量不足的问题，民国政府实施了小学教员检定制度，对小学教员的申请者进行检定，受检定者分无试验检定及试验检定两种：对于无试验检定，只审查其毕业证书、办学经验，并就其品行身体进行检查；对试验检定，除审查其毕业证书及品行身体外，还需加以相当试验。具有下列资格之一者，可以受无试验检定：①毕业于中学校，并充小学教员一年以上者；②毕业于甲种实业学校，并积有研究者；③毕业于专门学校，确适于某科教员之职者；④曾充小学教员三年以上，

---

① 李蔺田. 中国职业技术教育史［M］. 北京：高等教育出版社，1992. 35.

② 璩鑫圭，童富勇，张守智. 中国近代教育史资料汇编·实业教育/师范教育［M］. 上海：上海教育出版社，2006. 12.

③ 李蔺田. 中国职业技术教育史［M］. 北京：高等教育出版社，1992. 110.

经地方最高行政长官认为确有成绩者。具第一项资格检定合格者，准充国民学校及高等小学本科正教员，具第二、第三两项资格，经检定合格者，准充国民学校及高等小学校专科教员，具第四项资格经检定合格者，准充国民学校及高等小学正教员助教员。另外，具有下列资格之一者，得受试验检定：①曾在师范学校、中学校或其他中等学校修业两年以上者；②曾任或现任国民学校、高等小学校教员满一年者；③曾在师范简易科毕业，期限在六个月以上者；④曾研究专科学术，兼明教育原理著有论文者。1932 年国民政府公布的《职业学校法》和《职业学校规程》规定，职业科教员资格须品格健全，对所任学科有专长学识、具有大专以上学历或师资训练机关毕业并有一定职业经验者。普通科教员按普通中学教员资格规定办理。[①] 1934 年，国民政府颁布了《小学教员检定暂行规程》、《中学及师范学校教员检定暂行规程》和《中学及师范学校教员检定委员会组织规程》，建立了从初等教育到中等教育的较为完整的教师资格审定制度。根据规程，中学及师范学校的教员，由各省市教育行政机关组织中学及师范学校教员检定委员会，依照规程的有关规定进行检定，检定的种类也分为无试验检定和有试验检定，无试验检定每学期开学前都可进行，有试验检定则是至少三年举行一次。[②] 1935 年民国教育部颁布实施的《修正职业学校规程》对高级职业学校、初级职业学校的教员资格作了规定，如要求高级职业学校职业学科教员须品格健全，对于所任教科有专长学识，且满足三个条件之一：一是职业师资训练机关毕业后有一年以上之职业经验者；二是国内外大学、专科学校、专门学校或高等师范专修科毕业后有两年以上之职业经验者；三是有专门之职业技能，曾任职业机关相当职务四年以上著有成绩者。”[③] 可见，清末、民国初期我国已经建立了教师检定制度，教师检定制度可以被视为近代中国教师资格制度的开端。

遗憾的是，由于合格教师数量不足，教师资格制度在实践中并没有得到有效执行，而且由于历史的原因，教师资格制度也没有得到延续和发展。新中国的教师资格制度，直到 20 世纪 80 年代中期才提上议事日程。1985 年 5 月中共中央在《关于教育体制改革的决定》中提出，“必须对现有的教师进行认真的培训和考核，要争取在 5 年或更长一点的时间内使绝大多数教师能够胜任教学工作，在此之后只有具备合格学历或有考核证书的，才能担任教师”。这是从党和国家最高层面首次明确提出担任教师要具有合格学历或考核合格证书，教师资格制度的酝酿可以说由此开始。1986 年 9 月，原国家教委发布了《关于

① 孙邦正．师范教育［M］．台北：中正书局，1963. 36—37.

② 崔运武．中国师范教育史［M］．太原：山西教育出版社，2006. 127—128.

③ 梁蕴甫．职业教育法令汇编［Z］．北京：商务印书馆，1935. 51.

印发〈中小学教师考核合格证书试行办法〉的通知》，决定实行中小学教师考核合格证书制度，设“教材教法考试合格证书”和“专业合格证书”两种，要求不具备国家规定合格学历的中小学教师参加考试（实际上是以“考试”弥补“学历”的不足），考试内容、要求和办法均由各省、自治区、直辖市教育行政部门规定。1987 年，这项制度正式运行，标志着新中国开始在实践层面探索教师资格制度。1993 年 2 月，中共中央、国务院印发了《中国教育改革和发展纲要》，提出要在“高等学校教师实行聘任制。中小学逐步实行教师资格制度和职务等级制度”。明确提出了实行“教师资格制度”的规划。1994 年实施的《中华人民共和国教师法》第十条明确提出：国家实行教师资格制度。中国公民凡遵守宪法和法律，热爱教育事业，具有良好的思想品德，具备本法规定的学历或者经国家教师资格考试合格，有教育教学能力，经认定合格的，可以取得教师资格。1995 年实施的《中华人民共和国教育法》第三十三条再次强调：国家实行教师资格制度。由此，确立了教师资格制度完全的法律地位。同年，国务院出台了《教师资格条例》（国务院第 188 号令），标志着教师资格制度开始进入实施阶段。① 2001 年 1 月，教育部召开全国教师资格制度实施工作会议，动员和部署全面实施教师资格制度工作，教师资格制度进入全面实施阶段。

综上所述，虽然我国教师资格问题早在三千多年前就已然存在，但新中国全面实施教师资格制度已是 21 世纪的事了。换句话说，教师资格制度指向的是一个有着几千年历史的问题，但其本身又是一项全新的制度。由此，全新的制度能否解决古老的问题？这项制度在实践中的有效性如何？是否达到了预期效果？这些问题自然成为现实而具体的问题。清末民初教师资格检定制度的历史经验告诉我们，制度的出发点与归宿往往并不一致，那么新世纪的中国实施的教师资格制度又如何呢？本书拟对此问题作出有效回应。

第三节　制　度

制度及其相关理论，特别是新制度经济学的有关理论是本研究的重要理论基础。因此，有必要对制度及相关理论作一梳理与界定。

---

① 俞启定．从顶层设计入手，改进完善教师资格制度——“中国教师资格制度研究”主报告［R］．北京：全国教育科学“十五”规划教育部重点课题“中国教师资格制度研究”课题组，2008. 22.

一、制度的源起与功能

制度已然存在于社会现实中，社会经济的发展、人们的生产生活都离不开各种各样的制度规约。那为什么会有制度呢？人类为什么要制定制度从而给自己套上“枷锁”呢？在此，笔者借用新制度经济学的分析方法，对制度的源起与功能作简单论述，以期更好理解制度及制度的有效性问题。

制度与人性密切相关，制度因人性而起，制度因人性而不断创新。人性的假设是经济学、社会学研究的逻辑起点。就经济学而言，“经济人”假设是经济学分析范式的前提假设。“经济人”这一概念最早由意大利经济学家帕累托提出，但由亚当·斯密在《国富论》中首先予以明确表述。在亚当·斯密看来，“每个人都在力图应用他的资本，来使其产品能得到最大的价值。一般地说，他并不企图增进公共福利，也不知道他所增进的公共福利为多少，他所追求的仅仅是他个人的安乐，仅仅是他个人的利益。在这样做时，有一只看不见的手引导他去促进一种目标，而这种目标绝对不是他所追求的东西。由于追逐他自己的利益，他经常促进了社会利益，其效果要比他真正想促进社会利益时所得到的效果为大”。[①] 可见，斯密认为，人是自私自利的，并有自身利益最大化行为倾向。约翰·斯图亚特·穆勒进一步全面总结了斯密的“经济人”思想，认为“经济人”体现为三大基本特征：自利、完全理性以及自利行动在完全竞争市场中最终会达到社会福利的增长。新古典经济学家继承了斯密等古典经济学家的“经济人”假设，提出完全理性、完全信息和利益最大化假定。然而，新古典经济学家的“经济人”假设并不现实：完全理性不现实——现实中总存在“有限理性”；完全信息不存在——现实中往往信息不完全、不对称；利益最大化不现实——现实中很难做到利益最大化。由于新古典经济学的“经济人”假设过于理想和抽象，对社会经济生活中的诸多现象缺乏解释力，如人的利他行为、合作现象。为此，新制度经济学对新古典经济学超现实的“经济人”假设进行了修正，提出了“新经济人”假设，并在新经济人假设的基础上提出了“交易费用”理论。新制度经济学的“新经济人”假设及“交易费用”理论很好地解释了制度的源起问题。

首先，在认知方面，人只具有有限理性。正如 K. 阿罗所言，人的行为是有意识地理性的，但这种理性又是有限的。威廉姆森认为，只要或者不确定性，或者复杂性的存在达到了必要的程度，有限理性就会产生。有限理性主要

---

① ［美］保罗·A. 萨缪尔森，威廉·D. 诺德豪斯. 经济学（第12版）［M］. 高鸿业等译. 北京：中国发展出版社，1992. 67.

表现在四个方面：一是信息的不完全性，由于人的认知能力与获取信息能力的有限性，使得他们不可能获得完全信息；二是对信息的计算和认识能力是有限的，人们即使获得了足够的信息，也不具备加工如此大量信息的能力；三是交易双方的信息是不对称的，交易双方对交易品所拥有的信息数量不对称，这种信息的不对称可能会使行为一方通过隐瞒信息、欺骗等方式获利，而使另一方遭受损失；四是由于环境的不确定性，信息的不完全性以及人的认识能力的有限性，使得每个人对环境反应所建立的主观模型也就不一样，从而导致人们选择上的差别和偏好。人的有限理性，使得市场交易行为存在诸多的不确定性，从而增加了交易风险与成本。在诺思看来，在非个人交换形式中，人们面临的是一个不确定的世界，交易越多，不确定性就越大（卢现祥，2003，pp. 16—17）。为此，需要制定一系列规则以弥补人类理性之不足，从而减少人们互动中的不确定性，及信息不完全和不对称可能带来的风险，更好地满足人们的利益需求。在诺思（2008，p. 7）看来，“专业化程度越高、有价值的特质的数量越多、可变性越强，就越需要借助可靠的制度，来支撑个人从事复杂的契约行为，并使条款执行上的不确定性降到最低”。以职业资格制度为例，专业化程度相对较低的职业一般不需要资格制度（如理发师），而专业化程度较高的职业则必须实施资格制度（如医生、律师、教师等）。因为对于理发师而言，一方面顾客比较容易获得理发师技术水平方面的信息，如观察他给别人提供的理发服务；另一方面顾客即使缺乏相关信息，不巧碰到一位水平较低的理发师（如学徒），受到了低质量的服务，也不会有严重的损失，如最多是发型不好看，要么可以找位优秀的理发师弥补过错，要么戴顶帽子，等头发长长了再理，或者干脆将就一次，下次再找个好点的理发师。因此，对这类职业一般不需要职业资格制度的规约。但医生、教师等专业化程度较高的职业则不同，如果顾客受到了低质量的服务，会为此付出惨重的代价。以医生职业为例，医生与病人在某种意义上构成了一种交易行为，作为病人，这种交易行为存在较大的不确性和风险。因为他并没有足够的医学知识和临床经验，对医生的医术也缺乏了解，即使拥有一些相关知识和经验也不及医生。可见，相比医生，病人在信息方面处于不利地位。如此一来，病人可能会受到不合格或低质量的医疗服务，却不知情，对不合格医生的处方也是照单全收，由此可能带来的后果是：①花了钱，却没有看好病；②延误了治疗，加重了病情；③引起了其他疾病；④付出生命代价。因此，为了降低患者受到不合格、低质量医疗服务的风险，必须要实行医生职业资格制度，要求每一名医生都必须经过专业化训练，通过资格认证，获得执业执照，是名合格的医生。在医患双方信息不对称、患者信息不完全的情况下，医生职业资格制度可以确保患者获得起码的医疗服务，减少可能受到低质量或错误的医疗服务带来的风险。再以教师职业为例，一方面利益相关者（政府、学校、学生及其家长）缺乏足够的教学知识和经验，从而使其教育行为存在不确性和风险。如学生及其家长一般缺乏教学专业的知识和经验，事先也不可能完全了解教师的教学水平。为此，学生的求学行为可能面临一定的风险和不确定性，他可能会碰到一所教师水平极差的学校，并受到不合格的、低质量的教育教学服务，在此求学不仅不能成才，白白浪费了金钱和宝贵的青春时光，还可能会走上歧途。政府也不可能拥有教学方面的所有知识和经验，它的办学行为也可能面临一定的风险和不确定性，如政府确立的教育目标可能会因为教师队伍的低质量而落空。另一方面，在教师选聘上，学校也面临不确定性和风险，因为学校对于教师应聘者的了解是不全面的，它可能会将不适合做教师的人选入教师队伍，从而影响学校的利益。此外，政府、学校、学生及其家长虽然对教学有不同程度的认知，但受信息不完全及认知能力的影响，不同利益相关者对教学专业存在不同的主观认知模型，存在着不同的选择偏好，甚至是偏见，这种偏好与偏见可能造成教学专业认知的混乱，甚至使教学专业偏离其“本真”。为此，需要有教师资格制度的规约，一方面弥补人们信息不完全、不对称和认识能力的不足，另一方面克服主观偏见，使得在教师选聘方面有基本共识和规范，减少因为人们的主观偏好或偏见而造成的随意性，凝聚教学专业共识。教师资格制度的实施，可以确保每一名教师都必须是经过教学专业训练的，均具备教学需要的基本知识、能力和素质，均是合格教师。如此一来，学校可以从具备教师资格证书者中招聘录用教师，从而降低了录用不合格教师的风险。因为学校教师是合格的，因此，学生无论选择哪所学校都可以得到达到基本质量要求的教育教学服务，从而降低了因择校不慎可能承担的风险和可能带来的损失。作为办学者的政府，因为教师队伍整体素质和质量达到教学的基本要求，其设定的教育目标落空的风险大大降低。总之，因为利益相关者（学校、政府、学生及其家长）缺乏教学及教师候选人的信息（包括知识、能力、素质等），对教学专业缺乏足够的认知能力，加之对教学存在的主观偏好与偏见，使得不同利益相关者的教育行为面临诸多的不确性和风险，教师资格制度可以减少这种不确性，降低风险。因此，从这个意义而言，教师资格制度强于任何人为的教师选择行为。由此，构成了教师资格制度产生的第一个理由：弥补人类理性之不足，减少不确定性，降低风险，凝聚教学专业共识。

其次，在行为动机方面，人具有财富最大化与非财富最大化的双重行为动机。以亚当·斯密为代表的传统经济学家认为，人是“经济人”，人的本性在于追求经济利益的最大化。这种建立在“经济人”假设基础上的经济学理论较好地解释了社会经济领域中的竞争现象，较好地诠释了市场规律。然而，“经济人”假设无法解释人类的利他性、人类追求非经济利益最大化的行为，也难以解释社会经济领域的“合作”现象。因此，新制度经济学认为，人类的行为动机是双重的，不仅追求经济利益最大化，而且也追求非经济利益最大化。人们在选择行动之前往往会在经济利益最大化与非经济利益最大化之间寻找平衡点。制度作为一个重要变量能够改变人们为其偏好所付出的代价，改变经济利益与非经济利益之间的权衡，进而使理想、意识形态等非经济利益在个人选择中占有重要地位。可以说，制度是人类双重行为动机的平衡装置，使人类行为在经济利益与非经济利益之间达到某种平衡。另外，制度避免了无序的竞争，使竞争归为有序，使合作得以发生，由此更好地保障人类的经济利益与非经济利益。以教师资格制度为例，实施教师资格制度一方面可以使立志从事教师职业者通过合法的途径获得教师资格，并从教师职业中获得合理的经济报酬；另一方面教师资格制度体现了教师职业的专业性，有助于提升教师职业的社会地位，满足了教师从业者的职业理想、自我价值、社会声誉等非经济利益需求，使他们感到从事教师职业的光荣感与使命感。相反，如果没有相应的职业准入制度，人人可当教师，教师职业不可能有很好的经济待遇，如长期以来教师的待遇始终低于医生、律师等职业就是一个很好的例证，而且如果人人可当教师，教师职业也不可能有很高的社会地位与专业地位。可见，没有教师职业准入制度，教师的经济利益与非经济利益都会受到损害。另外，教师资格制度还能起到平衡教师经济利益与非经济利益的作用，通过教师资格制度的实施可以提高教师的专业地位，进而使教师职业理想、信念、价值等非经济利益在个人选择中占有重要地位，激发有志者不仅仅是为了经济利益从事教师职业，更是为了职业理想、信念、价值投身教育事业。由此，构成了教师资格制度产生的第二个理由：保护并平衡教师的经济利益与非经济利益需求。

再次，受效用最大化的行为动机与有限理性的双重影响，人往往具有机会主义行为倾向。人类的行为总是与利益密不可分，趋利性是人类的本性。趋利性使人们面对利益时，可能会采取机会主义行为。一方面由于现实世界中存在信息不对称，“经济人”就会根据个人目的筛选对己有利的信息，扭曲对己不利的信息，如撒谎等；另一方面由于契约的不完备性，一旦经济人发现有机可乘，就会不遵守或违背契约。如果经济人是完全理性的，他可以洞察一切可能发生的他人的机会主义行为，但如果人是有限理性的，他不可能获得所有必要的信息，即使获得了这些信息也不可能作出正确的判断，所以机会主义行为在现实生活中时有发生（许家文，2008）。人的趋利性和由此可能产生的机会主义行为倾向，是制度产生的又一重要原因。因为制度可以弥补市场规则的不足，可以在一定程度上约束人的机会主义行为。人类社会发展历史表明，各种制度创新的过程实质上就是一个不断克服或减少机会主义行为的过程。以教师资格制度为例，如果没有相应的制度，在教师的选聘方面，可能会有一些不具备教师资格者，通过非正常途径进入教师队伍。这种机会主义行为不仅会损害其他通过正当途径取得教师资格与职位者的利益，损害教师队伍的整体利益（如降低教师的专业地位），也会损害政府与学校的利益（因为不合格教师进入教师队伍会影响教育质量，影响教育目标的实现，影响学校的声誉）和学生个体利益（如学生可能受到不合格教师带来的低质量的教育教学服务）。因此，为了约束教师选聘过程中可能出现的机会主义行为，阻止那些不具备教师资格者通过非正常途径进入教师队伍，有必要建立教师资格制度，从而维护教师群体、政府、学校乃至学生的利益。由此构成了教师资格制度产生的第三个理由：约束教师选聘中的机会主义行为，维护教师、政府、学校和学生的利益。

最后，通过对“经济人”假设的修正，新制度经济学进一步提出交易费用理论。亚当·斯密认为人是“经济人”，其本性是追求经济利益最大化，而市场这只看不见的手是帮助人实现经济利益最大化的工具。然而，由于人的理性是有限的、信息存在不完全与不对称性，加之人类可能的机会主义行为倾向，单纯依靠市场规则进行资源配置，可能会增加交易成本，付出更大代价。制度可以弥补市场规则的不足，可以降低交易费用，这就是制度的效率性质，也是制度存在的又一原因。正如诺思（2008，p. 50）所言，“在一切社会，从最原始的直至最先进的，人们无不在自己身上施加种种约束，以此来为自己与他人的联系提供结构。在信息与计算能力有限的情况下，比之无制度的世界，约束降低了人类互动的成本”。那么，何谓交易费用？对此，新制度经济学家们并没有给出一个非常明确的解释。如科斯认为，交易费用是获得准确的市场信息所需要付出的费用，以及谈判和经常性契约的费用。威廉姆森认为，交易费用分为两部分：一是事先的交易费用，即为签订契约、规定交易双方权利、责任等所花费的费用；二是签订契约后，为解决契约本身所存在的问题，从改变条款到退出契约所花费的费用。迈克尔·迪屈奇则把交易费用定义为三个因素：调查和信息成本、谈判和决策成本以及制定和实施政策的成本。笔者认为，交易费用既包括获得信息、谈判、制度运行等显性成本，也包括制度缺失状态下“不确定性”行为风险与代价等隐性成本。以教师资格制度为例，在制度缺失下可能存在的交易费用包括学生及其家长由于对教师及教学方面的信息不完全与不对称可能导致的行为选择代价；学校从市场中寻找合适的教师所花费的成本；[①] 学校选聘教师时可能出现的机会主义行为及由此对利益相关者（政府、学生及其家长、学校及其他教师）的利益损害。当这些交易成本存在时，制度就会起作用。教师资格制度不仅能弥补学生及其家长理性的不足，降低信息的不完全和不对称性可能带来的教育风险，而且可以约束教师招聘中的机会主义行为，从而维护教师、政府、学校乃至学生的利益。由此，构成了教师资格制度产生的第四个理由：减少交易费用。

二、制度的内涵与要素

我们生活在一个被一系列制度规约的社会，任何人都不能脱离制度而生活，可以说制度是人类文明的重要标志，是人类社会性、群体性特征的重要体现。但什么是制度？制度具有哪些特征？制度由哪些要素构成？

（一）制度的本质内涵

什么是制度？可谓仁者见仁，智者见智，而且随着相关研究的深入，制度的本质与内涵仍处于发展变化当中。在《说文解字》中，“制”的基本含义为“制裁、决断”；“度”的基本含义是“法度”。《中庸》中言：“非天子，不议礼、不制度、不考文”，这里的“制度”就是“制定法度”的意思。《汉书》中言：“汉家自有制度，本以霸、王道杂之”，这里的“制度”有“治国方略”的意思。[②] 相比古代，现代社会制度的内涵更加丰富，对制度的理解也更加多元化，不同学者从其学科背景出发，对制度给予了不同理解。如美国制度学派的创始人凡勃仑认为，“制度，实质上就是个人或社会对有关的某些关系或某些作用的一般思想习惯，而生活方式所由构成的是在某一时期或社会发展的某一阶段通行的制度的总和。因此，从心理学方面可以概括地把它说成是一种流行的精神状态或流行的生活理论。说到底，可以归纳为性格上的一种流行类型”。[③] 日本新制度经济学家青木昌彦（2001，p. 28）认为，“制度是关于博弈如何进行的共有信念的一个自我维持系统”。美国著名政治哲学家罗尔斯（1988，p. 50）把制度理解为一种公开的规范体系。德国社会学家韦伯（1997，p. 45）认为，“制度应是任何一定圈子里的行为准则”。T. W. 舒尔茨

---

① 教师资格制度有助于形成教师人才资源库，为学校提供合格教师的“蓄水池”，从而降低了学校教师招聘的成本及招聘到不合格教师的风险。相反，若没有教师资格制度框架下形成的教师人才资源库，学校寻找教师时可能会付出更大的显性成本（如对教师候选人基本知识、能力与素质的考核成本），也会存在更大的风险（如招到不合格教师导致的利益受损）。

② 冯务生．制度有效性理论论纲［J］．理论与改革，2005（5）：15—19.

③ 卢现祥．西方新制度经济学［M］．北京：中国发展出版社，2003. 34

认为“制度是管束人们行为的一系列规则”。V. W. 拉坦也认为，制度是一套行为规则，它们被用于支配特定的行为模式与相互关系。[①] 新制度经济学的代表人物诺思（2008，p. 3）认为，“制度是一个社会的博弈规则，或者更规范地说，它们是一些人为设计的、型塑人们互动关系的约束”。美国经济学家布罗姆利（1996，p. 49）认为，制度就是“确定个人、企业、家庭和其他决策单位做出行动路线选择的选择集的规则和行为准则”。

可见，不同学者从不同学科视角出发，对“制度”给出了不同的定义。本书倾向于采用新制度经济学对制度的定义，即认为制度是一种规则，这种规则是人为设计的，目的是为了弥补人类理性之不足，从而减少环境的不确定性及信息不完全和不对称可能带来的风险，约束机会主义行为，降低交易费用，更好地满足利益相关者的利益需求。这种规则具有以下基本特征：

首先，制度具有内生性。长期以来，受结构—功能主义影响，人们往往将制度简单理解为一种外生变量，过于强调制度的外生性，而忽视了其内生性。结构—功能主义把制度看成制约个人行为的外在框架，与个人基于自身利益的理性计算无关，从而回避了制度与人的辩证关系。正如佛劳德（Floud，J.）和哈尔西（Halsey A. H.）所言，“结构—功能主义者强调建立于共同价值之上的社会统合，仅根据个人的动机行为从事分析。他认为教育是促使个人表现出合适行为，以维持社会平衡的工具。不过，即使将平衡解释为具有动态的意义，这种观念也很难应用于高度工业化的社会。这类社会的变迁急剧，‘一致性’及‘统合’甚难把握”[②]。事实上，任何制度，都是人的利益及其选择的结果。因此，从这个意义上而言，制度既有外生性，也具有内生性。外生性是指任何制度均是对一定的行为主体的行为规约，以避免行为主体为追求个人效用最大化而产生的机会主义行为倾向；内生性是指任何制度都是为了弥补人的理性之不足，以便更好地满足利益主体的利益需求，或者说制度源于主体（包括制度的制定者及规约者）的利益需求，产生于个人基于自身利益的理性计算。如果从功能来说，制度既具有外部制约性，也具有内部使动性，能为制度的利益相关者提供激励。当然，作为内生性的制度，并不具有个人专用性，并不是为某个人设立的，它是一种公共规则，它是人的观念体现以及既定利益格局下的公共选择。制度作为一种公共选择，同时又具有排他性，对大多数人有利的制度可能对少数人不利（卢现祥，2003，p. 36）。因此，制度总是有特定的受益群体，不同制度的利益主体不同，但一项制度必须符合大多数人的利

---

① 卢现祥．西方新制度经济学［M］．北京：中国发展出版社，2003. 35.

② 康永久．教育制度的生成与变革——新制度教育学论纲［M］．北京：教育科学出版社，2003. 112—115.

益，必须兼顾效率与公平，否则将缺乏合法性基础，将被认为是非正义的，而一项缺乏合法性基础，被认为是非正义的制度将难以获得广泛认同，进而难以被接受和遵守。

其次，制度具有稀缺性。[①] 传统经济学认为，土地、信息、人力资本等生产要素相对于人们的需求和欲望而言，都是稀缺的，新制度经济学认为除以上生产要素具有稀缺性以外，制度也具有稀缺性，因为“无论我们怎样强化制度创新的进程，相对于人类对制度的需求而言，制度供给总是相对不足。……人类社会之所以难以达到‘帕罗托最佳境界’，关键在于制度稀缺”。制度的稀缺性主要表现在四个方面：一是制度创新的条件与成本限制了人类的制度选择空间，使得制度安排往往难以达到最佳水平，难以满足人们效用最大化需求。二是因为人的理性是有限的，它不可能掌握制度创新所需要的所有信息，对环境的认知能力、对信息的处理能力均是有限的。因此，虽然人们总是期待设计一种完美的制度安排，但受制于理性之不足，制度安排总是难以达到完美状态，总是存在缺憾。三是技术一旦发明可以申请专利保护，其他人要使用必须付费，但制度却不同，它不具有专利性，人们可以模仿使用别人创造的制度安排，却无须付费。这种非专利性，限制了制度创新者的积极性，影响了制度创新与供给。四是制度实施受制于制度环境，在一个国家（地区）有效的制度，可能会因为社会经济文化、价值观念、社会习俗的不同，而在另一个国家（地区）失效。制度的这一特性，限制了制度的传播，进一步影响了制度的供给。

（二）制度的构成要素

新制度经济学认为，制度提供的一系列规则由社会认可的非正式规范、国家规定的正式规则和实施机制所构成。诺思（2008，p. 74）更是认为，由非正式规范、规则和实施特征所组成的混合体，将共同决定选择集合与最终结果，即制度的有效性。

首先，制度包括非正式规范（也称为非正式规则、非正式约束、非正式制度[②]）。它是人们在长期的交往中无意识形成的，具有持久的生命力，并构成代代相传的文化的一部分，包括价值信念、伦理规范、道德观念、风俗习性、意识形态等因素（卢现祥，2003，p. 38）。同样的正式规则，加诸不同的社会，往往得到不同的结果，原因就在于不同国家的非正式规范不同。那么非

---

① 卢现祥．西方新制度经济学［M］．北京：中国发展出版社，2003. 48—49.

② 虽然从字面上理解规则、规范、约束与制度存在较大差异，但在新制度经济学的著作文章中，非正式规则、非正式约束、非正式制度、非正式规范经常是混用的，正式规则与正式制度也是混用的。

正式规范从何而来？又为什么会存在？诺思（2008，pp. 50—57）认为，非正式规范来自于社会传递的信息，是我们文化传承的一部分。而文化则可被界定为“由教育与模仿而代代相传，并能影响行为的那些知识、价值及其他因素”（Boyd & Richerson，1985）。文化提供了一个以语言为基础的概念框架，来对由感官传递大脑的信息进行编码和演绎。因此，作为文化一部分的非正式规范是普遍存在的，它们的出现是为了协调重复进行的人类互动，是正式规则的延伸、阐释和修正。这些规范虽从未经过精心设计，但遵守它们对每个人都有利。非正式规范一旦产生，便具有持久的生命力，纵使时代变迁，社会制度发生了根本性变化，但非正式规范依然在人的行为选择方面发挥着重要作用。正因为如此，在制定正式规则时，也就不得不尊重非正式规范，否则正式规则的有效性势必弱化。“非正式规范”概念的引入，为职教教师资格制度的改革和创新提供了思路。因为就教师资格而言，此问题自古有之，几千年来对职教教师资格问题已经形成了一种约定俗成的社会观念或规范。当职教教师资格制度与这种社会规范一致或偏差不大时，制度则更易被接受，更容易得到社会认同，也就更易实施；反之，人们将对职教教师资格制度的科学性、合理性产生怀疑，制度将难以得到社会认同。一项得不到社会认同的制度，也就缺乏合法性基础，将难以被接受、被有效执行。

其次，正式规则（也称正式约束、正式制度）是制度的应有之意。它是指人们有意识创造的一系列政策法规，包括政治（和司法）规则、经济规则和契约，以及由这一系列的规则构成的等级结构，从宪法到成文法、普通法，到具体的内部章程，再到个人契约，从一般性规则直到特别界定，它们共同界定并约束着人们的行为（诺思，2008，p. 65）。从正式规则与非正式规范的关系来看，正式规则似乎是非正式规范演化的结果。正如诺思（2008，pp. 64—65）所言，“从禁忌、习俗、传统到成文宪法。与社会从不甚复杂的形式到复杂形式的演进过程相似，从不成文的传统，到习俗，再到成文法亦发生着漫长、波折的单向性演化，并且，这种演进很明显的是与较复杂社会的专业化和与劳动分工程度的增加联系在一起的”。因此，“正式规则能够补充和强化非正式规范的有效性。它们能降低信息、监督以及实施的成本，并因而使非正式约束成了解决复杂交换的可能方式。同时，正式制度也可能修改、修正或替代非正式约束”。另外，相比非正式规范，正式规则最接近人们普遍理解的“制度”，或者可以认为正式规则是“制度”的具体化。为了与宽泛的制度概念相区分，在新制度经济学中常用“制度安排”这一概念。虽然在新制度经济学家看来，制度安排既包括正式制度安排，也包括非正式制度安排，但在使用时，“制度安排”更接近于“正式规则”或者说“正式制度”。由此，我们可以认为，本书所探讨的教师资格制度是一种正式规则，是一项关于教师资格的制度安排。虽然这项正式规则安排是一种“舶来品”，但它依然融入了我国长期形成的非正式的教师资格传统文化观念。既是教师资格观念、传统的修正与强化，也是非正式教师资格规范的制度化、规范化和具体化。

再次，除了正式规则与非正式规范以外，制度的实施机制也是制度的重要组成部分。制度的实施机制是指为推行某项制度而制定的“有关制度的制度”或“元制度”，它与实践活动的关系不如规则直接，而主要与规则本身（尤其是正式规则）发生关系，或者说只与那些遵守或违背规则的行为发生关系，是规则的支撑体系（康永久，2003，p. 102）。离开了实施机制，任何制度尤其是正式规则就形同虚设。历史上乃至当前社会，包括教育活动在内的社会活动总是存在以“人治”代替“法治”的现象，这种局面有时往往不是因为没有制度，而是没有建立与制度相配套的实施机制。因此，从这个意义上来说，判断一项制度是否有效，除了看制度条文本身是否完善以外，更主要的是看这项制度的实施机制是否健全（卢现祥，2003，pp. 38—42）。在诺思（2008，pp. 76，139）看来，“实施机制的结构，以及其不完美的频率与严重程度，是影响交易费用与契约形式的重要因素”。“尽管规则还是那些规则，但实施机制、实施方式以及行为规范，还包括行为人的主观模型，却都是不同的。因而，实际的激励结构以及被感知到的政策效果，也就都不相同了。”然而，虽然制度的实施机制是重要的，但实施机制往往又是不完美的，有缺憾的实施机制似乎是制度的一种常态，我们只能无限接近完美。那该如何接近完美呢？一是制度安排应被社会广泛认同。只有被社会广泛认同，被认为是重要的规则，才容易形成制度的自我实施机制。二是要有合理的违约成本。“检验一个国家的制度实施机制是否有效（或是否具有强制性），主要看违约成本的高低。强有力的实施机制将使违约成本极高，从而使任何违约行为都变得不划算，即违约成本大于违约收益。”（卢现祥，2003，p. 42）三是建立价值中立的第三方实施机构。诺思（2008，p. 82）认为，“（制度）实施是由代理人执行的，因而他们自身的效用函数将影响结果”。也就是说，任何制度的实施都离不开特定的实施代理人，代理人的价值取向直接会影响制度的实施效果。一般而言，制度的实施代理人存在两种情况：一是来自市场的独立第三方，但这种纯粹自发的第三方实施系统的交易费用是相当高的；二是政府机构或其他政治组织，由政府机构作为实施第三方，往往会动用强制力量来实施合约，实施效率较高，但作为强制性制度安排，政府机构往往又是制度安排的设计者，因此由政府作为制度的实施方往往难以保持价值中立，有意无意地存在价值“偏见”，如朝着政府希望的路径发展。以我国教师资格制度为例，该制度是由教育部出台制定，并由其代理机构——各地教育行政部门组织实施的，各地教育行政部门从自身政治利益考虑，自然希望提高本地区教师的持证率，作为政策制定者当然也愿意看到这种结果。受此影响，教师资格认证往往是“走过场”，“重形式，轻实质”，教师资格制度往往也会“被有效”，其真实的有效性问题被有意无意地掩盖了，从而延缓甚至阻滞了制度的创新与变迁。

第四节　制度的有效性

制度包括正式规则、非正式规范与制度实施机制，探讨制度有效性问题，主要是研究正式规则与实施机制的有效性问题。研究制度的有效性问题，就无法回避什么是制度的有效性，如何评价一项制度的有效性等基本问题。虽然在对制度的概念进行论述时，已经触及到了此问题，但作为本书的核心问题，需要对此作进一步的界定与说明。

一、制度有效性之内涵

在英文中，与“有效性”相关的词有“Efficiency”、“Benefit”、“Effectiveness”和“Validity”，其中，“Efficiency”一般是指“效率”，是经济学中经常使用的概念；“Benefit”一般指“效益”，也是经济学中常用的概念；“Effectiveness”一般是指“效果”（有时也翻译成“有效性”），是最通俗的一个概念；“Validity”一般指“效度”，是统计学、测量学中常用的概念。相应地，在汉语中，与“有效性”相似的概念包括“效率”、“效益”、“效果”、“效度”和“效能”。其中，“效率”是指投入与产出的比例，侧重于用量来表述；“效益”是指行为产生的效果对行为主体带来的利益；“效果”是指行为产生的有效结果；“效度”是指测量的有效性，即一个测量准确测量的程度；“效能”则是一个综合概念，包括效率与效果。可见，这几个概念的侧重点不同，在运用时存在一定差异。取其中任何一个概念似乎都难以完全表达“有效性”的内涵。当然，这几个概念虽然有差异，但也有共性，那就是均指向“目标”，均表示“行为目标的实现程度”。“有效性”作为一个概念，既具有诸多概念的共性特征，又融入诸多概念的个性化内涵，实际上是一个整合概念，即兼具效率、效益、效果与效度的含义。虽然仅就概念而言，有效性可以兼具效率、效益、效果与效度的基本内涵，但受数据等有关资料的影响，本书很难从“量”方面去研究教师资格制度的“效率”与“效益”，更多地是从“质”的方面研究教师资格制度的“效果”及教师资格认证的“效度”。

二、制度有效性之标准

根据以上制度源起与功能、制度内涵与要素分析，我们不难看出，衡量制度的有效性主要包括三个方面的内容：

首先，从制度源起来看，制度源于人性的弱点，旨在弥补人类理性的不足，减少市场行为的不确性和风险，约束机会主义行为，减少交易费用，更好地满足利益相关者的利益需要。就这个意义而言，“利益”是制度产生的重要原因，正是出于某种利益诉求，人类才制定出各种制度。因此，有学者（苏宏章，1991，p. 170）认为，“各种社会制度的实质是利益制度，是为了一定阶级、阶层、集团和一定人的利益而制定的。不管社会制度的代言人使用何等漂亮的词句，也掩盖不了社会制度的这一实质”。樊纲（1996，pp. 7—8）认为，“一个有效率的制度的最根本特征在于它能够提供一组有关权利、责任和义务的规则，能为一切创造性和生产性活动提供最广大的空间，每个人都不是去想方设法通过占别人的便宜来增进自己的利益，而是想方设法通过增加生产，并由此实现自己的利益最大化”。康永久（2003，pp. 123—125）认为，“教育制度归根结底来源于个人的利益追求和利益追求过程中的成本—收益计算（理性计算/估算）”。因此，评价制度的有效性关键在于制度满足利益相关者的利益需求程度。就教师资格制度而言，其利益相关者主要包括政府、学校、教师、学生及其家长，因此，评价教师资格制度的有效性关键在于该制度是否有效地满足了政府、学校、教师、学生及其家长的利益诉求。

其次，从制度的特征来看，制度兼具外生性与内生性，有效的制度兼具外在制约性与内在使动性双重功能。作为外生性的制度，是一种外部约束机制，主要在于约束人们在追求个人利益最大化过程中的机会主义行为，保护并实现特定的社会公共利益，如提高资源的配置效率；作为内生性的制度，是指制度源于个体的利益需求，因为制度可以弥补人类理性的不足，并在信息不完全、不对称的情况下，减少不确定性，保护个体利益的最大化。虽然从长远来看，社会利益与个体利益是一致的，但从局部及一定时期来看，社会利益与个体利益并不完全一致，甚至还存在冲突，有时冲突还非常激烈。因此，需要制度规约，以使社会公共利益与个体利益达到某种平衡，即新制度经济学所说的博弈后的利益均衡。从这个意义上而言，判断一项制度的有效性必须同时兼顾外生性与内生性，不仅要看其满足社会公共利益诉求方面的有效性，而且还应看其满足个体利益诉求方面的有效性。如果一项制度仅强调外在功能性，而忽视制度的内生性，不能有效满足个体的利益诉求，就个体而言，这项制度将缺乏有效性；同理，如果一项制度仅仅关注了个体的利益诉求，而忽视了社会利益诉求，该制度对社会而言就缺乏有效性。就教师资格制度而言，评价其有效性，不仅看其能否有效满足以政府为代表的社会公共利益需要，而且还应看其是否满足以教师为代表的个体利益需要。

再次，就制度的要素而言，有效的制度不仅包括正式制度，还包括非正式制度与制度的实施机制。因此，教师资格制度作为一项正式制度，评价其有效性主要包括两个方面：一是正式制度安排的有效性；二是制度实施机制的有效性。对于教师资格制度安排的有效性，除了已有研究谈论得比较多的教师资格证书的时效性、融通性以外，教师资格认证的有效性是一项十分重要的内容，包括认证标准、认证方式乃至认证结果的有效性；制度实施机制的有效性主要是看制度的执行情况，如果制度能被有效执行，说明制度的实施机制高效，相反，若制度没能被有效执行，那说明制度的实施机制低效。

综上所述，笔者认为评价教师资格制度的有效性主要包括三个维度：制度整体的有效性、教师资格认证的有效性和制度执行的有效性。

首先，在制度整体方面，教师资格制度能否有效地满足利益相关者的利益需要，包括政府代表的社会公共利益、学校代表的部分私益与公益、教师和学生代表的个体利益。具体来说：

（1）对于政府而言。①教师资格制度能否有效保证教师“入口”质量。教师资格制度是一项职业准入制度，政府实施该制度的一个很重要的目的就是保证新增教师质量，确保每一名进入教师队伍的新教师均具备教学需要的基本知识、能力和素质，均能胜任教学，均是合格教师。②教师资格制度能否有效规范教师管理。教师资格制度的另一项重要功能就是促进教师管理的规范化、科学化，避免以人治代替法治。③教师资格制度能否有效促进教学专业化。在美国，把教师资格（包括资格证书、教育背景、职业经历等）与教学任务相匹配的情况称为内行教学，反之，则称为外行教学，并将外行教学视为教育质量低的主要原因。因为研究表明，教师对其所教学科或科目的了解程度与学生在此学科或科目上的成就呈正相关（Monk，David H.，1994）。内行教学是教学专业化的重要体现。有效的教师资格制度往往能够通过促进教师专业化，再以促进教学专业化，确保学生能受到专业的教学服务。④教师资格制度能否有效促进教师来源的多样化、促进合格教师“蓄水池”的形成。实施教师资格制度一个很重要的目的是促进教师来源多样化，促进合格教师“蓄水池”形成，从而解决长期困扰教育发展的教师有效供给不足的问题。⑤教师资格制度能否有效约束教师招聘中的机会主义行为。在制度缺失或制度无效的情况下，教师招聘中的机会主义行为将有机可乘。有效的教师资格制度能较好地约束这种机会主义行为，确保每名新教师通过正常途径进入教师队伍，如应聘者应先获得教师资格，再成为教师候选人，最后获得教师岗位成为一名正式教师；相反，无效的教师资格制度在约束教师招聘中的机会主义行为方面将难以发挥作用，一些不具备教师资格者会通过非正常途径进入教师队伍。⑥教师资格制度能否有效提升教师队伍整体素质与质量。教师资格制度的有效性集中体现在教师队伍整体素质与质量的提升方面，前面五个方面的有效性状况，最终都将归结于此。

（2）对于学校而言。教师资格制度兼具公益与私益双重意义。从公益的角度而言，学校作为政府办学的执行机构，其对教师资格制度的利益取向与政府是一致的。如教师资格制度能否有效约束教师招聘中的机会主义行为、能否有效促进教师来源的多样化和合格教师“蓄水池”的形成、能否有效促进教师专业化及教学专业化、能否有效保证教师“入口”质量，进而能否有效提高教师队伍整体素质与质量，等等。除了公共利益需求以外，教师资格制度对于学校还有私益的意义。根据新制度经济学，恰当的教育制度是极其重要的教育资源。而所谓恰当的教育制度，其实就是能降低教育中的交易费用、扩展教育利益的边界、开创新的教育局面的教育制度（康永久，2003，p. 144）。这里所说的恰当的教育制度，其实就是有效的教育制度。如果教师资格制度是有效的，教师资格证书及其认证标准是可信的、有效的，拥有教师资格证书即被认为具备了所教专业的相关知识、具备了教学专业的基本知识与基本能力，每所学校在招聘教师时，就不必对教师岗位申请人进行专业知识、基本教学知识与教学能力方面的测试与考核，从而节约了一笔显性的招聘费用；有了教师资格证书这根底线后，学校从拥有教师资格证书者中进行教师招聘，降低了将完全不胜任教学的人招进教师队伍中来的风险，减少了由此带来的损失；如果教师资格证书被视为拥有教学专业能力的证明，那么教师资格证书的认证标准就可以作为学校在岗教师培训的重要依据，减少教师招聘与培训的不确定性，提高相关工作的可控性，从而节约信息成本和协调成本，减少学校自行开发教师培训标准所带来的费用以及专业标准不统一造成的损失（如围绕教学专业标准的争论导致的教师培训工作的效率损耗）。另外，有效的教师资格制度还有助于激发教师的工作积极性，从而为学校创造更多的效益。

（3）对于教师而言。教师资格制度的意义体现在经济利益与非经济利益两个方面。就经济利益而言，教师资格制度是否有助于其获得教师岗位，改善其经济待遇；从非经济利益而言，教师资格制度能否有效提高教师的专业地位、促进教师的专业发展。

（4）对于学生而言。教师资格制度能否确保教师队伍的基本素质与质量，从而减少因择校不慎而可能受到不合格的、非专业的教育教学服务的风险。

其次，在教师资格认证方面，教师资格认证标准、认证方式以及认证结果的有效性是评价教师资格制度有效性的重要指标。①教师资格认证标准是否有效。一方面认证标准的难度是否合适，若标准过高，大量申请者难以通过认证，则会加剧教师有效供给不足的矛盾；若标准太低，则使得认证缺乏约束力，进而降低了制度的有效性。另一方面认证标准是否有效地反映了职教教师的专业性要求，如果认证标准能有效反映职教教师的专业性，通过认证者确实具备了职教教师职业要求的基本知识、能力和素质，那认证标准可以被认为是有效的，而且它也会成为职教教师教育与培训的重要依据；相反，若认证标准不能有效反映职教教师的专业性，即使通过认证也不会是合格的职教教师，那么该标准就缺乏有效性，也不会成为职教教师教育与培训的依据。②教师资格认证方式是否有效。有效的认证标准还需要可靠的认证工具作保障才能真正有效。如果认证工具有效，那它就能测量出想要测量的东西；相反，若认证工具无效，那它就不能测量出想要测量的东西。因此，认证方式的有效性也是评价教师资格制度有效性的重要因素。就我国的教师资格制度而言，主要是看教育教学能力测试、教育学和教育心理学考试以及思想品德鉴定等教师资格认证方式能否有效地测量出申请人真实的教育教学方面的知识、能力和素质。③教师资格证书是否具有良好的预测效度。教师资格标准、认证方式的有效性最终体现在认证结果——教师资格证书上。因此，教师资格证书的预测效度是评价教师资格制度有效性的重要指标，包括教师资格证书是否能够作为持有者具备教学专业必备的知识、能力和素质的可靠依据；教师资格证书是否可以作为持有者胜任教学、成为合格教师的证明；教师获得了教师资格证书，是否可以预测其课堂教学表现会好于未取得教师资格证书的教师。如果教师资格证书能够代表教学专业必备的知识、能力和素质，能够作为持有者胜任教学工作的证明，且通常有教师资格证书者的课堂教学表现优于无教师资格证书者，那么，我们可以认为教师资格证书具有良好的预测效度；相反，则可以认为教师资格证书缺乏预测效度。没有效度的证书，也就不会有信度，不会得到社会的广泛认同，而没有信度的证书也就没有价值。

再次，制度执行是衡量制度有效性的又一重要指标，因为再完美的制度设计，若不能被有效执行，也就不能发挥应有的作用。就教师资格制度而言，评价其执行方面的有效性主要包括两个方面：一是作为职业准入制度的教师资格制度是否被有效执行。具体来说，一方面教师是否是先获得教师资格证书，再取得教师岗位。另一方面，学校在教师招聘时，是否要求应聘者必须具有教师资格证书。如果大量的教师属于“先上岗，后取得教师资格证书”，学校在招聘新教师时，对于教师资格证书也没有刚性要求，那么我们可以认为教师资格制度没有被有效执行，或者说教师资格制度执行低效。二是作为执业资格制度的教师资格制度是否被有效执行。教师资格制度不仅是一项职业准入制度，而且也是一项执业资格制度。正如医生只有具备了行医执照，才能给人看病，才有处方权一样，教师只有具备了相应的教师资格证书，才能从事教学工作，才能提供教育教学服务。如果大多数在职教师都持有相应的教师资格证书，就可以认为作为执业资格制度的教师资格制度执行高效；相反，若大多数在职教师并没有相应的教师资格证书，属于无证上岗或持无效证件上岗，就可以认为作为执业资格制度的教师资格制度执行低效。

第四章　职教教师资格制度有效性分析

教师资格制度被认为是教师质量保障体系的重要内容，在教师队伍建设方面具有不可替代的重要作用。不论是学术界还是政界，不论是学校还是教师，对教师资格制度实施的意义都给予了高度评价，或者说对教师资格制度的价值高度认同。那么，教师资格制度实施十余年来，其有效性如何？是否达到了预期目标？为客观、全面了解职教教师资格制度的有效性，笔者做了大量的调查研究，包括问卷调查、访谈和座谈。本章将结合调查结果，从教师资格认证的有效性、制度执行的有效性和制度整体的有效性三个方面对职教教师资格制度的有效性作全面分析。在进行有效性分析之前，先对研究开展的问卷调查情况作如下说明：

首先，调查对象为中职教师、中职校长以及普通中小学教师。教师与学校均是教师资格制度的利益相关者。教师的利益是教师资格制度必须关注的个体利益，学校的利益则在一定程度上代表了教师资格制度应关注的公共利益。作为教师资格制度的利益相关者、教师资格的认证对象——教师对教师资格制度有着最直观的认识和体会；作为公共利益的代表、教师队伍的建设者与管理者——学校校长对教师资格制度的有效性评价至关重要。可以说，学校教师、校长对教师资格制度有效性的评价是我们了解教师资格制度有效性的可靠依据。为此，2010 年 7 月至 10 月，笔者分别以中职学校教师、中职学校校长、普通中小学教师为对象，针对教师资格制度的有效性问题，进行了问卷调查研究。三项调查的样本构成如下：①中职教师调查共发放问卷 1 800 份，回收有效问卷 1 500 份，有效回收率为 83.33%，1 500 名教师来自全国 28 个省（市、自治区）[①]。以地区统计，有效样本共计 1 488 人。其中，来自东部的中职教师为 1 095 人，占 73.59%；来自中部的中职教师有 171 人，占 11.49%；来自西部的中职教师有 222 人，占 14.92%。以学校办学水平统计，有效样本为 1 467 人。其中，国家重点中职学校的教师有 597 人，占 40.69%；省级重点中职学校的教师有 225 人，占 15.34%；本市重点中职学校的教师有 291 人，占 19.84%；其他非重点中职学校的教师有 354，占 24.13%。以工作时间统计，

---

① 28 个省（市、自治区）分别是：安徽、北京、福建、甘肃、广东、广西、海南、河北、河南、黑龙江、湖北、湖南、吉林、江苏、江西、辽宁、内蒙古、宁夏、青海、山东、山西、陕西、上海、四川、新疆、云南、浙江、重庆。

有效样本为1 476 人。其中，2001 年以后从事教师职业者801 人，占54. 27%；1996—2000 年开始从事教师职业者315 人，占21. 34%；1995 年以前开始从事教师职业者360 人，占24. 39%。[①] ②中职学校校长调查共发放问卷300 份，回收有效问卷270 份，有效回收率为90%，样本以广东省为主（200 人），另有少部分来自浙江（44 人）、河南（16 人）、湖南（8 人）和辽宁（2 人）等省。若以学校办学水平统计，来自国家重点中职学校的校长有72 人，占26. 67%；省级重点中职学校的校长70 人，占25. 93%；本市重点中职学校的校长58 人，占21. 48%；其他非重点中职学校的校长70 人，占25. 93%。③普通中小学教师调查共发放问卷200 份，回收有效问卷169 份，有效回收率为84. 5%，样本均来自广州市。其中，普通高中教师57 人，占33. 73%；初级中学教师38 人，占22. 49%；小学教师74 人，占43. 79%。以工作时间统计，有效样本为168 人。其中，2001 年以后从事教师职业者64 人，占38. 09%；1996—2000 年开始从事教师职业者47 人，占27. 98%；1995 年以前开始从事教师职业者57 人，占33. 93%。

其次，在调查内容方面，根据第三章确立的教师资格制度有效性标准，调查主要包括教师资格认证的有效性、教师资格制度执行的有效性以及制度整体的有效性三个方面。

再次，在调查方法方面，采取了分层随机抽样法。根据研究假设，经济发展水平、学校办学水平、学校类型、教师类别等因素会影响教师资格制度的实施，从而影响调查对象对教师资格制度的有效性评价。基于这一假设，在考虑调查条件及调查目的的基础上，三份调查分别选取了不同的分层指标进行抽样。其中，中职校长调查以学校办学水平（国家重点中职学校、省级重点中职学校、本市重点中职学校、其他非重点中职学校）进行分层抽样；中职教师调查主要以区域（东部、中部、西部）和学校办学水平进行分层抽样，并将教师类别（普通文化课教师、专业课教师、实习指导教师）作为重要参考因素。[②] 普通中小学教师调查则以学校类型（普通高中、初级中学、小学）进行分层抽样，且仅限于广州市。

最后，调查具有较好的信度与效度。2008 年11 月至2009 年3 月，作为教育部、财政部中职教师素质提高计划之公共项目“职业教育教师资格制度研

---

① 我国的教师资格制度是1996 年开始实施的，并于2001 年全面实施，因此，为考察制度的实施情况，特作此阶段划分。

② 因为大量的中职教师同时兼任两种或两种以上的教学任务，如既担任普通文化课的教学，也担任专业课教学，甚至还承担实习指导教学任务，因此，很难按普通文化课教师、专业课教师和实习指导教师进行分层抽样。

究”的子课题“我国中等职业教育教师资格制度实施现状调查研究”的主要负责人，为了解职教教师资格制度的实施状况，笔者对22个省（市、自治区）的898名中职教师进行了问卷调查，并跟随总课题组就职教教师资格制度问题进行了深入细致的现场调研。[①] 因此，本书所作的调查是在前期调查的基础上进行的，较好地吸取了前期调查的经验和教训，在问卷设计上不仅充分利用了前期调查成果，而且有针对性地修订了前期调查中存在的突出问题。另外，为保证调查的信度和效度，在问卷设计上反复征求了教师资格认定指导机构负责人及有关专家的意见，并在正式调查前，对北京师范大学中职硕士班学员（均是中职学校教师）进行了试调查，根据试调查结果对问卷进行了修改和完善。正式调查结果的统计数据表明，调查具有较高的信度和效度。信度方面，Spss16.0统计检验结果显示，职教教师资格制度有效性调查（中职教师问卷）、职教教师资格制度有效性调查（中职校长问卷）、教师资格制度有效性调查（普通中小学教师问卷）三份问卷的Cronbach's α信度系数分别为0.792、0.904、0.842。根据吴统雄（1984）的研究，Cronbach's $\alpha \leq 0.3$，不可信；$0.3 <$ Cronbach's $\alpha \leq 0.4$，勉强可信；$0.4 <$ Cronbach's $\alpha \leq 0.5$，可信；$0.5 <$ Cronbach's $\alpha \leq 0.7$，很可信（最常见），$0.7 <$ Cronbach's $\alpha \leq 0.9$，很可信（次常见）；Cronbach's $\alpha > 0.9$，十分可信。[②] 据此判断，四项调查的信度系数均在可以接受的范围，由此表明调查具有较高的内在一致性。另外，在效度方面，根据设想，调查主要是为了从不同侧面了解教师资格制度的有效性，包括资格认证的有效性、制度执行的有效性和制度整体的有效性，并比较不同区域、不同层次、不同类型学校和不同类别教师对教师资格制度有效性的评价。从调查结果来看，调查达到了预期目标，具有较好的构想效度。

第一节　职教教师资格认证的有效性分析

教师资格认证是教师资格制度的核心内容，教师资格认证的有效性既是教师资格制度有效性的表现，也是教师资格制度整体有效性的决定因素。本节将结合问卷调查结果，从教师资格认证标准、认证方式及认证结果三个方面分析教师资格认证的有效性。

---

① 中职教师资格制度实施状况调查有部分内容涉及教师资格制度的有效性问题。本论文的有些数据来自此次调查结果。

② 沈宗奇. 台湾地区网络银行利益区隔与消费者行为之研究［D］. 国立东华大学企业研究所博士论文，2001. 60.

一、职教教师资格认证标准的有效性分析

教师资格是一种专业化的职业资格，必须有严格的标准和认证制度。职教教师资格认证标准是国家对专门从事职业教育教学工作人员入职条件的要求，以能胜任职业学校教师职业任务必备的知识、能力和素质为基准，并适应建设高素质专业化职教教师队伍的发展要求。简单而言，职教教师资格认证标准，即具备什么样的资格才能成为职教教师，包括宏观与微观两个方面：宏观方面，主要是指对职教教师从事教育教学工作所作的基本规定，在现有制度框架下，即教师资格认证的基本条件；微观方面，主要是对教师胜任教育教学工作所需要的知识、能力和素质的更具体的规定，是职教教师资格考核评价的依据，在现有制度框架下，主要指教育教学能力测试标准。

（一）教师资格认证条件的有效性分析

根据我国《教师法》、《教师资格条例》及《〈教师资格条例〉实施办法》，职教教师资格认证条件包括思想品德、学历、教育教学能力等方面的基本要求。其中，教育教学能力包括基本教育教学素质与能力、身体条件与语言条件，而达到基本教育教学素质与能力的条件是通过教育学和教育心理学考试（一般限于非师范专业毕业的申请人）以及以面试、试讲为主的教育教学能力测试，语言条件则是要求申请人的普通话达到相应等级水平。（见表4－1）可见，思想品德、学历要求、基本教育教学素质与能力、身体条件、语言条件是教师资格认证的五个基本条件。若教师资格申请人思想品德鉴定合格，达到规定的学历要求或教师资格考试合格，① 能通过教育学和教育心理学考试以及教育教学能力测试，普通话达到相应等级要求，体检合格，那么一般就能获得教师资格证书。这五个方面体现了政策制定者对一名教学专业的实践者应具备的基本知识、能力和素质要求，包括思想道德素质、学科或专业知识、基本教育教学素质与能力、身体素质、语言能力。这五个方面是对教师的一般性要求，也是教师必须具备的基本素质，但就职教教师资格认证而言，除了一般性要求以外，还应考虑职教教师职业的特殊要求。从国际经验来看，在职教教师资格认证条件方面，除一般性要求以外，世界各国对职教教师资格申请人普遍提出了专业实践能力方面的要求。如德国要求参加职业学校教师培训课程的学生（即师范生）除了通过高等教育入学考试以外，还必须有至少12个月的职业

---

① 根据《教师资格条例》第十二条，若申请人的学历没有达教师法规定的学历，可以参加教师资格考试，即以考试代替学历，但自教师资格制度实施以来，我国从未组织过教师资格考试。

工作经历，且职业工作经历必须与学习的职业科目（Vocational Subject）相关。职业学校教师会通过当学徒或与工程师一起工作的方式获得较高水平的专业实践能力（Waldemar Bauer，2007）。在巴西，职业学校教师资格申请人一般要求具有技术方面的高等教育文凭，相应的职业工作经历，并接受过教师教育。如果候选人没有受过教师教育，也可以先上岗，并在教师工作岗位上完成必要的教师教育课程，但高等教育文凭与职业工作经历是必须要满足的条件。因此，许多教师候选人常常具有职业工作经历，但并没有教学经历（Beatrice Laura Carnielli，et al.，2007）。在瑞典，要求大多数参加职教教师培训的申请者在开始培训课程前，至少具有四年职业工作经验。丹麦对于专门职业科目教师，要求有至少五年的劳动力市场工作经验，并且接受过与职业相关的教育学和教学法的培训（Jette Harrybye，et al.，2007）。美国一些州要求缺乏工作经历的职教教师资格申请人需要通过国家职业能力考试（National Occupational Competency Examination），包括笔试和操作测试（Richard L. Lynch，1998）。可见，专业实践能力是各国职教教师资格认证的普遍要求，但我国在职教教师资格认证条件中对此未作明确规定，这在一定程度上影响了教师资格认证条件的有效性。即使申请人达到了制度规定的所有认证条件，也不能表明其已经具备了从事职教教师职业必备的基本条件，至少不能说明其已经具备了职教教师职业必备的基本专业实践能力。

表4-1　中职教师及实习指导教师资格认证条件与认证方式汇总

条件分类	具体要求	认证方式
思想品德	申请认定教师资格者应当遵守宪法和法律，热爱教育事业，履行《教师法》规定的义务，遵守教师职业道德	由申请人户籍所在地、工作单位或毕业学校填写教育部统一印制的“申请人思想品德鉴定表”，必要时提供相关证明材料
学历要求	取得中等职业学校教师资格应具有大学本科及以上学历；取得中等职业学校实习指导教师资格应具有中专及以上学历，同时应具有相当助理工程师以上专业技术职务或者中级以上工人技术等级，对于确有特殊技艺者，经省级以上人民政府教育行政部门批准，其学历要求可适当放宽。	查验学历证书（或者教师资格考试合格证明）、专业技术职务证书、工人技术等级证书

（续上表）

条件分类	具体要求	认证方式
基本教育教学素质与能力	具备承担教育教学工作所必需的基本素质和能力	教育学、教育心理学考试（一般限于非师范毕业生），教育教学能力测试（面试、试讲）
身体条件	具有良好的身体素质和心理素质，无传染性疾病，无精神病史，适应教育教学工作的需要	体检
语言条件	普通话水平应当达到二级乙等以上标准；少数方言复杂地区的普通话水平应当达到三级甲等以上标准；使用汉语和当地民族语言教学的少数民族自治地区的普通话水平，由省级人民政府教育行政部门规定标准	普通话水平测试

另外，教师资格认证条件的水平要求（或者说难度）也是评价教师资格认证条件有效性的重要内容。教师资格认证条件的水平决定了教师的入职“门槛”，水平要求越高，意味着教师的入职“门槛”越高，越能将优秀人才筛选到教师队伍中来，教师资格制度似乎也更有效。但在现实条件下，中等职业学校总是面临教师数量不足的矛盾。如果职教教师的入职“门槛”过高，会影响申请人的积极性，使一些原本愿意且适合做职教教师的人被拒之门外，从而会加剧教师数量不足的矛盾。当然，如果教师资格认证条件设得过低，则起不到筛选作用，就会失去约束力，而一项没有约束力的制度也就形同虚设，由此会降低教师资格证书的含金量，削弱教师资格制度的有效性。围绕我国教师资格认证条件的水平高低，目前国内有两种不同的观点。一种观点也是比较普遍的观点，认为现行教师资格认证条件过低，已不适应我国教育发展的要求。但也有种观点认为，我国各地经济发展水平、教育发展水平存在较大差异，作为一种准入资格，应坚持“就低不就高”的原则，从而提高制度的适应面，否则不利于制度的有效实施。那么，我国的教师资格认证条件到底是高了，还是低了？根据调查，我们可以得出以下四点结论：（查吉德，2009）

首先，职教教师资格认证条件总体适中。据调查，学历条件方面，78.7%的中职教师认为学历要求适中，10.2%认为偏低，11.1%认为偏高；身体条件方面，92.3%的中职教师认为适中；语言条件方面，76.4%的中职教师认为普通话要求适中，另有17.1%认为偏低；在教育学和教育心理学考试方面，

62.5%的中职教师认为难度适中，17.1%认为偏高，另有20.4%认为偏低；在教育教学能力测试（面试、试讲）方面，60.1%的中职教师认为难度适中，31.8%认为难度偏低。（见表4-2）可见，在对教师资格认证不同条件的难度评价方面，中职教师的态度存在一定差异。对于身体条件，中职教师的态度最为集中，绝大多数认为目前教师资格认证要求是合适的。而对于教育学和教育心理学考试、学历条件方面的态度则差异较大，尤其是对于教育学和教育心理学考试难度的评价差异最为明显。既有相当一部分教师认为，目前教师资格认证中，教育学和教育心理学考试偏难，也有较高比例的教师认为教育学和教育心理学考试偏易。为了进一步了解中职教师对教师资格认证条件总体难度的评价，笔者采取模糊综合评判法，将“偏高”赋“1”分，“适中”赋“0”分，“偏低”赋“-1”分，以平均数代替缺失变量，并计算每一位教师对教师资格认证条件难度的综合评价得分，在此基础上计算所有受访教师对教师资格认证条件难度的综合评价得分。经计算，中职教师对教师资格认证条件难度的综合评价得分为-0.09。由此表明，中职教师对教师资格认证条件的难度总体评价为“适中”，略倾向于“偏低”。①

表4-2　中职教师对教师资格认证条件的难度评价

教师资格认证条件	有效百分比（%）		
	偏高	适中	偏低
学历条件	11.1	78.7	10.2
身体条件	0	92.3	7.7
语言条件	6.5	76.4	17.1
教育学和教育心理学考试	17.1	62.5	20.4
教育教学能力测试（面试、试讲）	8.1	60.1	31.8

表4-3　区域与认证条件难度评价之间的χ^2独立性检验

检验因素	χ^2	自由度（df）	相伴概率 P
区域＊学历条件	29.279	4	0.000
区域＊身体条件	55.265	4	0.000
区域＊语言条件	37.016	4	0.000
区域＊教育学和心理学考试	28.241	4	0.000
区域＊教育教学能力测试（面试、试讲）	17.068	4	0.002

① 查吉德. 职业教育教师资格制度研究报告［R］. 教育部、财政部中职素质提高计划之公共项目“职业教育教师资格制度研究”课题组，2009. 44—45.

其次，不同区域中职教师对教师资格认证条件的难度评价存在显著性差异。为了解经济发展水平是否如预想的那样对教师资格制度的实施有显著性影响，笔者对区域与中职教师对教师资格认证条件的难度评价结果作 χ^2 独立性检验，即比较东部、中部和西部地区的中职教师对教师资格认证条件的难度评价是否有显著性差异。χ^2 独立性检验结果表明，东部、中部和西部的中职教师对教师资格认证的学历条件、身体条件、语言条件、教育学和教育心理学考试、教育教学能力测试（面试、试讲）的难度评价均存在显著性差异。（见表4－3）可见，经济发展水平会影响教师对教师资格认证条件的难度评价。但进一步分析表明，经济发展水平与中职教师对认证条件的难度评价结果之间并不呈现明显的正相关关系。在学历要求、语言条件、身体条件方面，相对东部与中部地区，西部地区的教师认为要求偏高的比例更高；在教育学和教育心理学考试、教育教学能力测试方面，东部地区的教师认为要求偏高的比例则高于中部与西部地区。经进一步了解发现，根据现有制度安排，教育学和教育心理学考试由各省级教育行政部门自行命题组织考试，教育教学能力测试也是由各省级教育行政部门自行确定测试标准和办法，而且具体操作的时候主要由认证机构或代理机构（如高校）自行把握，因此，各地的教育学和教育心理学考试、教育教学能力测试的难度存在较大差异。另外，一个不容忽视的现象是，西部地区教师对个别教师资格认证条件的难度评价的差异要大于中部与东部地区。如语言条件方面，认为难度“偏高”的教师比例与认为难度“偏低”的教师比例均高于东部和中部，既有 14.8% 的教师认为难度偏高，也有 29.6% 的教师认为难度偏低。造成这一矛盾现象的原因可能是与调查的西部省、市、自治区内部语言差异有关，既有以民族语言为主的一些少数民族聚居区（如宁夏、新疆），也有以普通话为主的汉族地区（如重庆、陕西），这种差异可能影响了教师对教师资格认证中语言条件的难度评价。（见表4－4）

表4－4　不同区域中职教师对认证条件的难度评价　　单位：%

资格条件＼态度	偏　高	适　中	偏　低
学历条件	东部：12.7 中部：8.9 西部：14.8	东部：75.5 中部：73.0 西部：85.2	东部：11.8 中部：18.2 西部：0.0
身体条件	东部：1.7 中部：0.0 西部：5.2	东部：92.0 中部：98.6 西部：80.0	东部：6.3 中部：1.4 西部：14.8

（续上表）

资格条件＼态度	偏 高	适 中	偏 低
语言条件	东部：8.1 中部：8.7 西部：14.8	东部：71.7 中部：81.1 西部：55.7	东部：20.2 中部：10.2 西部：29.6
教育学和心理学考试	东部：26.3 中部：12.9 西部：15.7	东部：56.3 中部：61.0 西部：66.1	东部：17.4 中部：26.1 西部：18.3
教育教学能力测试（面试、试讲）	东部：11.6 中部：7.4 西部：0.9	东部：60.8 中部：63.4 西部：59.1	东部：27.6 中部：29.2 西部：40.0

＊表格中的数据为选择此项的人数占该地区有效样本数的百分比。

再次，不同类型学校教师对教师资格认证条件的难度评价存在显著差异性。除了经济发展水平以外，学校类型似乎也是影响教师资格制度实施的一个重要因素。为验证这一假设，笔者以广州市为例，比较普通高中、初级中学、小学及中职学校教师对教师资格认证条件的难度评价结果，将学校类型与难度评价结果作χ^2独立性检验。检验结果显示，除身体条件外，在所有资格认证条件中，学校类型与难度评价结果之间的χ^2独立性检验均达到了显著性水平，即学校类型与难度评价结果之间不存在依存关系。由此表明，不同类型的学校教师对教师资格认证条件的难度评价有显著性差异。（见表4－5）进一步分析发现，中职学校教师认为学历、教育学和教育心理学考试、教育教学能力测试（面试、试讲）的难度“偏高”的比例均高于普通中小学教师。但有意思的是，在这三个指标中，中职学校教师认为要求“偏低”的比例也高于普通中小学教师。（见表4－6）可见，相比普通中小学教师，中职学校教师对教师资格认证条件的难度评价存在更大差异性。

表4－5　学校类型与认证条件难度评价之间的χ^2独立性检验

检验因素	χ^2	自由度（df）	相伴概率 P
学校类型＊学历条件	21.483	6	0.002
学校类型＊身体条件	4.984	6	0.546
学校类型＊语言条件	32.645	6	0.000
学校类型＊教育学心理学考试	48.555	6	0.000
学校类型＊教育教学能力测试（面试、试讲）	38.272	6	0.000

＊学校类型包括中职学校、普通高中、初级中学和小学四类。

表 4-6　普通中小学、中职教师对认证条件的难度评价　　单位:%

资格条件＼态度	偏　高	适　中	偏　低
学历条件	中职教师：12.7 中小学教师：4.7	中职教师：75.7 中小学教师：91.7	中职教师：11.8 中小学教师：3.6
身体条件	中职教师：1.7 中小学教师：2.4	中职教师：92 中小学教师：94	中职教师：6.3 中小学教师：3.6
语言条件	中职教师：8.1 中小学教师：10.7	中职教师：71.7 中小学教师：85.7	中职教师：20.2 中小学教师：3.6
教育学心理学考试	中职教师：26.3 中小学教师：9.5	中职教师：56.3 中小学教师：86.9	中职教师：17.4 中小学教师：3.6
教育教学能力测试（面试、试讲）	中职教师：11.6 中小学教师：7.7	中职教师：60.8 中小学教师：84.5	中职教师：27.6 中小学教师：7.7

* 表格中的数据为选择此项的人数占该类学校有效样本数的百分比。

最后，不同类别中职教师对教师资格认证条件的难度评价有显著性差异。从表 4-6 可见，中职教师对教师资格认证的学历、语言、教育学和教育心理学考试、教育教学能力测试（面试、试讲）的难度评价存在较大差异。既有较高比例的教师认为要求“偏高”，也有较高比例的教师认为要求“偏低”。这种情况很有可能是由教师类型差异造成的。为验证此假设，笔者将中职教师分为普通文化课教师、专业课教师和实习指导教师三类（不含同时兼任两类或两类以上课程的教师），并对三类教师的评价结果作 χ^2 独立性检验，检验结果表明，除了身体条件以外，在其他条件上，三类教师的评价均存在显著性差异。（见表 4-7）进一步分析发现，实习指导教师认为学历、语言、教育学和教育心理学考试、教育教学能力测试（面试、试讲）的难度“偏高”的比例高于专业课教师和普通文化课教师。另外，专业课教师认为语言、教育学和教育心理学考试难度“偏高”的比例高于普通文化课教师。

表 4-7　教师类别与认证条件难度评价之间的 χ^2 独立性检验

检验因素	χ^2	自由度（df）	相伴概率 P
教师类别 * 学历条件	17.336	4	0.002
教师类别 * 身体条件	3.088	4	0.214
教师类别 * 语言条件	47.368	4	0.000
教师类别 * 教育学和心理学考试	10.293	4	0.036
教师类别 * 教育教学能力测试（面试、试讲）	11.742	4	0.019

（二）教师教育教学能力测试标准的有效性分析

在教师资格认证中，教师资格认证条件只是一种通用性资格标准，更微观层面的教育教学能力标准才是各类教师专业性的集中体现。评价教育教学能力标准的有效性，关键在于看其反映相应教师的专业性程度。如果教育教学能力标准能有效反映教师专业性要求，那么达到此标准的人，就真正具备了从事教师职业所必需的基本知识、能力和素质，就能胜任教育教学工作要求，就是合格教师。相反，若教育教学能力标准不能充分反映教师的专业性要求，那么即使申请人达到了此标准，也不一定具备从事相应教师职业所必需的基本知识、能力和素质，也不一定能胜任教育教学工作要求，也不一定是合格教师，如此标准也就缺乏有效性。在我国现行教师资格制度框架下，教育教学能力标准主要是指教育教学能力测试标准。根据《〈教师资格条例〉实施办法》第八条第一款，教育教学能力测试的总目标是为了考察申请人是否具备从事教育教学工作所必需的基本素质和能力，具体办法与标准由各省级教育行政部门制定。由此，各省级教育行政部门分别制定了各自的教育教学能力测试标准。

就职教教师专业性而言，各省（市、自治区）制定的中职教师教育教学能力测试标准未能充分体现职教教师专业的内在规定性要求。正如前文所述，职教教师的专业性是内生的而非外烁的，其专业性虽然与一般教师的专业性存在诸多的共性，但也有自身的内在规定性，如根据教师的职业任务分析，职教教师的职业任务除了课堂教学以外，还需要承担大量的学生管理、企业实践、行业企业联系等职业任务；在课程教学方面，不仅有理论教学任务，还有大量的实践教学与实习实训指导任务。基于此，职教教师除了一般教师应具备的教学能力要求以外，还应具备学生管理能力和专业实践能力。但从各省（市、自治区）制定的教育教学能力测试标准来看，这方面体现得并不充分。有些省（市、自治区）根本没有制定专门针对“中等职业学校教师”和“中等职业学校实习指导教师”的教育教学能力测试标准。如广东、四川、山东、贵州等省只是制定了一个通用标准，小学教师、初中教师、高中教师、中等职业学校教师和中等职业学校实习指导教师资格认证，采用的是同一套教育教学能力测试标准。这种通用标准根本无法照顾到职教教师的专业性，基本上忽视了职教教师职业普遍要求的学生管理能力和专业实践能力。另外，也有些省（市、自治区），如北京、安徽、辽宁、江苏、浙江、河南、福建等省（市）制定了专门的“中等职业学校教师教育教学能力测试标准”和“中等职业学校实习指导教师教育教学能力测试标准”。这些专门的中职教师教育教学能力测试标准或多或少地体现了职教教师的专业特点，但并不充分。有些省（市、自治区）制定的中等职业学校教师与普通中小学教师教育教学能力测试标准基本没有差别，甚至中等职业学校实习指导教师与普通中小学教师教育教学能力测试标准也没有太大差别。以 A 省为例，该省的中职教师与普通高中教师教育教学能力测试的指标完全一致，都包括实现教学目的的能力、掌握教材内容的能力、组织课堂教学的能力、教学基本素养、运用现代教育技术和教具的能力、教学效果六个方面。在具体指标内涵上，只有实现教学目的的能力、运用现代教育技术和教具的能力两项有较大不同。在实现教学目的的能力方面，对中职教师资格申请人增加了“注重职业技能和职业道德修养”的内容；在运用现代教育技术和教具的能力方面，增加了“实践、实训方案规范，实验仪器操作方法讲解清楚，示范操作规范，指导有方”的内容。（见表 4－8）又如 B 市，该市中职实习指导教师与普通高中教师教育教学能力测试的指标也是一样的，均包括职业道德和心理素质、教育教学内容、教学设计、教学技能、自我评价、综合表现六个方面。在具体指标内涵方面，两类教师教育教学能力测试标准有所不同，突出表现在教学设计、教学技能与综合表现三个指标上。在教学设计方面，对中职实习指导教师，要求“教学过程符合学生实际认知能力和动手操作能力”，并“重视培养学生的实践能力”，对于普通高中教师则没有作这方面的要求。在教学技能方面，对于中职实习指导教师强调操作技能，要求教师能科学地“设计实习指导方案，有效组织实习过程，把握实习操作的关键环节且技能示范正确、熟练，并能及时处理实习中出现的问题”，而对于普通高中教师强调的则是师范技能，如要求“授课条理清楚，教学语言规范、生动，板书工整，能恰当地使用现代教学手段辅助教学”。在综合表现方面，对中职实习指导教师主要强调实践操作技能、实习指导的能力（经验）以及对学生能力的培养，而对普通高中教师则强调教学任务的把握及学科知识的掌握情况。（见表 4－9）从以上两个省（市）的中职教师和实习指导教师教育教学能力测试标准来看，虽然对中职教师和实习指导教师需要的职业实践技能有所要求，但对于职教教师突出强调的学生管理能力、专业实践能力体现得并不充分，而且在指标设计上遵循的是传统的知识逻辑，而不是职业教育特有的职业逻辑。

正所谓“技能人才培养的是技能人才，学术人才培养的是学术人才”，培养技能人才的工作逻辑与培养学术人才的工作逻辑有本质区别，对职教教师教育教学能力的考核也应遵循其特有的工作逻辑。笔者在 D 省某市调研时发现，该地流行做紫砂壶，学习途径有两种，一是师从当地的民间艺人，二是在职业学校相应专业学习。尽管在学校学习非常规范，且毕业时还能获得中专文凭，但与民间艺人那门庭若市的景象形成巨大反差，学校常年招生困难。造成这种局面的原因不是职业学校的教师不够优秀（据了解，学校有些教师也是工艺大师），关键是职业学校尽管规范，但工作逻辑是学校本位的而不是职业本位的。由此来审视我们职教教师教育教学能力测试标准，也存在同样的问题，尽管看上去非常规范，每项能力要求似乎都是教师必须具备的，但因为其并不是根据职教教师特有的工作逻辑设计的，因此不能充分反映职教教师特有的专业性要求。调查中，11.3%的中职教师和10.7%的中职校长认为职教教师资格认证标准完全没有反映职教教师的专业特点，39.4%的中职教师和29%的中职校长认为职教教师资格认证标准在反映职教教师的专业特点方面不明显。因此，以此类教师资格认证标准进行职教教师资格认证并不能有效甄别申请人是否具有从事职教教师职业必须的基本素质与能力，通过认证者可能根本没有具备职教教师职业所必需的基本素质与能力，可能并不能胜任职教教师职业工作，并不是合格的职教教师。受此影响，此类教师资格认证标准就不能给予职教教师队伍建设以强烈的市场信号，不能有效地凝聚职教教师专业共识，难以成为职教教师培养培训的主要依据。

表4-8　A省中职教师与普通高中教师教育教学能力测试标准比较

指　标	指标内涵（普通高中教师资格）	指标内涵（中职教师资格）
实现教学目的的能力	教学目的明确，教学要求具体适度。符合大纲（课程标准）要求和教材实际，切合学生的认知水平。能渗透思想教育，注意人格培养	教学目的明确，教学要求具体适度，符合大纲（课程标准）要求和教材实际，切合学生的认知水平，能渗透思想教育，注重职业技能和职业道德修养
掌握教材内容的能力	教学内容正确，能把握教学的重难点，重视能力培养。教材处理得当，层次分明，安排合理	教学内容正确，能把握教学的重难点，重视能力培养。教材处理得当，层次分明，安排合理
组织课堂教学的能力	注意调动学生学习的积极性和主动性。教态自然、亲切，教学秩序良好，教学过程安排合理，注意教学民主，教书育人。注意课堂信息反馈，有应变能力	注意调动学生学习的积极性和主动性。教态自然、亲切，教学秩序良好，教学过程安排合理，注意教学民主，教书育人。注意课堂信息反馈，有应变能力

（续上表）

指　标	指标内涵（普通高中教师资格）	指标内涵（中职教师资格）
教学基本素养	课堂语言规范、准确、生动，条理清晰，使用普通话。非语言表达得当。板书工整、规范，设计合理，无错别字。讲解深入浅出、层次清晰，教学环节紧凑	课堂语言规范、准确、生动、条理清晰，使用普通话。非语言表达得当。板书工整、规范，设计合理，无错误。讲解深入浅出，层次清晰，教学环节紧凑
运用现代教育技术和教具的能力	能运用现代教育技术辅助教学，能运用教具、学具帮助学生理解教学内容	能运用现代教育技术辅助教学；能运用教具、学具帮助学生理解教学内容；实践、实训方案规范，实验仪器操作方法讲解清楚，示范操作规范，指导有方
教学效果	学生积极参与，学习情绪高，思维活跃。目标达成度高，不同层次的学生都得到不同程度的发展	学生积极参与，学习情绪高，思维活跃。目标达成度高，不同层次的学生都得到不同程度的发展

表 4－9　B 市中职实习指导教师与普通高中教师教育教学能力测试标准比较

指　标	指标内涵（普通高中教师资格）	指标内涵（中职实习指导教师资格）
职业道德和心理素质	热爱教育事业；遵守教师职业道德规范；治学态度严谨；敬业精神强；具有良好的心理素质	热爱教育事业；遵守教师职业道德规范；具有科学的教育观；敬业精神强；具有良好的心理素质
教育教学内容	认真贯彻课程标准；教学内容体现科学性与思想性的统一；教学重点、难点突出；理论联系实际；重视学生个性差异和能力培养	体现教学目标的要求；按时完成教学任务；教学内容科学、系统；教学重点突出，难点分析透彻；重视学生差异和技能的培养；理论联系实际
教学设计	整个教学进程设计合理；教学目的明确、任务具体；以学生的发展为前提，注意调动学生的学习积极性	教学过程符合学生实际认知能力和动手操作能力；教学内容符合教学大纲的要求；重视学生的主动参与；重视培养学生的学习兴趣和实践能力；教学评价科学合理

（续上表）

指　标	指标内涵（普通高中教师资格）	指标内涵（中职实习指导教师资格）
教学技能	授课条理清楚；有效地组织课堂教学；教学语言规范、生动；板书工整；教学演示规范、针对性强；能恰当地使用现代教学手段辅助教学	科学地设计实习指导方案；有效组织实习过程；把握实习操作的关键环节；技能示范正确、熟练；及时处理实习中出现的问题；关注每个学生的发展；师生互动，民主和谐
自我评价	正确认识自己教育教学中的得失；善于做教学反思，总结经验，改进教育教学	能够对教育教学效果和师生状态进行正确评价；对教育教学活动进行调节和改进
综合表现	具有科学的教育理念；按时完成教学任务；教态自然大方；教学效果良好；具有一定的教学特色；具有扎实的学科知识	具有科学的教育理念；实践操作能力较强；注重对学生能力的培养；教学效果良好；具有一定的教学特色；具有一定的实习指导能力和经验

二、职教教师资格认证方式的效度分析

为考察教师资格申请人是否达到《教师资格条例》规定的资格认证要求，《〈教师资格条例〉实施办法》针对不同的资格认证条件规定了相应的认证方式：以查验学历证书来考察申请人的专业知识与能力；通过县级以上医院的体检来检测申请人的身心素质；通过普通话水平测试来检测申请人的语言能力；由申请人户籍所在地的街道办事处、乡（镇）人民政府或者工作单位、所毕业的学校填写教育部统一印制的“申请人思想品德鉴定表”来考察申请人的思想品德状况；通过教育学和教育心理学考试、教育教学能力测试（面试、试讲）来考察申请人基本的教育教学素质与能力。（见表4－1）这些认证方式在实践中的效度如何呢？是不是能真正测量到想要测量的东西？在此以思想品德鉴定、教育教学能力测试、教育学和教育心理学考试为例，对教师资格认证方式的效度进行分析。

效度是一个测量学概念，是指一种测量实际测量出其所要测量的特征或功能的程度，或者说人们想测量的东西和实际测量的东西之间的一致性（彼得·阿特斯兰德，1995，p. 198）。就教师资格认证而言，就是通过教师资格认证，来

认识教师资格申请人所具有的知识、能力和素质，以此判断申请人是否具有从事教育教学工作所必须的知识、能力和素质。根据测量的目的，一般可以将效度分为内容效度、结构效度和效标关联效度；根据估计效度的方法，可以把效度分为逻辑效度（如内容效度和结构效度）和统计效度（如效标关联效度）（王汉澜，1987，p. 74）。在教师资格认证中，主要考查的是内容效度与效标关联效度。内容效度指测量项目构成应测行为领域代表性样本的程度。代表性程度高，就是内容效度好；代表性程度低，就是内容效度差；根本不具任何代表性，就是全无内容效度。效标关联效度是指测验预测个体在类似或某种特定情境下行为表现的有效性。如教师资格认证中，教育教学能力测试成绩与教师课堂教学表现的相关性程度，即教育教学能力测试成绩能否很好地预测教师的课堂教学表现，通过教育教学能力测试者或教育教学能力测试中得分高者，其实际课堂教学表现是不是要好于没有通过教育教学能力测试者或教育教学能力测试中得分较低者。虽然效标关联效度是教师资格认证效度的重要体现，但受研究条件的限制，很难获得这方面的数据，因此，本书主要利用逻辑分析法对教师资格认证的内容效度进行分析。

（一）思想品德鉴定的内容效度分析

根据《〈教师资格条例〉实施办法》第六条，对教师资格申请人思想品德方面的要求是："申请认定教师资格者应当遵守宪法和法律，热爱教育事业，履行《教师法》规定的义务，遵守教师职业道德。"这一目标要求包括四个方面：一是遵守宪法和法律；二是热爱教育事业；三是履行《教师法》规定的义务；四是遵守职业道德。另据《教师法》第八条，教师的义务包括六个方面：一是遵守宪法、法律和职业道德，为人师表；二是贯彻国家的教育方针，遵守规章制度，执行学校的教学计划，履行教师聘约，完成教育教学工作任务；三是对学生进行宪法所确定的基本原则的教育和爱国主义、民族团结的教育，法制教育以及思想品德、文化、科学技术教育，组织、带领学生开展有益的社会活动；四是关心、爱护全体学生，尊重学生人格，促进学生在品德、智力、体质等方面全面发展；五是制止有害于学生的行为或者其他侵犯学生合法权益的行为，批评和抵制有害于学生健康成长的现象；六是不断提高思想政治觉悟和教育教学业务水平。从这些政策文件来看，对教师申请人的思想品德方面的目标要求存在将教师资格申请人与在职教师要求相混淆的问题。在法律上，要成为教师必须经历"教师资格申请人—教师候选人—正式教师"三个阶段，即教师资格申请人需要先获得教师资格，再成为教师候选人，教师候选人正式获聘为教师之后才算是一名教师。因此，教师资格申请人在成为正式教师之前根本无法履行教师的义务，自然也就无从考察其“履行教师义务”的情况。《教师法》对教师义务的规定显然是针对在职教师的，这无可异议，但《〈教师资格条例〉实施办法》将《教师法》规定的义务作为教师资格申请人的资格条件之一，显然是将教师资格申请人与在职教师相混淆，对于教师资格申请人而言过于理想，[①] 很难通过某种测量工具或方法鉴别出申请人是否具有目标要求的思想道德素质。目前根据教育部统一监制的“申请人思想品德鉴定表”，教师申请人思想品德鉴定的主要内容包括六个方面：一是工作、政治思想表现；二是热心社会公益事业情况；三是遵守社会公德情况；四是有无行政处分记录；五是有无犯罪记录；六是其他需要说明的情况。这六个方面显然无法涵盖《〈教师资格条例〉实施办法》中对教师资格申请人思想品德的目标要求，很难考察教师资格申请人是不是热爱教育事业、是不是遵守教师职业道德、是不是履行了《教师法》规定的义务。因此，相对于理想化的思想品德目标要求而言，现行思想品德鉴定方式缺乏效度。

另外，根据《教师资格条例》第十五条第四款和《〈教师资格条例〉实施办法》第十五条，教师资格申请人的思想品德鉴定机构为申请人户籍所在地的街道办事处、乡（镇）人民政府或者工作单位、所毕业的学校。在职申请人，“申请人思想品德鉴定表”由其工作单位填写；非在职申请人，由其户籍所在地街道办事处或者乡级人民政府填写；应届毕业生由毕业学校负责提供鉴定。必要时，有关单位可应教师资格认定机构要求提供更为详细的证明材料。对于有固定工作单位或在校学生而言，工作单位或学校对申请人的思想品德情况应该是比较了解的，但对于那些没有固定工作单位也不是在校学生的申请人，如果流动性比较强，其户籍所在地的街道办事处、乡（镇）人民政府将不可能充分了解申请人的思想品德情况，也就无法给出客观公正的鉴定意见。

因此，在对申请人进行思想品德鉴定时，由于目标设计过于理想，加之认证方式自身的缺陷，导致在教师资格认证中，思想品德鉴定环节往往沦为一种形式化的过场，根本不能审核出申请人真实的思想品德状况，鉴定机构给出的鉴定结果不仅缺乏信度，也缺乏效度。问卷调查结果也充分反映了这一点。76.9%的中职教师认为现行教师资格认证中采用的思想品德鉴定方式不能审核出申请人真实的思想品德状况。另据对广州市普通中小学教师的调查，89.3%的普通中小学教师认为目前教师资格认证中采用的思想品德鉴定方式不能审核出申请人思想品德的真实情况。（见图4-1）可见，不论是普通中小学教师，还是中职教师均普遍认为目前采用的思想品德鉴定方式未能审核出申请人思想

① 如果是作为过渡时期的办法，针对在职教师申请人则可以作此要求。

品德的真实情况。由此可以认为，目前教师资格认证中采用的思想品德鉴定方式缺乏效度。

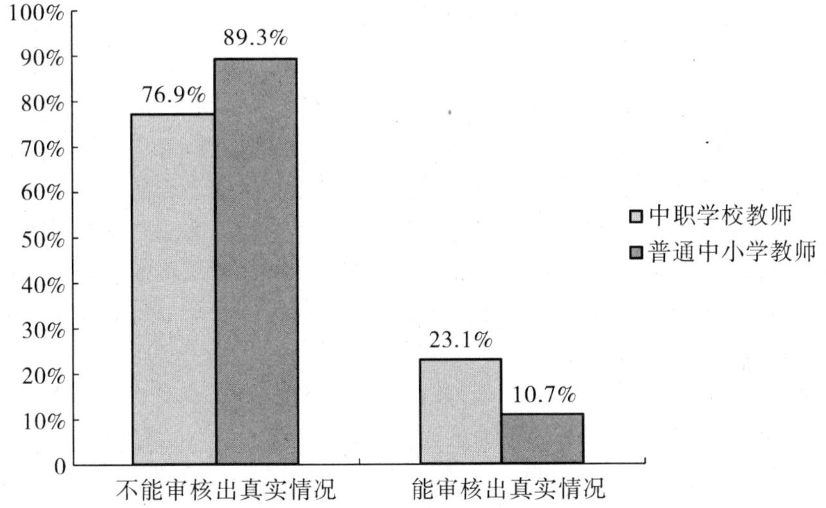

图 4-1　教师对思想品德鉴定方式的有效性评价

（二）教育教学能力测试的效度分析

按照教育部《关于首次认定教师资格工作若干问题的意见》（2001 年）第八条的要求："教育教学基本素质和能力主要通过面试、笔试、试讲等方式进行考察。面试重点考察申请人的仪表仪态、行为举止、思维能力以及口头表达能力；笔试重点考察申请人的知识水平和运用教育学、心理学等理论解决教育教学和学生管理中的实际问题的能力；[①] 试讲重点考察申请人实现教学目的、组织课程实施、掌握课程内容、运用教学语言和教学资源等能力，使用普通话提问、板书和讲解的技巧。"同时，《意见》规定："考察教育教学基本素质和能力的测评指标体系、评分标准和测评程序、办法由省级教育行政部门组

① 笔试主要是面向非师范专业毕业的申请人以及在学历教育中未选修过教育学、心理学等课程或选修过教育学、心理学等课程但未取得合格成绩的人员，内容限于《教育学》与《教育心理学》两科。考试由各省级教育行政部门根据教育部制定的《教育学》、《教育心理学》考试大纲自行命题并组织实施。

织有关专家研究制定，报教育部人事司备案后组织实施。”[①] 从各地《〈教师资格条例〉实施细则》来看，笔试往往是单独列项，并没有作为教育教学能力测试项目，教育教学能力测试与教育学和教育心理学考试一般是并列出现。鉴于此，本书在此讨论的教育教学能力测试的效度也不包括教育学和教育心理学考试，考试的效度将在下文单独论述。

根据各省级教育行政部门制定的教师教育教学能力测试标准与办法，各地教育教学能力测试方式也有一定差异，但一般都包括教育部要求的面试和试讲环节，另有不少地方以说课代替试讲。以面试、试讲和说课为主的教育教学能力测试的效度如何呢？是否有效地考察了申请人教育教学素质与能力的真实情况？教育教学能力测试标准规定的素质与能力要求是不是都能通过这些方式进行有效测量？从调查结果来看，中职教师对面试、试讲和说课的有效性普遍表示认可。面试方面，11.4%的中职教师认为面试有效，61.4%的教师认为有一定效果，5%的教师认为无效，另有22.2%的教师认为效果不明显；试讲方面，23.8%的中职教师认为试讲有效，62.2%的教师认为有一定效果，2.3%的教师认为无效，另有11.8%的教师认为效果不明显；说课方面，17.1%的中职教师认为说课有效，65.3%的教师认为有一定效果，2.3%的教师认为无效，另有15.4%的教师认为效果不明显。（见图4-2）累计来看，认为面试、试讲和说课有效或有一定效果的教师分别为72.8%、86%和82.4%。由此表明，以面试、试讲和说课为主要方式的教育教学能力测试具有较高的表面效度。[②] 另外，为更好地比较面试、试

① 由于教育教学能力测试由各省级教育行政部门自行组织，因此各省（市、自治区）在教育教学能力测试的标准、组织方式、测试内容、测试对象等方面均存在一定差异。如在测试对象方面，有些省（市、自治区）要求所有教师资格申请人均应通过教育教学能力测试，也有些省（市、自治区）只要求非师范教育类专业毕业的申请人或在学期间教学计划中缺少教育教学实践等环节的师范教育类专业毕业生应通过教育教学能力测试，也有个别省份（如黑龙江）如果申请人是师范教育类专业毕业并且在就学期间参加了教学计划中规定的教育教学实践，但毕业后长期（距申报教师资格时间达10年及其以上）不在教学工作岗位或者未承担教学工作任务，也要参考教育教学能力测试。在组织方式方面，大部分省（市、自治区）将面试与试讲结合在一起进行，面试与试讲没有明确划分，只设一个测试标准，且主要体现在试讲方面，如北京市、安徽省、福建省等；有些省份是将面试与试讲分项进行，采用不同的评价标准，如广东省、黑龙江省在对教师资格申请人进行教育教学能力测试时，分别制定面试与试讲标准，分项作量化评定，面试与试讲满分均为100分，60分为合格。申请人两个环节的测评合格方可评定为教育教学能力考察合格；也有些省份虽然面试与试讲并没有分项进行，但在测试标准中有严格的划分，两者的权重也有明确的规定，如贵州省的教育教学能力测试标准规定面试占15分，试讲占85分，满分100分，申请人达到60分被认为教育教学能力考察合格。

② 表面效度是与内容效度相关的一个概念，是指从被试或非专业人员看来，测验表现得是否在有效地测验着应测的东西。如果表面上看起来是在有效地测验着应测的东西，就叫表面效度高；如果表面上看并不能确定测验正在测着应测的东西，表面效度就不够高。参见：漆书清．教育统计与测量［M］．广州：广东高等教育出版社，1999. 139.

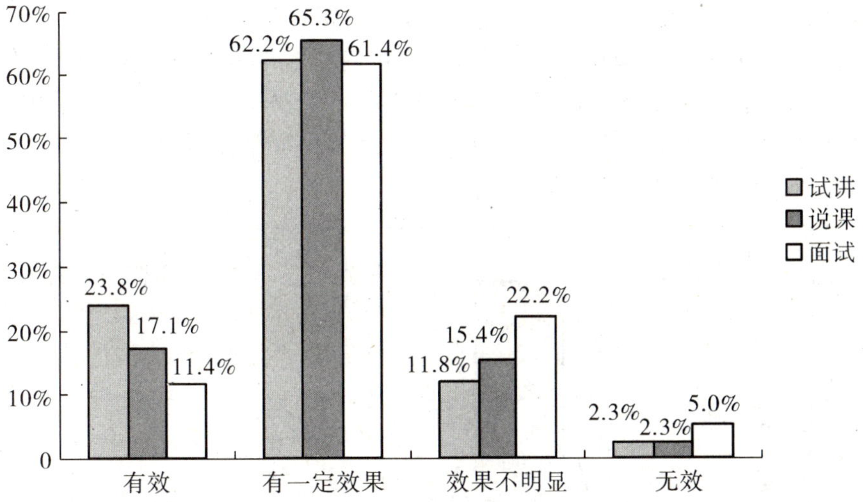

图 4－2　中职教师对教育教学能力测试方式的有效性评价

讲和说课的表面效度，笔者将中职教师对面试、试讲和说课的评价结果作模糊综合处理，将“有效”赋“1”分，“有一定效果”赋“2”分，“效果不明显”赋“3”分，“无效”赋“4”分，并剔除缺失变量，以此计算各认证方式有效性的模糊综合评价得分。结果显示，面试、说课、试讲的模糊综合评价得分依次是 2.21、2.03、1.93。从图 4－3、4－4、4－5 来看，中职教师对面试的有效性评价略呈负偏态，对说课的有效性评价呈正态分布，对试讲的有效性评价略呈正偏态。由此表明，说课的综合评价为“有一定效果”，面试的综合

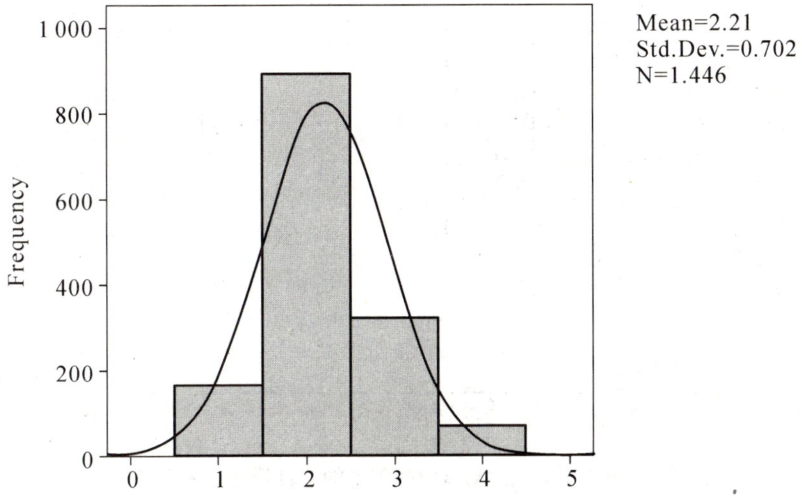

图 4－3　中职教师对面试有效性的综合评价结果分布图

评价也是“有一定效果”，但更偏向“效果不明显”，试讲的综合评价为“有一定效果”并偏向“有效”。进一步作多配对样本非参数 Friendman χ^2 检验，结果表明（$\chi^2=281.66$，$df=2$，$P<0.001$）中职教师对面试、试讲和说课的有效性评价存在显著性差异。由此可以认为，试讲的表面效度好于说课，说课的表面效度又略好于面试。

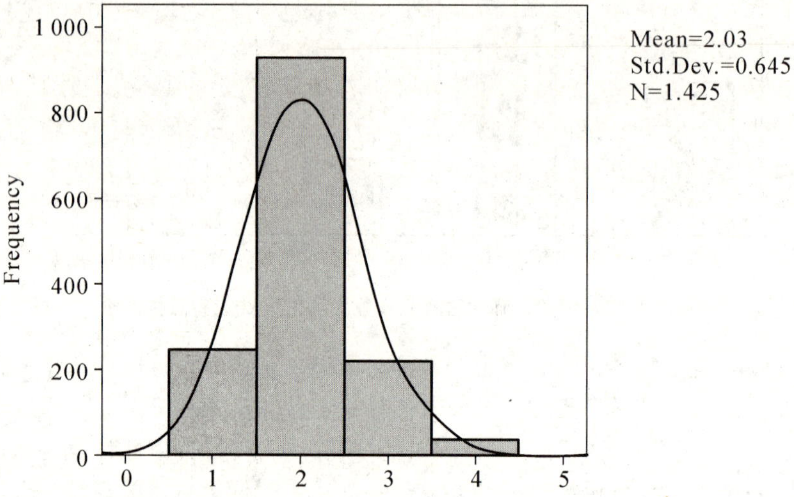

图 4－4　中职教师对说课有效性的综合评价结果分布图

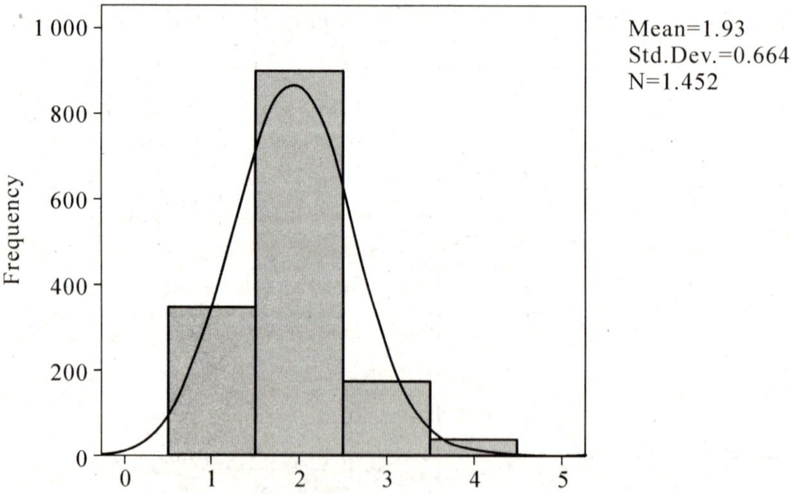

图 4－5　中职教师对试讲有效性的综合评价结果分布图

虽然从调查结果来看，以面试、试讲和说课为主的教育教学能力测试具有较好的表面效度，但并不能表明教育教学能力测试真的很有效。进一步分析可以发现，以面试、试讲和说课为主的教育教学能力测试存在一定的局限性，并不能完全有效地鉴定出申请人真实的教育教学能力状况，且教育教学能力测试标准中要求的有些教育教学能力很难通过面试、试讲或说课来考察。

首先，申请人的思想道德素质①难以通过面试、试讲或说课进行测试。如B市中职教师教育教学能力测试标准有一项指标是“职业道德和心理素质”，要求申请人“热爱教育事业；遵守教师职业道德规范；具有科学的教育观；敬业精神强；具有良好的心理素质”。在不到一个小时的面试与试讲②过程中，显然很难有效考察申请人是否遵守教师职业道德规范，更无从考察其敬业精神。

其次，申请人的有些教学业务素质难以通过面试、试讲或说课进行测试。以A省为例，该省教育教学能力测试标准有一项指标是教学效果，具体内涵是：“学生积极参与，学习情绪高，思维活跃。目标达成度高，不同层次的学生都得到不同程度的发展。”可以设想，教师资格申请人试讲面对的并不是真实的学生，而是教师资格评审专家组，因此，并不能考查学生在教学中的反应，也就很难考察申请人在调动学生积极性、促进学生发展方面的素质和能力。

再次，申请人的学科知识也很难通过面试、试讲或说课进行有效测试。在对申请人学科或专业知识的认证方面，现行教师资格制度主要看申请人的学历，如果申请人具有申请任教学科或相关专业规定的学历，即被认为达到了教师职业要求的学科或专业知识水平。根据《教师法》及《教师资格条例》规定，申请中等职业学校教师资格要求具有本科及以上学历，申请中等职业学校实习指导教师资格一般要求具有中等职业学校毕业及以上学历。但随着我国高等教育大众化的快速推进，引起了人们对大学毕业生学科或专业知识的担忧，为此，有些省（市、自治区）在教师教育教学能力测试中增加了学科或专业知识方面的要求。如C省对中等职业学校教师的教育教学能力提出的业务素质要求，有一条是：“本专业或本学科理论基础扎实、有较深造诣，实际应用能力强；人文与科普知识面广。”虽然试讲与面试可以在一定程度上考察申请人

---

① 除了专门的思想品德鉴定环节以外，一些省（市、自治区）还在教育教学能力测试标准中增加了思想道德素质的内容。

② 根据《B市教师资格教育教学能力测试标准及办法》，试讲时间为15—20分钟，试讲后申请人自我评价5分钟，专家提问，现场答辩15—20分钟。

对本专业或学科知识、人文与科普方面的知识掌握情况，但在短短的30分钟内，[①] 其考察的广度与深度都是非常有限的。

最后，申请人的专业实践能力通过试讲、面试或说课难以有效考察。专业实践能力是职教教师专业性的重要体现，但以面试、试讲或说课为主的教育教学能力测试很难考察申请人这方面的能力，加之受实训场地、设备的限制，有些地方根本不能提供给申请人真实的实训教学环境，仍旧只能是以申请人口头讲解为主，多数是“黑板上开机器”。

总之，虽然面试、试讲及说课在教师资格认证中具有较好的表面效度，但在测试申请人思想道德素质、教学业务素质（如调动学生积极性方面的素质）、学科或专业知识、专业实践能力等方面仍有诸多的局限。另外，面试、试讲或说课具有一定的随意性，其效度容易受人为因素的影响。虽然各省（市、自治区）均制定了教师教育教学能力测试标准，但在实际操作过程中，测试专家一般很难根据事前制定的教育教学能力测试标准逐项给申请人的表现打分，往往凭主观印象打分，存在较大的随意性，从而影响了测试的预测效度。以面试为例，面试虽然已成为应用最广泛的人才甄选方法，但其存在较大随意性，且受面试专家的能力和水平影响较大，因此，其效度始终备受质疑。20世纪的研究认为面试预测效度不高，尤其是非结构化面试的预测效度更不理想（田效勋、车宏生，2009）。事实上，由于缺乏相关研究，在教师资格认证中，不论是试讲、说课或面试的结构化程度均比较低，测试标准并没有突出职教教师的专业性，试讲或说课的内容、面试的问题也存在较大的随意性，由此影响了教育教学能力测试的预测效度，即测试成绩不能有效预测申请人真实的教育教学能力或课堂教学表现。因此，要提高教育教学能力测试的预测效度，仍需进一步加强研究，提高测试的结构化程度，减少随意性。

（三）教育学和教育心理学考试的内容效度分析

教育学和教育心理学考试的目的在于考察教师资格申请人的教育科学和心理科学方面的理论知识及运用教育学、心理学理论解决教育教学中的实际问题的能力。然而，据调查，虽然中职教师普遍（87.7%）认为在教师资格认证中，有必要设教育学、教育心理学考试环节，但有34.6%的中职教师认为，在教师资格认证中教育学和教育心理学考试“无效”或“效果不明显”。（见图4-6）可见，教育学和教育心理学考试的表面效度并不高。虽然表面效度的估测带有很强的主观性，观察者的个人看法可能是片面的，不同的观察者可

---

① 根据《C省中等职业学校教师教育教学基本素质和能力测试标准与办法》，要求试讲时间不超过20分钟，面试时间不超过10分钟。

能看法不一致，但这种效度估计仍然是有实用价值的，可以在一定程度上反映考试的质量。考试的表面效度低，在一定程度上表明教育学和教育心理学考试的效果并没有得到广大中职教师的认可，因此，有必要对教育学和教育心理学考试的内容效度作进一步分析。内容效度是指考试是否考了考试大纲规定要考的，或者说考试的题目多大程度上能代表所要测量的目标（高兰生、陈辉岳，2000，p. 74）。它反映的是考试的代表性问题，即样本（试题）体现整体（预期的测试任务）的程度。一般包括三个方面的内容（游桂兰，2000，p. 6）：一是考试内容与考试目标的相关程度；二是考试内容是否具有代表性，是否全面地、充分地体现了考试大纲要求要考查的各方面的内容，试卷中是否有足够的题目去体现所要考的各方面的内容；三是考试的内容是否符合测试对象，即考试的内容不能太难也不能太容易。具体到教师资格认证中的教育学和教育心理学考试，内容效度分析主要包括三个方面的内容：一是考试内容与考试大纲的相关程度，主要是考试内容的代表性程度；二是考试内容与教师实际工作的关联程度；三是作为一项水平测试，考试内容的难易程度是否适合考试对象。根据调查结果，中职教师普遍反映教育学和教育心理学考试的难度适中，可以认为总体上两门课程的考试难度比较适合考试对象。因此，本书在此对考试内容的难度问题不再赘述，只对考试内容与考试大纲的相关程度、考试内容与教师实际工作的关联程度进行分析。

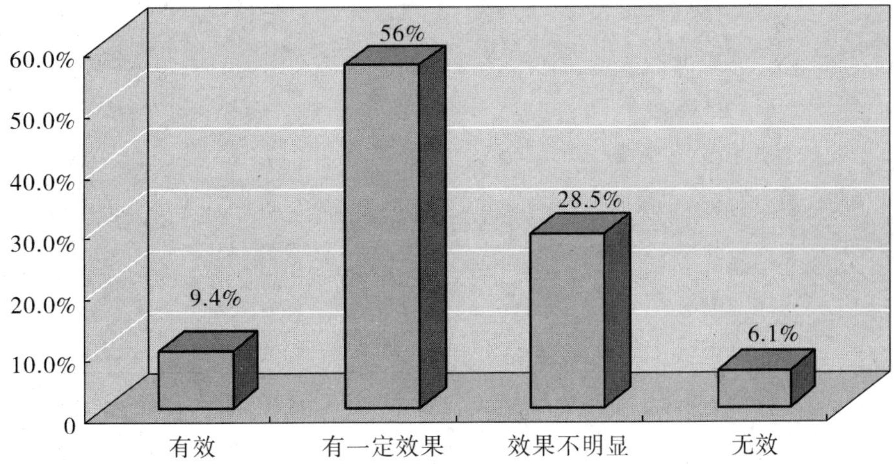

图 4-6 中职教师对教育学和教育心理学考试的有效性评价

1. 教育学考试的内容效度分析

（1）教育学考试内容与考试大纲的相关性分析。

首先，考题内容基本上在大纲范围以内，并较好地覆盖了大纲规定的考试内容，只有少部分大纲内容未涉及。根据教育部颁布的中学（含中等职业学校、普通高中、初级中学）教师资格认证《教育学考试大纲》，教育学考试主要包括10个部分9个方面的内容，分别是：教育与教育学、教育与社会的发展、教育与个人的发展、教育目的、学生与教师、课程、教学（上、下）、德育以及班级管理。对照大纲，笔者对D省、E省和F市2009年的试卷进行了分析，结果发现：一是除个别试题以外，考题基本上在大纲范围以内。二是除部分内容（E省试卷“课程”方面的内容未涉及、F市试卷“教育与社会发展”方面的内容未涉及）以外，大纲要求的绝大多数内容，试卷都或多或少涉及了。三是虽然在考题的侧重点方面，三省（市）存在较大差异，但差异中也有共同点，那就是都将“教学”方面的内容作为考试重点。若以考题分值大小排序，E省“教学”方面的考题分值达34分，在所有考试内容中列第一位；D省、F市的试卷中均有20分教学方面的考题，在所有考试内容中均排第二位，只比排第一位的“班级管理”少一分。（见表4－10）

表4－10　2009年三省（市）教育学考题内容分值分布情况

大纲内容	D省	E省	F市
教学（上、下）	2（20）	1（34）	2（20）
教育与教育学	3（17）	2（33）	3（14）
教育目的	8（4）	3（14）	5（12）
学生与教师	5（8）	4（8）	4（13）
教育与社会的发展	8（4）	4（8）	9（0）
教育与个人的发展	7（6）	6（6）	6（6）
班级管理	1（21）	7（4）	1（21）
德育	4（13）	7（4）	8（4）
课程	6（7）	9（0）	7（5）

说明：括号外的数据为排序，括号内的数据为分值。

其次，各省（市、自治区）考试的目标层次与考试大纲有一定差异，偏识记，轻应用。根据大纲，在目标层次方面，要求识记占30%、理解占50%、应用占20%，但对于何为识记、理解和应用，大纲没有作明确说明。笔者认为，那些只需要考生凭借记忆教材内容即能回答的试题应归为识记题；那些需要考生对教材内容理解后，才能正确回答的试题归为理解题；那些需要考生运用教材中的理论知识分析实际问题的试题归为应用题。基于这一原则，笔者对D省、E省、F市2009年教育学试卷进行了分析，将所有选择题、填空题、名词解释题归为识记题，虽然这三类试题也能考出答题者的理解能力，特别是名词解释题如果出得好完全能够考出应考者对某方面的教育学理论的理解能力，前提是在教材上找不到现成答案，如果能在书本上找到现成答案，考生往往会凭借记忆答题，会将书本上的答案原封不动地搬到卷面上。如F市的试卷中有四道名词解释题：教育目的、教学大纲、集体舆论、德育目标，这四个概念都能在教材上找到现成答案，考生只要记住了书本上的答案一般不会作更深入的思考与分析，加之每小题只有3分，从分值来看也不需要考生作进一步理解分析。另外，将简答题、辨析题归为理解类题，理由是这两类试题一般需要考生对相关概念或理论具备一定的理解能力，仅凭记忆不能正确作答，但也不用考生达到应用水平。如E省有道简答题：简述教师劳动的特点。考生仅凭记忆显然不能答好这道题，需要理解教师职业，才能对此问题作出正确的回答。又如D省的试卷有十道辨析题，每题1分，以其中一题为例：当代教育的发展中，学历教育与非学历教育的界限逐渐淡化。对此问题，不仅需要考生明确什么是学历教育和非学历教育，而且需要考生理解当代教育的发展趋势，只有如此才能作出正确判断。此外，将部分论述题归为理解类试题，部分归为应用类试题。以E省的试卷为例，试卷设有三道论述题，其中1、3两题为任选题，1、3两题虽然作为平行题，但从内容来看，两者的水平要求存在较大差异，第1题是：学习教育学有何意义？第3题是：在教学中如何贯彻启发性原则？并要求论述观点要正确，论据充分，条理清楚；论述要理论联系实际；字数不得少于200字。根据试题要求，笔者认为第1题只需要考生对教育学的意义有充分理解即可，谈不上应用，而第3题要求考生不仅要理解启发性教学原则，而且要理论联系实际，将启发性教学原则用于具体的教学情景中，因此已达到“应用水平”。根据以上划分原则，笔者按识记、理解和应用三个目标层次对试卷中的试题进行了划分，并统计各类层次试题的分值，结果发现，D省、E省、F市试卷识记、理解、应用三个层次试题的分值比例分别为45∶40∶15、41∶49∶10和67∶20∶13。可见，三省（市）在试题目标层次分布上与大纲规定的“30∶50∶20”的要求有一定差异，总体上偏识记、轻应用。

（2）教育学考试内容与教师职业任务的相关性分析。

根据以上分析，从考试内容与考试大纲的相关性来看，目前教师资格认证中，教育学考试并没有表现出低效度，不论是考题内容还是目标层次都与大纲要求基本一致，只是略有偏差。那为什么教师们普遍认为目前的教育学考试效果不明显或无效呢？笔者认为，中职教师认为考试低效或无效更多的是从考试内容与实际教学工作的相关性比较中作出评价的。作为教师职业资格认证的一个环节，教育学考试内容与教师职业任务的相关性是考试内容效度的重要体现。因此，要分析教育学考试的内容效度，还必须分析考试内容与职教教师职业任务的相关性，即考试内容与职教教师实际工作所需要的知识、能力和素质的相关程度。当然，这种相关性必须以考试目标为前提，并不是职教教师实际工作需要的所有知识、素质与能力都需要通过教育学考试来考察，教育学考试只能考察部分实际工作需要的知识、素质与能力。教育部颁发的《教育学考试大纲》（中学）并没有对考试的总体目标进行说明，不过教育部《关于首次认定教师资格工作若干问题的意见》（2001 年）第八条对教育教学能力测试的笔试部分作了要求："笔试重点考察申请人的知识水平和运用教育学、心理学等理论解决教育教学和学生管理中实际问题的能力。"这一要求可以作为教育学考试的总体目标的依据，即教育学考试应该是考察申请人的教育学知识水平及运用教育学理论解决教育教学和学生管理中实际问题的能力。结合教育学考试目标，教育学考试内容与教师实际工作的相关性分析，主要就是分析考试内容是否与教师在教育教学中遇到的实际问题相关。

据本书第三章所述，以职业活动频率统计，中职教师的职业活动主要包括学生管理、教学管理、与学生联系、教学实施、学习指导、学生分析、教学设计、改进教学实践、企业实践、教学评估等。我们可以将这些职业活动归并为三大类：一是学生管理；二是教学设计与实施；三是企业实践。通过对中职教师职业活动相关的研究文献分析，我们可以对中职教师三类职业活动分别找到一个关键词。①学生管理方面的关键词是"问题行为"。中职教师所面对的学生主要是从普通教育分流下来的学生，这些学生多数来自社会的底层，农村家庭、贫困家庭、单亲家庭的学生比例较高，这些学生的学习基础、学习习惯都比较差，对学习普遍没有兴趣，问题行为比较多，如抽烟、酗酒、打架斗殴等。面对学生的"问题行为"，教师的管理任务非常重，因此在中职教师中流传着这样一句话，"七分管、三分教"，这体现了中职教师的无奈，但也形象地总结出了当下中职教师的工作特点与要求。具体而言，在学生管理方面的典型任务就是：纠正学生的不良行为，调动学生的学习积极性。②在教学设计与实施方面的关键词是"工学结合"。近年来，社会各界普遍认识到职业教育中"学非所用、用非所学"的问题。为克服此问题，国家在中职学校倡导"以工学结合为切入点的人才培养模式改革"，倡导学习德国的"双元制"模式和基于工作过程的学习领域课程、项目课程，"工学结合"已成为中职学校的主旋律。当下，中职学校教师面临的典型工作任务就是工学结合的课程建设，包括工学结合的课程标准、教材、课程教学设计与实施等。③企业实践方面的关键词是“校企合作”。要培养学生的实践动手能力，要进行工学结合的人才培养模式改革，离不开企业的参与，企业的参与更是改革成功的关键。因此，目前中职学校不仅要求教师具备一定的与专业相关的动手实践能力，而且要求教师下企业，并与企业建立广泛联系，在人才培养方面寻求与企业合作，共同探索工学结合人才培养模式改革，如订单培养、顶岗实习等。（见表4－11）因此，教师在这方面的典型工作任务是：与企业建立广泛的联系与合作，共同开展工学结合的人才培养模式改革。

表4－11　中职教师职业任务简表

职业活动	关键词	典型工作任务
学生管理	问题行为	调动学生的学习积极性，纠正学生的不良行为
教学设计与实施	工学结合	工学结合课程建设，如项目课程、学习领域课程
企业实践	校企合作	与企业联系并建立合作关系，探索工学结合人才培养模式改革，如订单培养、顶岗实习等

说明：此处的中职教师主要是普通文化课和专业课教师，实习指导教师的职业活动与任务有所不同。

那么，目前各省（市、自治区）的教育学考试内容与以上中职教师的典型工作任务相关程度如何呢？通过考试是否能够考察申请人关于学生问题行为、工学结合、校企合作等方面的知识掌握程度及相关问题的处理能力？通过对D省、E省和F市教育学试卷的分析，情况并不理想，三省（市）教育学考题与中职教师的实际工作任务相关度非常低。其中，应用类试题有一定的相关性，而大量识记类、理解类试题与实际工作几乎毫无关系。先来看理解类试题，以2009年D省、E省和F市教育学试卷各一道试题为例，简答题：简述当代教育民主化的表现。（D省）论述题：学习教育学有何意义？（E省）简答题：学校教育产生的主要条件是什么？（F市）这三道试题主要考察了申请人对教育及教育学的理解，但与中职教师面临的学生问题行为、工学结合的课程建设、校企合作等实际问题几乎没有任何联系，因而也就不能有效考察申请人职业教育教学能力。申请人在这三个问题上的表现并不能预测其实际教育教学能力，即在这三个问题上得分较高者并不能表明其在实际教学工作中会有更佳表现。其他理解类的考题也大体如此。理解类考题尚且如此，那些识记类的考题与中职教师的实际工作相差就更远了，如D省的一道填空题是：教育学作为一个学科独立的标志是____。E省的一道选择题是：我国最早的学校教育机构是（　　）。A. 庠 B. 序 C. 校 D. 学。F市的一道填空题：发现学习模式是____提出的。其他很多识记类试题，也大体如此。这类考题，对于教育学专业的人而言，可能说作为一种基本知识需要记住，但对于广大教师资格申请人而言，目的不在于考察他们是不是记住了这些概念或知识，关键在于考察他们是不是掌握了基本的教育学理论，并能运用理论解决教育教学中遇到的实际问题。这些识记类考题与中职教师的实际工作毫无关系，在这类试题上表现突出的申请人在实际教育教学工作中的表现不一定就会突出，相反，不能正确回答这类考题的申请人实际的教育教学工作表现也不见得就会差。也就是说，考试成绩很难作为预测申请人具备“运用教育学理论解决实际工作问题”的能力的依据。接下来，我们再来看应用类考题，如2009年D省、E省和F市应用类考题均是论述题，分别是：(1) 以“我们的思想”为主题，设计一个主题班会活动方案。(2) 在教学中如何贯彻启发性教学原则？要求：论述观点要正确，论据充分，条理清楚；论述要理论联系实际；字数不少于200字。(3) 班主任如何去建设一个良好的班集体？这些应用类试题与教师实际教育教学工作有一定的相关性，但由于缺乏具体的问题情境，与中职教师的教育教学工作仍有一定距离。如D省的那道题，虽然与教师的实际工作有一定的相关性（中职学校一般要求新教师担任班主任工作），但由于没有设置具体的问题情景，缺乏针对性，很难考察申请人解决中职学校学生管理工作中的实际问题的能力。另外，这类与教师实际工作有一定相关性的考题在试卷中所占的比重非常小，如2009年D省、E省、F市的教育学试卷中应用类考题分别只有15分、10分、13分。

2. 教育心理学考试的内容效度分析

(1) 教育心理学考试内容与考试大纲的相关性分析。

首先，试题内容未能全面覆盖大纲要求的考试内容，有少部分内容超出了大纲范围。根据教育部颁发的中学（中等职业学校、普通高中、初级中学）教师资格认证《教育心理学考试大纲》，教育心理学考试主要包括以下15个方面的内容：教育心理学概述、中学生的心理发展与教育、学习的基本理论、学习动机、学习的迁移、知识的学习、技能的形成、学习策略、问题解决与创造性、态度与品德的形成、心理健康教育、教学设计、课堂管理、教学测量与评价以及教师心理。对于每一部分内容，大纲提出了不同的目标层次要求，有些要求达到识记、理解水平，有些要求达到应用水平。对照大纲，笔者对G省和H省2009年的试卷进行了分析，结果发现：一是两省的考题基本上在大纲范围以内，只有少部分试题超出了大纲范围。其中，G省有15分、H省有3分超出了大纲范围。二是有较多大纲要求的内容，考题未涉及。其中，H省有三大部分、G省有七大部分大纲内容在考题中未涉及。其中，教学设计、教学测量与评价两大内容，两个省的考题都没有涉及。可见，教学方面的内容在教育心理学考试中未受到重视，原因可能是为了避免与教育学考试内容重复。三是“学习基本理论”方面的内容是两省共同的考试重点。据统计，H省、G省“学习基本理论”方面的考题分值分别为22分和24分，在所有考试内容中分值最大。(见表4-12)。

表4-12 2009年H省和G省教育心理学考题内容分值分布情况

考试内容	H省	G省
学习的基本理论	1（22）	1（24）
心理健康教育	2（19）	4（10）
中学生的心理发展与教育	3（17）	6（7）
态度与品德的形成	4（10）	9（0）
知识的学习	5（7）	5（8）
问题解决与创造性	5（7）	3（11）
学习策略	7（4）	9（0）
课堂管理	7（4）	8（2）
学习动机	9（3）	2（19）
技能的形成	10（2）	9（0）
教育心理学概述	11（1）	9（0）
教师心理	11（1）	9（0）
学习的迁移	13（0）	7（4）
教学设计	13（0）	9（0）
教学测量与评价	13（0）	9（0）

说明：括号中的数据为考题分值，括号外的数据为排序。

其次，各省（市、自治区）考试的目标层次与考试大纲要求基本一致，略偏识记。根据大纲，在目标层次方面，教育心理学与教育学的考试要求完全一致，要求识记占30%、理解占50%、应用占20%，对于何为识记、理解、应用，教育心理学考试大纲也没有作说明。为此，笔者还是以上文提出的目标层次划分原则进行试题划分，即将那些只需要考生凭借记忆教材内容就能回答的试题归为识记题；那些需要考生对教材内容理解后，才能正确回答的试题归为理解题；那些需要考生运用教材中的理论知识分析实际问题的试题归为应用题。基于这一原则，笔者对H省、G省2009年教育心理学试卷进行了分析。将所有的填空题、名词解释题及部分选择题归为识记题。如H省试卷中有道填空题：记忆包括识记、____、再认或重现三个基本环节；又如G省有道单项选择题：掌握学习是由（　　）等人提出来的。A. 布鲁纳 B. 斯金纳 C. 布卢姆 D. 艾里斯；G省有道名词解释题：关键期。对于此类问题，考生只要记住了教材中关于记忆的三个环节、掌握学习的提出者、关键期的基本概念等内容就能正确作出回答。另外，将部分选择题，简答题、判断对错并作简要说明题及部分论述题归为理解类题。如G省单项选择题中有一道试题是：某学生在回答"什么是圆的"的时候，说出"老鼠洞是圆的"，"李谷一唱歌的时候嘴是圆的"，这主要体现了发散性思维的（　　）。A. 流畅性 B. 独特性 C. 综合性 D. 多维性。对此问题，要求考生能正确理解发散性思维的特点，仅凭记忆将难以正确作出选择。又如H省试卷中有道简答题：为什么说学习知识的过程是一种特殊的认识过程？考生要正确回答这一问题，必须能理解知识的学习理论中的知识学习过程理论，单凭记忆不能作出正确回答；再如H省有道判断对错并作简要说明题：程序教学是基于操作性条件反射和积极强化的原理而设计的教学模式。对此问题，要求考生对程序教学的心理学原理能有正确的理解，否则不能作出正确回答，即使是凭猜测碰巧判断对了，也不能对判断结果加以说明；复如H省有道论述题：论述维果斯基的心理发展观及其教育意义。对此问题，考生仅凭记忆将难以回答，需要考生理解维果斯基的心理发展观，并能阐述其教育意义。此外，将部分论述题、案例分析题归为应用类试题。如H省有道论述题：联系实际谈谈如何保持中学生的心理健康。对于这一问题，需要考生对中学生的心理健康方面的理论知识在理解的基础上消化吸收，并能运用这些理论分析实际问题。又如G省的案例分析题是：心理学家做了这样一个实验：从三个班中将成绩排名后六位的学生抽出来，组成了一个有18名学生的班级，心理学家对这18名学生进行智力测验，发现每一名学生智商都在正常范围，于是要求这18名学生的任课教师对他们做到以下几点：（1）分析他们在学业上失败的原因；（2）上课提问时，难度适当；（3）对回答问题正确的同学给予鼓励，回答错误的同学给予肯定并耐心纠正错误答案；（4）鼓励学生的点滴进步，提高他们的自信心。后来，这18名同学在半年以后学习大有进步，已经不再是差生了。问题：请结合以上材料试用动机理论分析。对此问题，显然要求考生对动机理论达到应用水平，否则仅靠记忆或理解有关动机理论将不能很好地分析案例中的现象。根据以上划分原则，笔者按识记、理解和应用三个目标层次对试卷中的试题进行了划分，并统计各层次试题的分值，结果发现，H省识记、理解、应用三个层次试题的分值比例为

41∶49∶10；G 省的比例是 34∶46∶20。可见，两个省试卷的目标层次结构与大纲要求的 30∶50∶20 基本一致，只是总体上略偏识记。

（2）教育心理学考试内容与教师职业任务的相关性分析。

根据以上分析，虽然教育心理学考试内容及目标层次与考试大纲的要求并不完全一致，但总体上表现出较高的相关性。就此而言，职教教师资格认证中，《教育心理学》考试具有较好的内容效度，并不像中职教师普遍认为的那样“效果不明显或无效”。然而，作为职业准入考试，评价教育心理学的内容效度，相比考试内容与大纲的一致性分析，更应强调考试内容与职教教师职业实际工作的相关性。当然，与教育学考试一样，教育心理学考试的内容效度也是以其目标为前提的。据教育部颁发的教师资格认证《教育心理学考试大纲》（中学），教育心理学考试的总目标是：能正确识记教育心理学的基本事实、基本概念与基本原理；能准确理解教育心理学的基本理论，掌握学习与教学的基本规律；能简单应用教育心理学的基本理论，分析教育过程中的心理现象；能综合运用教育心理学的基本规律，提出切实可行的解决教学过程中实际问题的方案。这些目标与实际工作的相关性主要体现在应用方面，突出体现在申请人应用教育心理学的基本规律解决教育教学中实际问题的能力要求上。根据上文所述，职教教师在教育教学中面临的突出问题是：一是学生管理问题，如干预与矫正学生的问题行为，激发学生的学习积极性；二是教学设计与实施，如根据中职生的心理特点，按照工学结合的要求进行教学设计，组织实施教学；三是企业实践，如根据中职学生的心智与动作技能的发展规律和特点设计实习、实训方案，指导学生实习、实训。

对照职教教师的典型工作任务，从部分省教育心理学考试试题来看，教育心理学考试的情况与教育学考试的情况基本差不多，考试内容与职教教师面临的职业任务相关度较低。与教育学试卷一样，识记、理解类的试题与职教教师的实际工作普遍相去甚远，甚至毫无关系，在此不再举例详细说明，只对应用类试题作简单分析。相对识记和理解类试题，应用类试题与职教教师面临的实际工作任务有一定相关性，但这类试题题量太少、分值比重太低，即使这类试题具有较高的内容效度，也不能从根本上改变整份试卷的内容效度。如 2009 年 H 省、G 省的试卷分别只有 20 分、10 分的应用类试题。另外，应用类试题不仅题量少、分值比重低，而且与职教教师面临的职业任务依然存在不小距离，这类试题本身的内容效度并非十分理想。如 2009 年 H 省试卷有道案例分析题：小明现在是一名初中生，小学时成绩优秀，在入初中的入学考试是以第一名的成绩考入班级，进入初中后，因学习不适应，渐渐地成绩下降到二十几名，这次考试给小明的打击不小，从此，小明来学校时总是把衣服的拉链拉得很高，将头藏进衣服里，不愿见人。问题：（1）小明的这种状况属于什么心理现象？（2）分析造成这一问题的原因。（3）如何帮助小明摆脱困境？这道题中说的问题应该说是初级中学教师面临的一个非常普遍的问题，与初级中学教师的实际工作高度相关，对于申请初级中学教师资格者，这是一个非常好的问题或者说具有很高的内容效度。但对于中职教师资格申请人而言，这道题的效度就不是特别理想。一是初中生与中职生不论是心理还是行为上均存在很大差异；二是中职学生入学时往往是文化基础非常差的学生，是被中考分流下来的学生，与题中的“小明”的情况差异很大；三是中职学校教师面临的学生不仅仅是不适应、缺乏自信等问题，还有很多的问题行为，而且不是个别学生“掉队”的问题，而是群体学生普遍“掉队”的问题。又如G省试卷中有道论述题：联系实际谈谈如何保持中学生的心理健康。这道试题与中职教师的实际工作具有较强的相关性，因为在中职学校，学生的问题行为比较多，往往需要教师能够对学生给予正确的辅导，遗憾的是试题没有给出具体的情景，没有给出一个明确的问题，很难考察申请人的问题解决能力，除非申请人能自行设计一个非常好的问题，否则申请人很有可能会是泛泛而谈。

综上所述，在教师资格认证中，虽然从考试内容与考试大纲的相关性来看，不论是教育学考试还是教育心理学考试，并没有表现出明显的低效度，但从考试内容与职教教师职业任务的相关性来看，教育学与教育心理学考试的内容效度均比较低。对照职教教师典型职业任务，考试中，识记类、理解类考题与职教教师实际工作几乎毫无关系，应用类试题虽与职教教师实际工作有一定相关性，但这类试题所占比重太小且有些问题与职教教师实际工作也有一定距离，未能照顾到职教教师的职业特点。因此，考试成绩不足以成为申请人教育教学能力的预测依据，考试缺乏预测效度。

三、职教教师资格证书的预测效度分析

除了教师资格认证标准与认证方式的有效性以外，教师资格认证结果的有效性也是评价教师资格认证效度的重要方面。教师资格认证标准与认证方式的有效性直接决定了教师资格认证结果的有效性，而教师资格认证结果的有效性反过来可以检验认证标准与认证方式的有效性。衡量教师资格认证结果的有效性关键在于看教师资格证书的预测效度，即教师资格证书是否可以代表持有者具备从事教师职业必须的基本知识、能力和素质；教师资格证书获得者是否可以被认为是合格教师；拥有教师资格证书者其课堂教学表现是否优于未获得教师资格证书者。

（一）职教教师资格证书的预测效度并不理想

我国原劳动部、人事部颁发的《职业资格证书规定》（劳部发〔1994〕98号）第四条指出：职业资格证书是国家对申请人专业（工种）学识、技术、能力的认可，是求职、任职、独立开业和单位录用的主要依据。换句话说，职业资格证书代表了相应职业应具备的基本的学识、技术和能力。就教师资格证书而言，就是教师资格证书能够代表持有者从事教师职业应具备的基本知识和能力，包括专业知识、教学知识和教育教学能力。在某种程度上，教师资格证书越能代表持有者具备从事教师职业必须的知识和能力，就越具有权威性，越能被社会广泛接受和认可，也就越有效。相反，如果教师资格证书不能有效代表从事教师职业应具备的基本知识和能力，那就不会有公信力和权威性，也就难以成为求职、任职、单位录用的可靠依据，其有效性也就无从谈起。那么，我国教师资格制度实施了十余年之后，教师资格证书是否能作为持有者具备教师职业必备的基本知识与能力的证明呢？根据调查结果，情况并不乐观。在问及“教师资格证书是否可以代表教师职业必备的基本知识与能力”时，只有2.8%的中职教师、2.4%的中职校长认为完全可以，而认为不可以的中职教师和中职校长的比例分别达15.2%和15.7%，大多数中职教师（55.7%）和校长（50.4%）只认为一般可以。（见图4－7）可见，在代表教师职业知识与能力方面，职教教师资格证书并没有被充分认可。换句话说，职教教师资格证书的含金量不高，缺乏预测效度，申请人获得了职教教师资格证书也不一定具备职教教师职业必备的基本知识和能力。

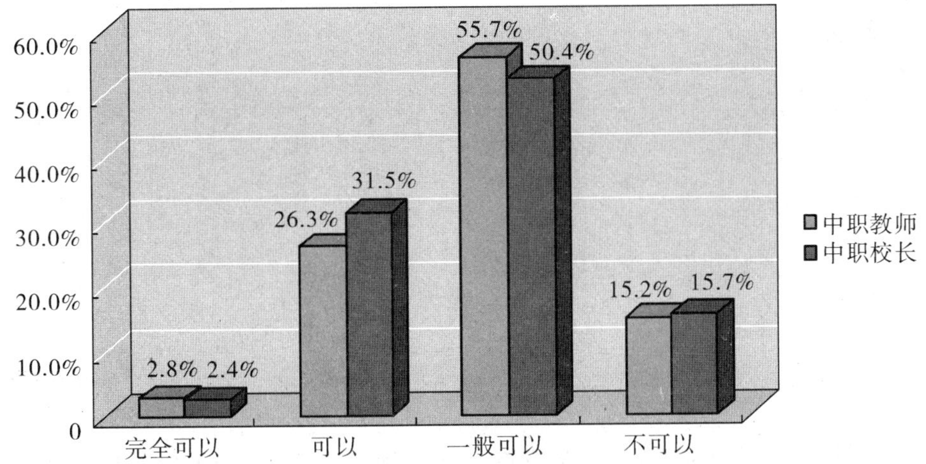

图4－7　中职教师与校长对教师资格证书代表教师职业必备的知识与能力的认可情况

我国的教师资格证书是单一的合格制证书，因此，教师资格证书的获得者理应被认为是合格教师。然而，正如教师资格证书并不能有效代表教师职业必备的基本知识和能力一样，拥有教师资格证书者也没有被广泛认为是合格教师。据调查，25.2%的中职教师和31.3%的中职校长认为“拥有中职教师资格证书者不可以被认为是合格的中职教师”，只有4.8%的中职教师和3.8%的中职校长认为“获得中职教师资格证书者完全可以被认为是合格的中职教师”，更多的中职教师（47%）和中职校长（51.1%）只是认为“获得中职教师资格证书者一般可以认为是合格的中职教师”。（见图4－8）一般而言，获得了某种职业资格证书就相当于获得了从事该职业的合法身份，可以被认为已经具备了该职业必备的基本知识和能力，已经是合格的职业者，因此，可以独立承担职业任务，从事该职业活动。如人们取得了驾照就被认为是合格的司机，就可以开车；取得了行医执照就被认为是合格的医生，就可以进入临床，给人治病；取得了律师执照就被认为是合格的律师，就可以替人打官司。同样，拥有教师资格证书按理也应被认为是合格的教师，但实际上，中职教师资格证书（包括中职实习指导教师资格证书）并没有得到广泛认同，1/4的中职教师和1/3多的中职校长认为中职教师资格证书获得者还不可以被认为是合格的中职教师。该调查结果再次表明，职教教师资格证书缺乏预测效度，其社会公信力和含金量不足。

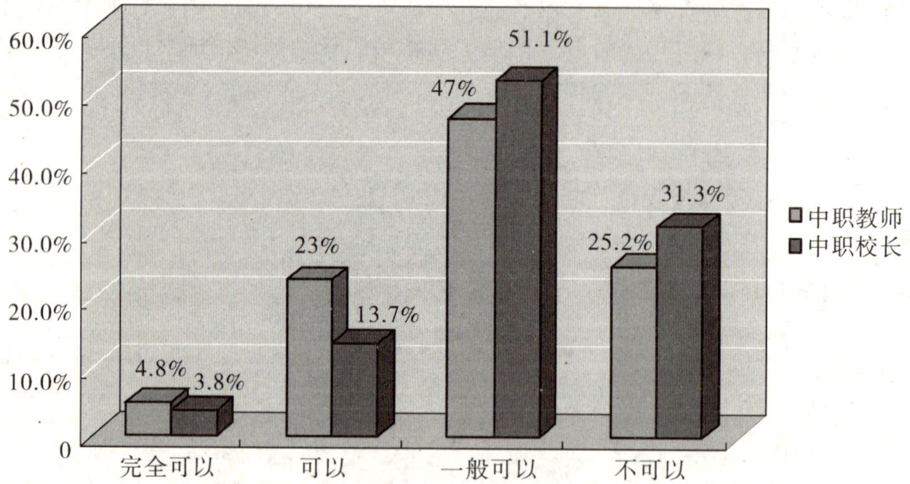

图4－8 中职教师与校长对教师资格证书代表合格教师的认可情况

此外，在预测课堂教学表现方面，教师资格证书表现出更低的预测效度。据调查，累计高达81.6%的中职教师和79.3%的中职校长认为获得了教师资格证书的教师，其课堂教学表现不一定比没有获得教师资格证书的教师好，累计只有18.4%的中职教师和20.7%的中职校长认为有教师资格证书者的课堂教学表现好于没有教师资格证书的教师。（见图4－9）

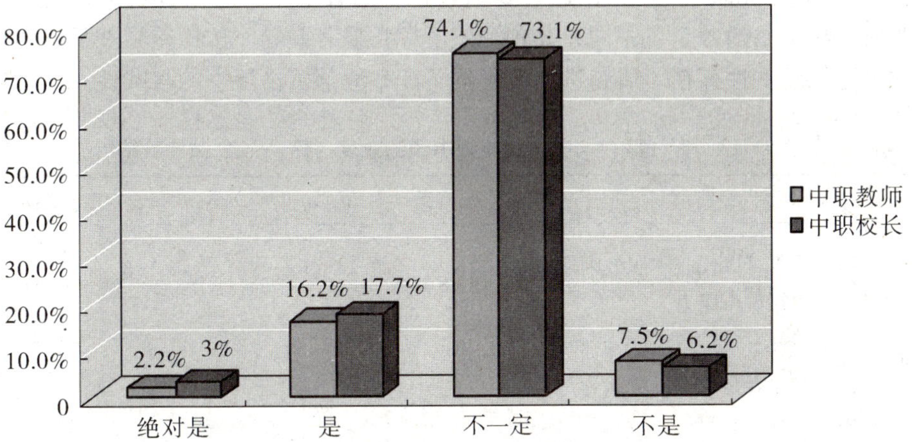

图4－9　中职教师与校长对教师资格证书代表更好的课堂教学表现的认可情况

综上所述，我们发现职教教师资格证书不能充分证明持有者已经具备了职教教师职业必备的基本知识与能力；获得了职教教师资格证书也没有被理所当然地认为是合格的职教教师；获得了职教教师资格证书的教师，其课堂教学表现也不一定好于没有获得职教教师资格证书的教师。因此，可以认为职教教师资格证书缺乏预测效度，很难用其来预测持有人的职业知识和能力以及未来的职业表现，也不能以职业资格证书判断其是否是名合格的职业人。这种缺乏预测效度的职业资格证书在弥补人类理性之不足、降低交易成本方面缺乏有效性。如学校在教师招聘过程中，即使应聘者已获得了教师资格证书，但学校依然会重新考核应聘者的专业知识、教学能力、思想道德素质等职业素质，并没有因为应聘者拥有教师资格证书而减少招聘环节、降低招聘成本。

（二）职教教师资格证书的预测效度具有地域差异性

虽然我国实行的是全国统一的教师资格证书模式，但在教育教学能力测试标准与办法方面并未作统一要求。因此，因各地教育教学能力测试标准及办法的差异，教师资格证书的预测效度也存在一定差异。以广东、海南、河南、湖南、辽宁、宁夏、山东和青海8省（区）① 为例，在“教师资格证书是否可以

---

① 虽然中职教师资格制度有效性调查（中职教师问卷）的样本分布于全国28个省（市、自治区），但为减少抽样误差，此处只选择样本量大于50人的8个省（区）作数据处理。

代表教师职业必备的基本知识与能力”、“获得中职教师资格证书是否可以认为是合格的中职教师”、“有教师资格证书者的课堂教学表现是否好于无教师资格证书者”等问题上，χ^2 独立性检验结果表明，8 省（区）之间均存在显著性差异。（见表 4－13）由此可以认为在不同省（市、自治区）取得的职教教师资格证书的含金量不同，其预测效度存在显著差异。这种差异性显然与证书的全国统一性存在矛盾，进一步削弱了职教教师资格证书的权威性。

表 4－13　省（区）与教师资格证书预测效度指标 χ^2 独立性检验结果

	χ^2	*df*	*Asymp. Sig.*（2－*sided*）
证书是否可以代表中职教师职业必备的基本知识与能力	88.115	21	.000
证书获得者是否可以被认为是合格的中职教师	1.200E2	21	.000
有教师资格证书者的课堂教学表现是否好于无教师资格证书者	46.461	21	.010

（三）职教教师资格证书的预测效度具有类型差异性

在教师资格证书预测效度方面，不仅表现出地域性差异，而且显示出一定的类型差异。据调查，认为教师资格证书不可以代表教师职业必备的基本知识与能力的普通文化课教师、专业课教师和实习指导教师的比例分别为14.5%、15.3%和23.1%，认为教师资格证书完全可以代表教师职业必备的知识与能力的比例分别为 5.3%、3.2% 和 0。（见图 4－10）χ^2 独立性检验结果（$\chi^2=24.302, df=6$，$P<0.001$）表明，在此问题上，不同类别教师的态度存在显著性差异。曼—惠特尼 U 检验结果进一步表明，在此问题上，普通文化课教师与专业课教师的态度没有显著性差异，但普通文化课教师与实习指导教师、专业课教师与实习指导教师之间均存在显著性差异。（见表 4－14）由此可以认为，相比中等职业学校教师资格证书①，中等职业学校实习指导教师资格证书在代表教师职业必备的基本知识与能力方面，预测效度更差。

① 据我国《教师资格条例》，职业教育方面有两类教师资格证书：一是面向普通文化课教师和专业课教师的中等职业学校教师资格证书；二是面向实习指导教师的中等职业学校实习指导教师资格证书。

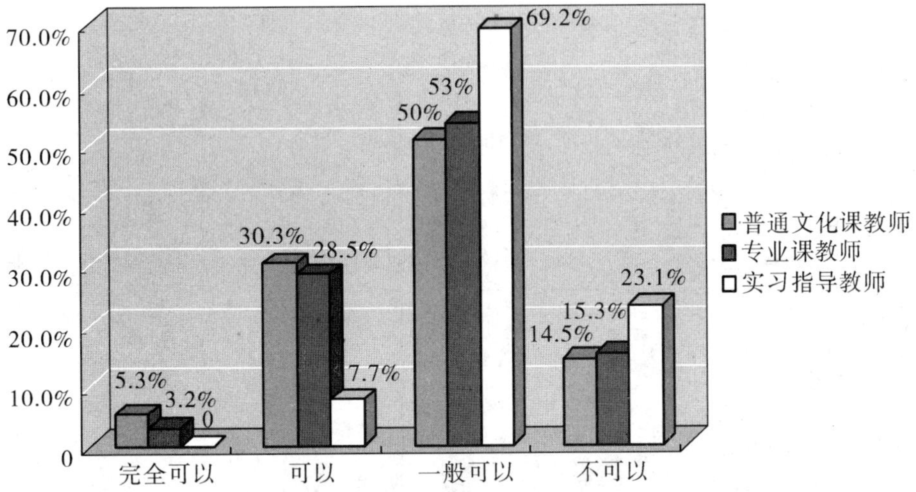

图4－10　三类教师在“教师资格证书代表教师职业必备的知识与能力”问题上的态度分布

表4－14　在教师资格证书预测效度指标上不同类别教师态度差异显著性U检验结果

结果 / 指标	文化课与专业课教师		文化课与实习指导教师		专业课与实习指导教师	
	Z	*Asymp. Sig.* (2－*sided*)	*Z*	*Asymp. Sig.* (2－*sided*)	*Z*	*Asymp. Sig.* (2－*sided*)
证书代表必备的基本知识与能力	－1.077	.282	－4.345	.000**	－4.182	.000**
证书能证明是合格的中职教师	－1.943	.052	－2.282	.022*	－1.189	.234
证书获得者课堂教学表现更好	－1.193	.233	－1.888	.059	－1.306	.192

在“获得相应教师资格证书是否可以被认为是合格中职教师”这个问题上，认为“完全可以”的普通文化课教师、专业课教师和实习指导课教师的比例分别为5.3%、3.6%和0，认为“不可以”的比例分别是27.6%、26.3%和19.2%。（见图4－11）χ^2独立性检验结果（$\chi^2=40.554$，$df=6$，$P<0.001$）表明，在此问题上，不同类别教师的态度存在显著性差异。曼—惠特尼U检验结果表明，在此问题上，普通文化课教师与实习指导教师的态度存在显著性差异，专业课教师与实习指导教师的态度并没有显著性差异，普

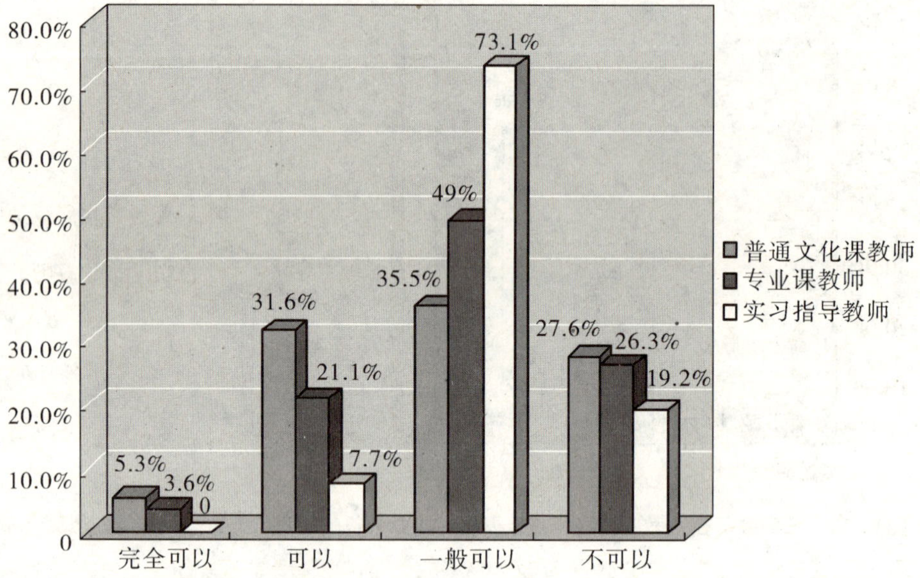

图 4－11　三类教师在“获得相应教师资格证书代表合格中职教师”问题上的态度分布

通文化课与专业课教师的态度在 0.05 的显著性水平上并没有显著性差异，但接近显著。（见表 4－14）可见，虽然三类教师普遍认为“获得相应的教师资格证书不可以认为是合格中职教师”，但三者的态度仍然存在一定差异，尤其是普通文化课教师与实习指导教师之间的差异明显。

在“有教师资格证书者的课堂教学表现是否好于无教师资格证书者”的问题上，认为“绝对是”的普通文化课教师、专业课教师和实习指导教师的比例分别为 4%、2% 和 0，认为“不是”的比例分别是 5.3%、8% 和 11.5%，普遍的观点是“有教师资格证书者的课堂教学表现不一定好于无教师资格证书者”。虽然 χ^2 独立性检验结果（$\chi^2=8.4$，$df=6$，$P=0.21>0.05$）表明，在此问题上三类教师的态度不存在显著性差异，但从相对数据来看，普通文化课教师持肯定态度的比例更高，持否定态度的更少，而实习指导教师持肯定态度的更少，而持否定态度的更多，专业课教师的态度则介于两类教师的中间。这在一定程度上表明，相比中等职业学校实习指导教师资格证书，中等职业学校教师资格证书在预测教师课堂教学表现方面具有更好的预测效度，而且中等职业学校教师资格证书在预测普通文化课教师教学表现方面优于预测专业课教师的课堂教学表现。（见图 4－12）

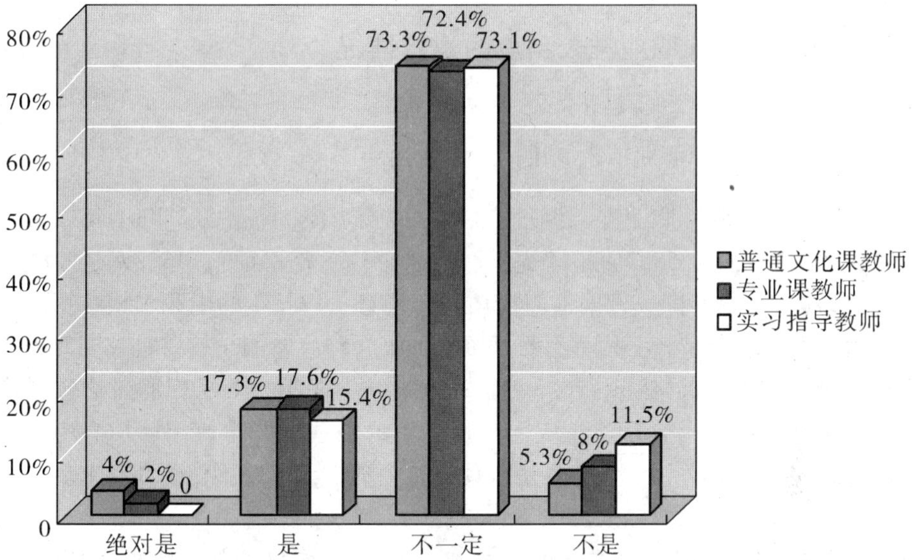

图4－12　三类教师在“有教师资格证书者代表更好的课堂教学表现”问题上的态度分布

综合以上，在教师资格证书预测效度方面，虽然三类教师在不同指标上的态度差异水平不同，但总体而言三类教师仍表现出一定的差异性，特别是普通文化课教师的态度与实习指导教师的态度差异比较明显。若将中职学校两种教师资格证书相比较，可以认为在预测效度方面，中等职业学校教师资格证书好于中等职业学校实习指导教师资格证书。

第二节　职教教师资格制度执行的有效性分析

制度不仅包括正式制度文本，而且还包括制度实施机制。因此，评价一项制度的有效性，不仅要看其正式制度安排的有效性，还要看其制度实施机制的有效性。评价制度实施机制的有效性关键在于看制度的执行情况。如果一项制度在实施中能被有效执行，说明制度实施机制有效，相反，说明制度实施机制低效。就我国的教师资格制度而言，其既是教师职业准入制度，也是教师执业资格制度。作为教师职业准入制度，任何人从事教师职业都必须事先取得教师资格证书；作为教师执业资格制度，任何人从事教师职业活动，都必须持有合法的、有效的教师资格证书。因此，本节将从新教师遵守教师职业准入制度以及在职教师遵守教师执业资格制度两方面对教师资格制度执行的有效性进行分析。

一、职教教师职业准入制度的执行情况

（一）职教教师职业准入制度尚未全面落实

根据调查，教师职业准入制度在中职学校尚未全面落实。2001 年以后参加工作的中职教师，53.3% 是“先上岗，后有教师资格证”，46.7% 是“先有教师资格证，后上岗”。另据中职校长问卷调查，17.8% 的中职学校在招聘新教师时并不要求应聘者必须具有教师资格证书，54.1% 的学校只是在同等条件下优先录用有教师资格证书者，只有 28.1% 的中职学校要求应聘者必须具有相应的教师资格证书。另外，从笔者收集到的一些中职学校招聘信息中了解到，绝大多数中职学校对应聘者是否具有教师资格证书并不作硬性要求。①

招聘一 2007 年，福建泉州 × × 职业技术学校招聘教师要求：机械类、洗车应用、电工电子、市场营销专业教师具有大专及以上学历，计算机应用、语文、数学等学科要求具有本科学历且有教师资格证书。（注：专业性较强的教师无教师资格证书要求，且允许应聘者的学历低于国家规定的本科学历要求。）

招聘二 2008 年，辽宁 × × 市教育局招聘教师要求：全日制师范类应往届毕业生；具有教师资格的全日制应往届非师范类毕业生；职业学校专业课教师招聘全日制应往届毕业生，可不受教师资格限制，但受聘上岗后，首次聘期内必须取得教师资格，否则不予续聘。（注：全日制师范专业毕业生、职业学校专业课教师不需要上岗前获得教师资格证书。）

招聘三 2008 年，重庆市 × × 县招聘教师要求：全日制普通高校师范类（县职教中心不限师范类）2008 年应届本科及以上学历并能取得相应学位的毕业生；所学专业学科考试无补考，无处分记录，所学专业与报考岗位专业一致，并取得高中教师资格证，县职教中心不受教师资格证限制。（注：县职教中心可以不受教师资格证书限制，即应聘者可以没有教师资格证书。）

招聘四 重庆市 × × 区招聘教师要求：全日制普通高等学校师范类 2007 届、2008 届本科及以上学历（英语、音乐、体育、美术、信息技术学科，职业高中各学科可招非师范类本科及以上学历）。（注：无教师资格证书要求。）

招聘五 四川省 × × 县招聘教师，只有年龄、学历要求（小学教师以上

---

① 以下括号中的注解为笔者加注。

均为本科学历)，无教师资格证书要求。但要求考试，考试科目是："职业能力倾向测验"和"教育基础知识"（内容包括教育学、心理学、教育法规等）两科。（注：以地方自行组织的教师招聘考试代替教师资格证书要求。）

招聘六　2007 年，深圳市××职业技术学校招聘教师要求：专业课教师一般要达到大学本科学历（具有高级专业技术资格或技师以上职业资格证书的人员可放宽到大学专科学历）；实习指导教师一般要达到大学专科学历，具有高级技工及以上职业资格证书的企业（或学校）的技师，或在市级技能竞赛中获一等奖及以上者优先；兼职教师的学历要求可适当降低。（注：无教师资格证书要求，且允许具有高级专业技术资格或技师以上职业资格证书的应聘者、兼职教师的学历低于国家规定的本科学历。）

招聘七　2007 年，佛山市顺德区××职业技术学校招聘教师要求：专业课教师应具有本科或以上学历，且有相关行业企业经验，如对于汽修类专业，要求应聘者在汽车服务行业工作两年以上，有深厚的理论知识和较强的实操技能，表达能力好（担任过企业培训师或有在 4S 店工作经验者优先）。实习指导教师则要求具有中专或以上学历和相应的实践经历，如汽修类专业，要求在汽车服务行业工作四年以上，有较强的实操技能，持有高级工以上证书（有在 4S 店工作经验者优先）。（注：无教师资格证书要求。）

可见，作为职业准入制度的教师资格制度在中职学校并没有得到有效执行，从一些地方与学校的教师招聘情况来看，有些地方和学校甚至允许应聘者无须达到《教师法》规定的最低学历要求。

（二）不同区域在职教教师职业准入制度执行方面存在显著性差异

据调查，按区域统计，东部地区 51.7% 的中职教师属于"先上岗，后取得教师资格证书"，而中部、西部地区这一比例分别为 62.1% 和 62.3%。（见图 4－13）χ^2 独立性检验结果（$\chi^2 = 7.762$，$df = 2$，$P = 0.021 < 0.05$）表明，区域与教师职业准入制度执行之间彼此独立，不存在依存关系，即不同经济发展区域在中职教师职业准入制度执行方面存在显著性差异。两独立样本曼—惠特尼 U 检验结果进一步表明（显著性水平 $\alpha = 0.05$），在职教教师职业准入制度执行方面，东西部之间、东中部之间均存在显著性差异，但中西部之间不存在显著性差异。（见表 4－15）可见，在职教教师职业准入制度的执行方面，经济相对发达的东部地区好于欠发达的中部和西部地区。

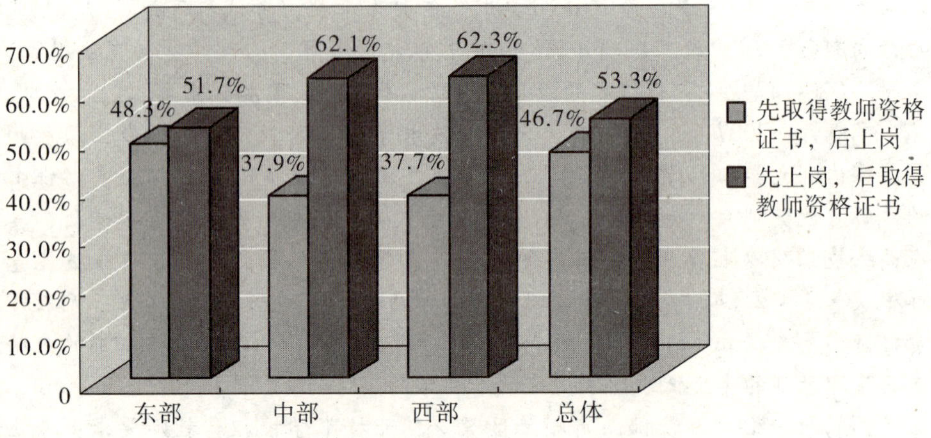

图 4－13　不同区域职教教师职业准入制度执行情况对比图

表 4－15　不同区域职教教师职业准入制度执行情况差异显著性 U 检验结果

	东部与西部	东部与中部	中部与西部
Z	－2. 263	－1. 972	－. 088
Asymp. Sig.（2－*tailed*）	. 024	. 049	. 930

（三）不同类别职教教师在职业准入制度执行方面存在显著性差异

据调查，若以教师类别统计（不含同时兼任两种或以上课程的教师），普通文化课教师、专业课教师和实习指导教师“先上岗，后取得教师资格证书”的比例分别是 33. 3%、58%、80%。（见图 4－14）χ^2 独立性检验结果（χ^2 = 40. 835，$df = 2$，$P < 0.001$）表明，不同类别教师与教师职业准入制度执行之间不存在依存关系，即不同类别教师在职业准入制度执行方面存在显著性差异。曼—惠特尼 U 检验结果表明（显著性水平 $\alpha = 0.05$），在教师职业准入制度执行方面，普通文化课教师与专业课教师、专业课教师与实习指导教师、普通文化课教师与实习指导教师之间均存在显著性差异。（见表 4－16）综合以上统计结果，可以认为中职学校不同类别教师在教师职业准入制度执行方面存在显著性差异，且普通文化课教师好于专业课教师，专业课教师又好于实习指导教师。一些地方与学校教师招聘要求进一步验证该研究结论，如 2007 年，福建泉州××职业技术学校招聘教师时，对机械类、洗车应用、电工电子、市场营销等专业课教师并无教师资格证书要求，但对语文、数学等普通文化课教师则提出了教师资格证书要求。

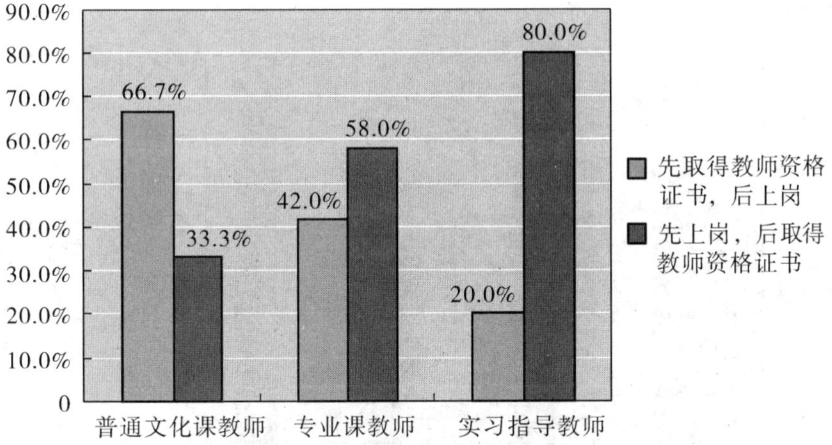

图 4-14 不同类别职教教师职业准入制度执行情况对比图

表 4-16 不同类别职教教师职业准入制度执行情况差异显著性 U 检验结果

	普通文化课教师与专业课教师	专业课教师与实习指导教师	普通文化课教师与实习指导教师
Z	-4.708	-3.262	-5.862
Asymp. Sig. (2 - *tailed*)	.000	.001	.000

（四）不同水平中职学校在教师职业准入制度的执行方面无显著性差异

按学校办学水平统计，国家重点中职学校、省级重点中职学校、本市重点中职学校和其他非重点中职学校教师“先上岗，后取得教师资格证书”的比例分别是 52.1%、60.5%、48.8%和 60%。（见图 4-15）可见，不同办学水平的中职学校，教师职业准入制度的执行情况都不理想。χ^2 独立性检验结果（$\chi^2=6.441$，$df=3$，$P=0.092>0.05$）进一步表明，办学水平与教师职业准入制度执行之间存在依存关系，即不同办学水平的中职学校在教师职业准入制度执行方面没有显著性差异。但从相对数据来看，国家重点中职学校、本市重点中职学校的情况似乎好于省级重点中职学校和其他非重点中职学校。为进一步检验各类中职学校在教师职业准入制度执行方面是否存在显著性差异，笔者将每两类学校的情况作曼—惠特尼 U 检验，结果表明（显著性水平 $\alpha=0.05$），各类中职学校之间均不存在显著性差异。（见表 4-17）由此表明，在教师职业准入制度执行方面，不同办学水平的中职学校无显著性差异。

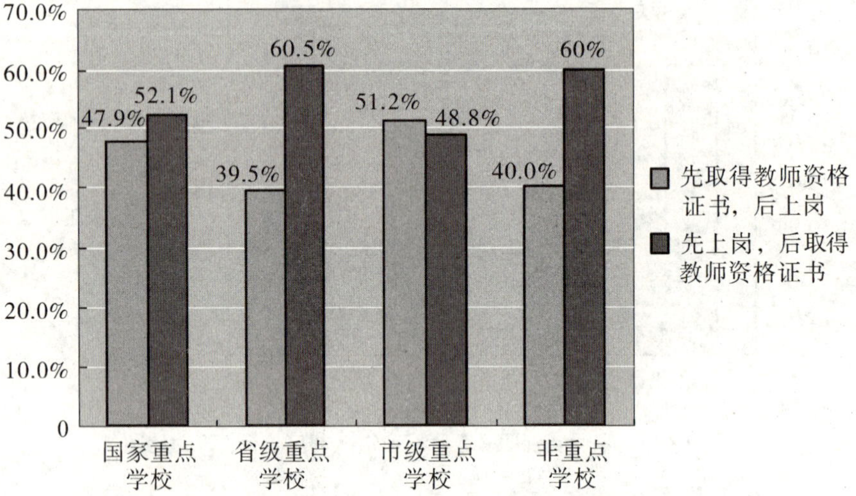

图 4－15　不同水平职校教师职业准入制度执行情况对比图

表 4－17　不同水平职校教师职业准入制度执行情况差异显著性 U 检验结果

	国家重点职校/省重点职校	国家重点职校/市重点职校	国家重点职校/非重点职校	省重点职校/市重点职校	省重点职校/非重点职校	市重点职校/非重点职校
Z	－1. 622	－0. 640	－1. 722	－1. 859	－0. 082	－1. 926
Asymp. Sig. (2－*tailed*)	0. 105	0. 522	0. 085	0. 063	0. 934	0. 054

（五）中职学校与普通中小学在教师职业准入制度执行方面无显著性差异

根据调查，2001 年以后从事教师职业的广州市普通中小学教师，41. 5% 属于“先上岗，后取得教师资格证书”，58. 5% 属于“先取得教师资格证书，后上岗”。（见图 4－16）而广州市中职学校教师 50% 属于“先上岗，后取得教师资格证书”。从数据来看，普通中小学教师职业准入制度执行情况好于中等职业学校。为验证该结论，笔者对普通中小学与中职学校教师职业准入制度执行情况作曼—惠特尼 U 检验，检验结果（$Z=-1.157$，$P=0.247>0.05$）表明，在教师职业准入制度执行方面，中职学校与普通中小学并不存在显著性差异。

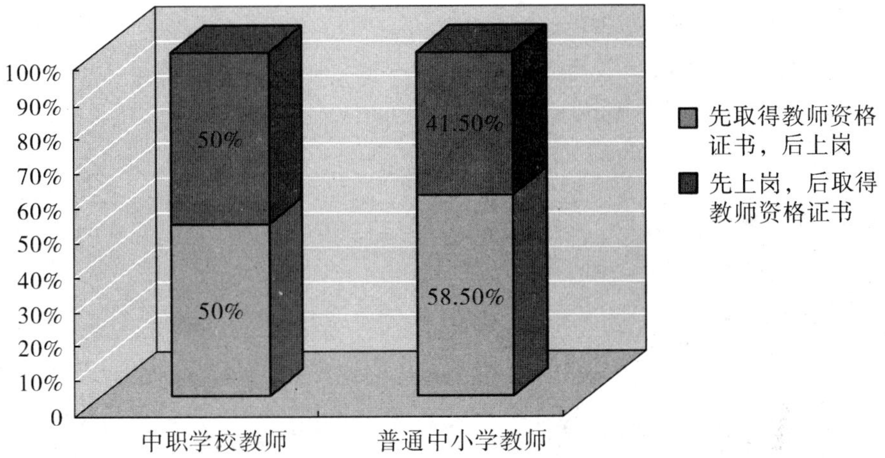

图 4－16 中职与普通中小学教师职业准入制度执行情况对比图

二、职教教师执业资格制度的执行情况①

（一）职教教师执业资格制度总体执行良好

虽然作为教师职业准入制度的教师资格制度在中职学校并没有得到有效执行，但作为教师执业资格制度的教师资格制度在中职学校执行情况良好，绝大多数在职教师能够持证上岗。根据调查，91. 15% 的中职教师拥有一种或一种以上教师资格证书，只有 8. 85% 的教师没有取得任何教师资格证书。6. 81% 的教师拥有两种或两种以上教师资格证书，3. 41% 的教师同时拥有中等职业学校教师资格证书和实习指导教师资格证书，2. 72% 的教师同时拥有中等职业学校教师资格证书和其他类型教师资格证书。（见表 4－18）累积计算，68. 33% 的教师拥有中等职业学校教师资格证书，7. 49% 的教师拥有中等职业学校实习指导教师资格，22. 7% 的教师拥有其他类型教师资格证书。（见表 4－19）可见，绝大多数中职教师获得了从事教师职业的合法身份，能够“持证上岗”，只有少部分教师仍属于“无证上岗”。

---

① 查吉德．我国中等职业教育教师资格制度实施状况调查研究［R］．教育部、财政部中职教师素质提高计划之公共项目“职业教育教师资格制度研究”子课题“我国中等职业教育教师资格制度实施状况调查研究”课题组，2009. 13—14.

表 4－18　中职教师持有教师资格证书情况统计表

教师拥有的资格证种类	人　数	有效百分比（%）
中等职业学校教师资格证书	542	61.52
中等职业学校教师资格证书 中等职业学校实习指导教师资格证书	30	3.41
中等职业学校教师资格证书 中等职业学校实习指导教师资格证书 其他类型教师资格证书	6	0.68
中等职业学校教师资格证书 其他类型教师资格证书	24	2.72
中等职业学校实习指导教师资格证书	30	3.41
其他类型教师资格证书	171	19.41
尚未取得任何教师资格证书	78	8.85
合　计	881	—

表 4－19　中职教师持有教师资格证书情况累积分布表

教师拥有的资格证种类	累积频次（*f*）	反应百分比（%）
中等职业学校教师资格证书	602	68.33
中等职业学校实习指导教师资格证书	66	7.49
其他类型教师资格证书	200	22.7
尚未取得任何教师资格证书	78	8.85

*反应百分比是指同一选项的累计次数占有效样本总数的比例，本题项的有效样本数为 881 人。

（二）实习指导教师执业资格制度执行极不理想

虽然总体上中职学校在职教师持证上岗情况比较理想，但实习指导教师的持证率非常低。据调查，在中职学校，拥有中等职业学校实习指导教师资格证书的教师只有 7.49%，而实际承担实习指导教学任务的教师占教师总数的 40.98%（含专门的实习指导教师、专业课教师兼实习指导教师、普通文化课教师兼实习指导教师），这说明大量的实习指导教师属于“无证上岗”或“持无效证件上岗”，[①] 并没有严格执行教师执业资格制度。

① 据我国《教师资格条例》第五条，并不允许中等职业学校教师资格证书与中等职业学校实习指导教师资格证书相互融通，除高等学校教师资格证书以外，也不允许其他类型教师资格证书与实习指导教师资格证书融通。

（三）不同区域在职教教师执业资格制度执行方面存在显著性差异

据调查，东部地区 98.6% 的中职教师取得了一种或一种以上教师资格证书，明显好于中部（85.2%）和西部（89.4%）。（见图 4－17）χ^2 独立性检验结果（$\chi^2=43.663$，$df=2$，$P<0.001$）表明，区域与教师持证上岗情况之间彼此独立，不存在依存关系，即不同区域在教师持证上岗方面存在显著性差异。曼—惠特尼 U 检验结果表明（显著性水平 $\alpha=0.05$），在教师持证上岗方面，东部与中部、东部与西部均存在显著性差异，但中部与西部之间不存在显著性差异。（见表 4－20）可见，在职教教师执业资格制度执行方面，经济相对发达的东部地区好于欠发达的中部和西部地区。

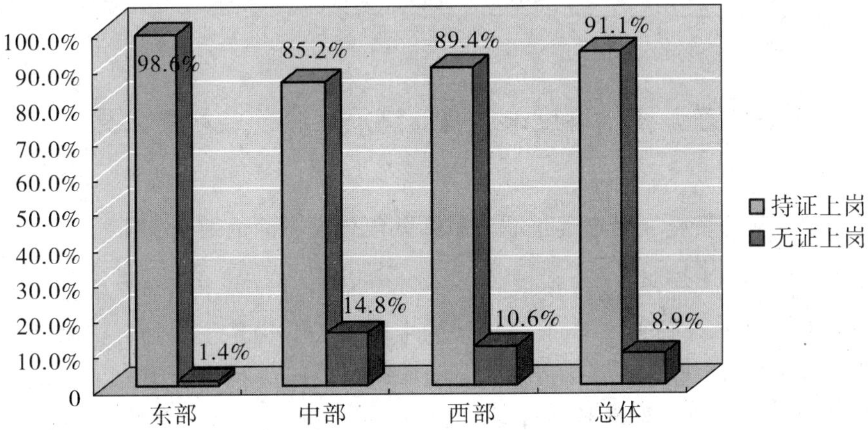

图 4－17　不同区域中职学校教师持证上岗情况对比图

表 4－20　不同区域中职教师持证上岗情况差异显著性 U 检验结果

	东部与西部	东部与中部	中部与西部
Z	－4.510	－6.650	－1.119
Asymp. Sig. (2－*tailed*)	.000	.000	.263

第三节　职教教师资格制度整体的有效性分析

教师资格制度的产生实际上是利益选择的结果，评价教师资格制度整体的有效性关键在于看该制度是否能有效满足利益相关者的利益需要，包括以政府为代表的公共利益、学校为代表的公益与私益、教师及学生为代表的个体利益。其中，学校的私益和学生的个体利益是教师资格制度公益的外溢部分。换句话说，如果教师资格制度能有效满足社会公共利益需要，那作为社会公共利益外溢部分的学校私益与学生个体利益将能得到有效满足，如若教师资格证书具有很好的预测效度，那么学校就能从有相应教师资格证书者中招聘教师，就能减少教师招聘成本，也能降低招聘到不合格教师的风险；如果教师资格制度能确保每一名教师均是合格教师，那么学生就能受到专业的、合格的教育教学服务，就能降低因择校不慎而受到非专业的、低质量的教育教学服务的风险。相反，如果教师资格制度不能有效满足社会公共利益需要，那么相应地学校的私益与学生的个体利益也将难以得到满足。因此，本节只从社会公共利益与教师个体利益两个方面分析职教教师资格制度整体的有效性。

一、职教教师资格制度未能有效满足社会公共利益需要

（一）教师资格制度在促进职教教师队伍建设方面低效

首先，教师资格制度在规范职教教师管理方面效果不明显。根据调查显示，在规范职教教师管理方面，2.3%的中职校长认为现行教师资格制度“无效”，46.9%的中职校长认为“效果不明显”，累计近一半的中职校长认为现行教师资格制度在规范职教教师管理方面“效果不明显”或“无效”。

其次，教师资格制度未能有效约束教师招聘中的机会主义行为。在约束教师招聘中的机会主义行为方面，14.1%的中职校长认为现行教师资格制度“无效”，33.3%的中职校长认为“效果不明显”，累计47.4%的中职校长认为现行教师资格制度在约束教师招聘中的机会主义行为方面“效果不明显”或“无效”。在与中职校长的座谈中了解到，目前中职学校普遍没有完全的人事用人权，决定谁能进教师队伍往往是学校的主管部门和上级人事部门，由此造成“管事的不管人，而管人的又不管事”的局面，这种局面为教师招聘中的机会主义行为提供了便利。学校要进人，主管部门或上级人事部门借此机会“搭便车”，安排自己的亲戚或熟人进入教师队伍。据有些校长反映，“好不容易进一个人，他就给你搭车，进一个有用的，给你搭几个没用的”。“要的人进不来，不要的人反而来了。”现行教师资格制度在约束这种“搭便车”的行为方面基本无效。

再次，教师资格制度在促进教师来源多样化，形成合格教师“蓄水池”

方面的作用不明显。教师资格制度的一项重要功能就是促进教师来源的多样化，并起到合格教师“蓄水池”的作用，从而满足学校对合格教师的需求。在职教教师队伍建设上，教师资格制度这方面的作用尤显重要。在我国，与普通中小学教育有相对完善的教师教育体系不同，职业教育并未建立完善的教师培养培训体系，职教教师的培养基本上是开放式的，因此，职业学校缺乏稳定的、合格的教师来源，教师数量不足的问题始终比较突出。因此，一方面需要通过教师资格制度扩大教师来源，吸引社会优秀人才从事职教教师工作；另一方面需要通过教师资格制度的过滤作用，形成合格职教教师的“蓄水池”，以便职业学校能从“蓄水池”中招聘到自己需要的教师。然而，根据调查，现行教师资格制度在这方面的效果并不明显。15.3%的中职校长认为，现行教师资格制度在促进教师来源多样化方面“无效”；39.7%的中职校长认为“效果不明显”；累计有55%的中职校长认为现行教师资格制度在促进教师来源多样化方面“无效”或“效果不明显”。另外，在形成合格教师“蓄水池”方面，累计52.3%的中职校长认为“无效”或“效果不明显”。

表4－21　中职校长对教师资格制度的有效性评价　　单位：%

指标＼有效性	有效	有一定效果	效果不明显	无效
教师资格制度对规范教师管理	2.3	48.5	46.9	2.3
教师资格制度对约束教师招聘中的机会主义行为	5.9	46.7	33.3	14.1
教师资格制度对促进合格教师“蓄水池”的形成	3.0	44.7	49.3	3.0
教师资格制度对促进教师来源多样化	1.5	43.5	39.7	15.3
教师资格制度对保证教师“入口”质量	5.2	51.9	40.7	2.2
教师资格制度对促进教师专业发展	6.7	61.4	30.4	1.5
教师资格制度对提升教师专业地位	5.2	44.4	37.0	13.4
教师资格制度对促进教师队伍整体素质与质量的提升	2.3	40.0	53.8	3.9

* 表格中的数据为选择此项的校长人数与参与调查的有效样本的比例，即有效百分比。

（二）教师资格制度在提升职教教师队伍质量方面低效

首先，教师资格制度在保证职教教师“入口”质量方面的效果不理想。我国的教师资格制度是一种“入门性”资格制度，即旨在保证教师“入口”质量，确保每一名新增教师都具备教师职业必备的基本知识、能力和素质，能胜任教育教学工作。然而，据调查结果，现行教师资格制度在保证教师“入口”质量方面的效果并不理想，累计 42.9% 的中职校长认为现行教师资格制度在促进教师“入口”质量方面“无效”或“效果不明显”。

其次，教师资格制度在促进教师专业化方面低效。教师专业化是国际教育发展趋势，是教育发展的客观要求。教师资格制度则是教师专业化的重要推动力，这种推动力是保证教育教学改革成功的关键。然而，从调查来看，不论是中职校长还是中职教师都普遍认为现行教师资格制度在促进教师专业化方面效果不明显。在促进教师专业发展方面，31.9% 的中职校长和 58.5% 的中职教师认为现行教师资格制度“无效”或“效果不明显”；在提升教师专业地位方面，50.4% 的中职校长和 63.7% 的中职教师认为现行教师资格制度“无效”或“效果不明显”。（见图 4－18）

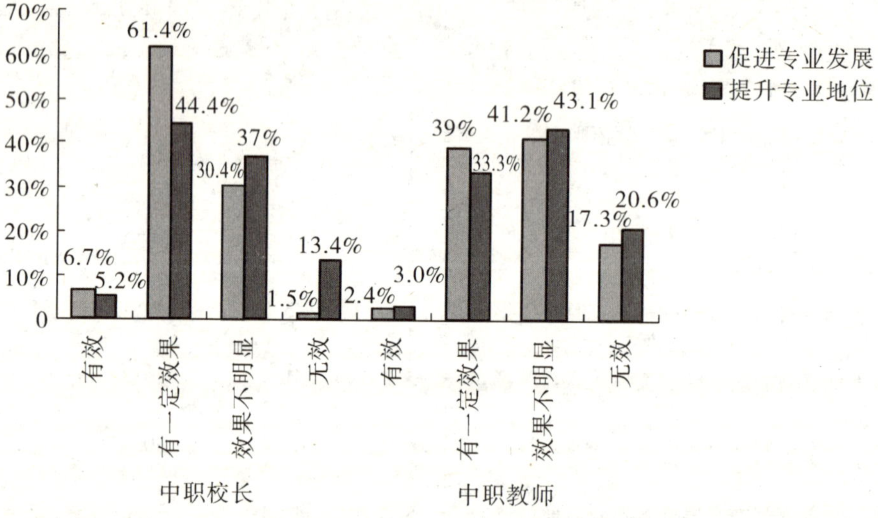

图 4－18 中职教师与校长对教师资格制度在促进教师专业化方面的有效性评价

再次，教师资格制度在提升职教教师队伍整体素质与质量方面效果不理想。提升教师队伍的整体素质与质量是教师资格制度的出发点和归宿，是评价教师资格制度有效性的重要指标，也是教师资格制度公共利益的集中体现。然而，根据调查，教师资格制度在提升职教教师队伍整体素质与质量方面的效果并不理想。3.9%的中职校长认为现行教师资格制度在提升教师队伍整体素质与质量方面"无效"，53.8%的校长认为"效果不明显"。另外，5.8%的中职教师也认为现行教师资格制度在提升教师队伍整体素质与质量方面"无效"，56.7%的中职教师认为"效果不明显"。可见，不论是中职校长还是中职教师都普遍认为，现行教师资格制度在提升职教教师队伍整体素质与质量方面"无效"或"效果不明显"。（见图4-19）

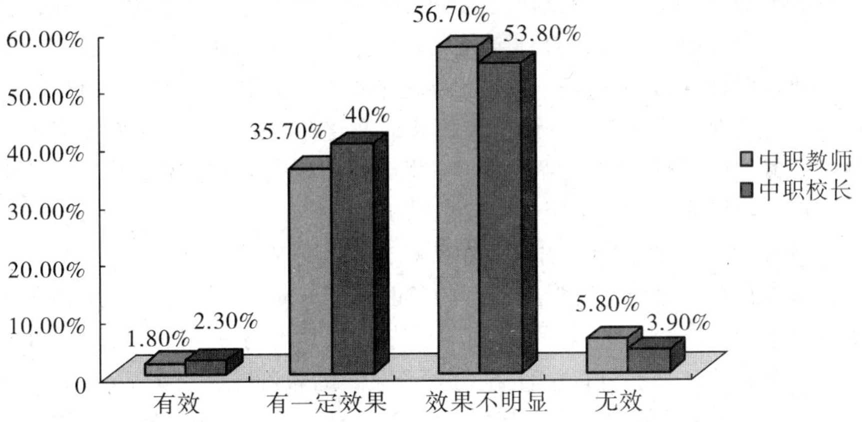

图4-19 中职教师与校长对教师资格制度在提升教师队伍素质与质量方面的有效性评价

（三）教师资格制度在约束职教教师外行教学行为方面低效

内行教学是教学专业化的重要体现，也是确保教育质量的重要内容。作为教师专业化的重要手段，教师资格制度理应在确保内行教学，促进教学专业化，约束外行教学行为方面发挥重要作用。那么，我国教师资格制度实施十余年后，中职学校内行教学情况如何呢？

1. 职教教师外行教学问题比较突出

据调查，按中职教师第一学历所学专业统计，中职教师的专业构成大致可以分为三大类：一类是专业课类，如机电一体化、数控技术、应用电子、机械、医学、物流管理、国际贸易、电子商务等，这部分教师占42.5%；第二类是普通文化课类，包括外语、政治、数学、化学、物理、地理、体育、音乐、美术等，这类专业毕业的教师占36.3%；第三类是计算机类，包括计算机应用、计算机软件、计算机科学技术等专业，这类教师占21.1%。[①] 如果将计算机类专业毕业的教师都算作专业课教师，那么普通文化课教师与专业课教师之比接近3∶5（查吉德，2009，p.41）。[②] 但若以实际承担的教学任务统计，目前普通文化课教师与专业课（含实训课）教师的比例约为1∶3至1∶5，[③] 远低于按教师所学专业统计的比例。可见，中职学校存在专业课教师不足与普通文化课教师过剩的结构性矛盾。为此，中职学校普遍让普通文化课教师承担部分专业课或实习指导课教学任务，以缓解教师结构性矛盾。如据调查，在中职学校专任教师中，6.14%的教师同时兼任普通文化课与专业课教学，或普通文化课与实习指导课教学，或普通文化课、专业课和实习指导课教学；7.3%的教师专业教育背景与其承担的教学任务完全不一致，8.7%的教师的教师资格认证专业与任教专业完全不一致。允许普通文化课教师承担专业课和实习指导课教学任务，虽然有助于缓解教师结构性短缺的矛盾，但违背了内行教学原则，有悖教师专业化和教师资格制度的精神。

2. 东中部地区职教教师内行教学情况好于西部地区

据调查，在专业教育背景与教学任务匹配性方面，东、中、西部地区职教教师专业教育背景与教学任务完全一致的比例分别是41.2%、55.4%和29.7%，专业教育背景与教学任务完全不一致的教师比例分别是8%、3.6%和6.8%。χ^2独立性检验结果（$\chi^2=29.175$，$df=4$，$P<0.001$）表明，在专业教育背景与教学任务匹配性方面，不同区域之间存在显著性差异。曼—惠特尼U检验结果进一步表明，东部与中部之间、东部与西部之间、中部与西部之间均存在显著性差异。（见表4-23）由此可以认为，在专业教育背景与教学任务匹配性方面，东部、中部均好于西部。另外，在教师资格认证专业与教学任务匹配性方面，东、中、西部地区职教教师资格认证专业与教学任务完全一致的比例分别是53.1%、50%和32.4%，完全不一致的比例分别是6.6%、8.9%和19%。χ^2独立性检验结果（$\chi^2=50.722$，$df=4$，$P<0.001$）表明，在教师资格认证专业与教学任务匹配性方面，不同区域之间也存在显著性差异（见表4-22）。曼—惠特尼U检验结果进一步表明，东部与西部之间、中部与西部之间均存在显著性差异，但东部与中部之间不存在显著性差异。（见表4-

① 根据调查，计算机专业毕业的教师一部分在学校从事计算机公共课教学，一部分从事计算机相关专业课教学，且在教师总体中所占比例较大，所以将这类教师单独作为一类。

② 事实上，计算机专业毕业的教师也不都是从事专业课教学，有一部分从事的是计算机公共课的教学，如果加上计算机公共课教师，普通文化课教师的比例会更高。

③ 据笔者对中职部分专业教学计划的统计，不包括集中实训、顶岗实习的学时，高中起点三年制，普通文化课与专业课学时的比例约为1∶5，初中起点三年制，普通文化课与专业课学时的比例约为1∶3。

24）由此可以认为，在教师资格认证专业与教学任务匹配性方面，东部与中部都好于西部。可见，在教师资格认证专业与教学任务匹配性方面，教育发展水平相对落后的西部地区问题更加突出，这从我们的实地调研中也得到了验证。在西部I省A市中职学校校长座谈会上了解到，目前该市中职学校专业课教师非常匮乏，大部分教师都是从普通文化课教师或者说普通中小学教师转移过来的。（查吉德，2009，pp. 121—130）

表4-22　不同区域职教教师内行教学情况统计表　　单位：%

区域＼变量	专业教育背景与教学任务匹配性			教师资格认证专业与教学任务匹配性		
	完全一致	相　关	完全不一致	完全一致	相　关	完全不一致
东部	41.2	50.8	8.0	53.1	40.3	6.6
中部	55.4	41.0	3.6	50.0	41.1	8.9
西部	29.7	63.5	6.8	32.4	48.6	19.0
总体	41.1	51.6	7.3	49.6	41.7	8.7

表4-23　不同区域职教教师专业教育背景与教学任务匹配性差异显著性U检验结果

	东部与中部	东部与西部	中部与西部
Z	-3.663	-2.585	-5.019
Asymp. Sig.（2-*tailed*）	.000	.010	.000

表4-24　不同区域职教教师资格认证专业与教学任务匹配性差异显著性U检验结果

	东部与中部	东部与西部	中部与西部
Z	-.922	-6.553	-3.876
Asymp. Sig.（2-*tailed*）	.357	.000	.000

3. 国家重点中职学校内行教学情况好于其他非重点中职学校

据调查，在专业教育背景与教学任务匹配性方面，国家重点中职学校、省级重点中职学校、本市重点中职学校和其他非重点中职学校教师专业教育背景与教学任务完全一致的比例分别是46%、41.3%、33%和39%，完全不一致的教师比例分别是6.6%、4%、7.4%和10.2%。（见表4-25）χ^2独立性检验结果（$\chi^2=22.072$，$df=6$，$P=0.001<0.01$）表明，在专业教育背景与教学任务匹配性方面，不同水平的中职学校之间存在显著性差异。曼—惠特尼U检验结果进一步表明，国家重点中职学校与本市重点中职学校之间、国家重点

中职学校与非重点中职学校之间、省级重点中职学校与本市重点中职学校之间均存在显著性差异。（见表4－26）可见，在专业教育背景与教学任务匹配性方面，国家重点中职学校与省级重点中职学校的情况均好于本市重点中职学校，国家重点中职学校的情况也好于其他非重点中职学校。另外，在教师资格认证专业与任教专业一致性方面，国家重点中职学校、省级重点中职学校、本市重点中职学校和其他非重点中职学校教师资格认证专业与教学任务完全一致的比例分别是54.3%、41.9%、51%和46.6%，完全不一致的比例分别是6.1%、13.5%、4.2%和13.6%。（见表4－25）χ^2 独立性检验结果（$\chi^2=35.094$，$df=6$，$P<0.001$）表明，在教师资格认证专业与教学任务匹配性方面，不同水平中职学校之间存在显著性差异。曼—惠特尼U检验结果进一步表明，国家重点中职学校与省级重点中职学校之间、国家重点中职学校与非重点中职学校之间、省级重点中职学校与本市重点中职学校之间、本市重点中职学校与非重点中职学校之间均存在显著性差异。（见表4－27）可见，在教师资格认证专业与教学任务匹配性方面，国家重点中职学校与本市重点中职学校的情况好于省级重点中职学校和其他非重点中职学校。综上，在检验内行教学的两个指标上，各类中职学校的情况表现各异，相互之间的差异错综复杂，或者说学校办学水平与内行教学情况之间不存在显著的线性相关关系。在内行教学方面，办学水平高的学校不一定好于办学水平相对较低的学校，如数据表明，在教师专业教育背景与教学任务的匹配性方面，办学水平相对较高的国家重点中职学校的情况并不好于省级重点中职学校，水平相对较高的本市重点中职学校的情况也不好于其他非重点中职学校；在教师资格认证专业与教学任务匹配性方面，水平相对较高的省级重点中职学校的情况并不好于非重点中职学校，甚至比本市重点中职学校的情况还要糟。虽然学校的办学水平与内行教学方面不存在显著的线性相关关系，但可以肯定的是国家重点中职学校的情况好于其他非重点中职学校。从数据来看，不论是在教师专业教育背景与教学任务匹配性方面，还是在教师资格认证专业与教学任务匹配性方面，国家重点中职学校的情况均好于其他非重点中职学校。

表4－25 不同水平中职学校教师内行教学情况统计表 单位:%

学校 \ 变量	专业教育背景与教学任务匹配性			教师资格认证专业与教学任务匹配性		
	完全一致	相关	完全不一致	完全一致	相关	完全不一致
国家重点职校	46.0	47.4	6.6	54.3	39.6	6.1
省级重点职校	41.3	54.7	4.0	41.9	44.6	13.5
本市重点职校	33.0	59.6	7.4	51.0	44.8	4.2
其他非重点职校	39.0	50.8	10.2	46.6	39.8	13.6

表 4－26　不同水平中职学校教师专业教育背景与教学任务匹配性差异显著性 U 检验结果

	国家重点职校/省重点职校	国家重点职校/市重点职校	国家重点职校/非重点职校	省重点职校/市重点职校	省重点职校/非重点职校	市重点职校/非重点职校
Z	－.731	－3.392	－2.437	－2.228	－1.339	－.912
Asymp. Sig. (2－*tailed*)	.465	.001	.015	.026	.180	.362

表 4－27　不同水平中职学校教师资格认证专业与教学任务匹配性差异显著性 U 检验结果

	国家重点职校/省重点职校	国家重点职校/市重点职校	国家重点职校/非重点职校	省重点职校/市重点职校	省重点职校/非重点职校	市重点职校/非重点职校
Z	－3.705	－.599	－3.065	－2.880	－.897	－2.143
Asymp. Sig. (2－*tailed*)	.000	.549	.002	.004	.370	.032

4. 普通中小学内行教学情况好于中职学校

根据调查，普通中小学内外行教学情况好于中职学校。以广州市为例，在专业教育背景与教学任务匹配性方面，中职学校专任教师 9.23% 的专业教育背景与其承担的教学任务完全不一致，而普通中小学这一比例只有 4.1%；中职学校 41.54% 的专任教师专业教育背景与其承担的教学任务完全一致，而普通中小学这一比例达 70.5%。在教师资格认证专业与教学任务匹配性方面，中职学校 6.8% 的专任教师的教师资格认证专业与任教专业完全不一致，而普通中小学这一比例是 5.3%；中职学校 55.3% 的专任教师的教师资格认证专业与任教专业完全一致，而普通中小学这一比例是 75.8%。（见表 4－28）从调查数据来看，普通中小学内行教学情况好于中职学校，教师资格与教学任务完全一致率远高于中职学校，而不完全一致率则略低于中职学校。为验证这一结论，笔者进一步作曼—惠特尼 U 检验，结果表明，在专业教育背景与教学任务匹配性方面以及教师资格认证专业与教学任务匹配性方面，中职学校与普通中小学均存在显著性差异。（见表 4－29）由此，可以认为在内行教学方面，普通中小学好于中职学校。

表 4-28 中职学校与普通中小学内行教学情况统计表 单位:%

变量 学校	专业教育背景与教学任务			教师资格认证专业与教学任务		
	完全一致	相关	完全不一致	完全一致	相关	完全不一致
普通中小学	70.5	25.4	4.1	75.8	18.9	5.3
中职学校	41.54	49.23	9.23	55.3	37.9	6.8

表 4-29 中职学校与普通中小学教师内行教学情况差异显著性 U 检验结果

	专业教育背景与教学任务匹配性	教师资格认证专业与教学任务匹配性
Z	-6.138	-4.331
Asymp. Sig. (2-*tailed*)	.000	.000

二、职教教师资格制度未能有效满足教师个体利益需要

满足个体利益需求是制度内生性使然，是检验制度有效性的重要指标，也是确保制度能有效实现公共利益目标的重要因素。然而，调查发现，现行教师资格制度不论是在满足教师经济利益方面，还是满足教师非经济利益方面均缺乏有效性。

（一）教师资格制度在满足职教教师经济利益需求方面低效

根据调查，28.9%的中职教师认为教师资格制度对改善教师的经济待遇“无效”，46%的教师认为“效果不明显”，累计74.9%的教师认为教师资格制度对改善教师的经济待遇“无效”或“效果不明显”，只有1.6%的教师认为“有效”，另有23.5%的教师认为“有一定效果”。另外，22.2%的中职校长也认为教师资格制度对改善教师的经济待遇“无效”，43.7%的中职校长认为“效果不明显”，累计65.9%的校长认为教师资格制度对改善教师的经济待遇“无效”或“效果不明显”。（见图4-20）据进一步访谈了解到，在大多数中职学校，有无教师资格证书对于教师的工资待遇并无影响，但有少部分学校为了提高教师的持证率，采取了一些鼓励性政策，如对有教师资格证书的教师在岗位津贴方面给予一定的奖励系数。另外，虽然作为职业准入制度，教师资格制度在中职学校并没有得到完全落实，但也有些学校还是在招聘录用新教师时要求应聘者必须有教师资格证书或在同等条件下优先录用有教师资格证书者。因此，教师资格证书对于教师获得教师岗位具有一定作用，而获得了教师岗位

意味着获得了相应的工资报酬。从这个意义上说，有不少教师认为教师资格制度在改善教师的经济待遇方面有“一定作用”。调查结果也进一步验证了这一结论，在“教师资格制度是否有助于获得教师岗位”和“教师资格制度是否有助于改善经济待遇”两个问题上，中职教师的评价结果存在显著性正相关（*Spearman* $r=0.311$，$P<0.01$）。

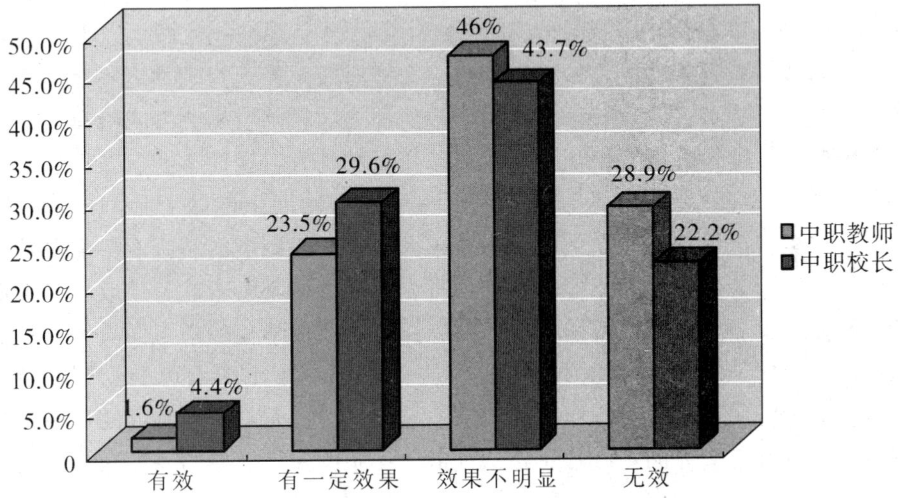

图 4－20　中职教师与校长对教师资格制度在改善教师经济待遇方面的有效性评价

（二）教师资格制度在满足职教教师非经济利益需求方面的效果不明显

人们常常以“人类灵魂的工程师”、“太阳底下最光辉的职业”来赞美教师，但千百年来人们又会以“臭老九”来嘲笑教师。可以说，教师始终是一个矛盾尴尬的职业。说它是“人类灵魂的工程师”，是因为教师于社会、于人类非常重要；说它是“臭老九”，是因为教师的社会地位非常低微，缺乏专业性。因此，为解决教师职业重要性与社会地位之间的巨大反差和矛盾，推动教师专业化成为一种世界趋势。教师资格制度被认为是推动教师专业化的重要制度力量，包括提升教师的专业地位，确立教师的专业自主权，促进教师的专业发展，这些也是教师所追求的，是教师非经济利益的重要体现。然而，调查结果显示，教师资格制度在满足教师这些非经济利益需要方面的效果并不明显。在提升教师专业地位方面，50.4%的中职校长和63.7%的中职教师认为现行教师资格制度“无效”或“效果不明显”；在促进教师专业发展方面，31.9%的中职校长和58.6%的中职教师认为现行教师资格制度“无效”或“效果不明显”。（见图4－18）

第四节　职教教师资格制度有效性述评

教师资格制度是国家对教师实行的职业许可制度，是国家为保障从事教师职业者具备基本的从业资格而予以的标准规定和审核认可制度。它是弥补人类理性的不足，满足利益相关者利益诉求的重要制度力量。然而，以上研究表明，现行职教教师资格制度缺乏有效性，未能有效弥补人类理性之不足，未能有效满足利益相关者的利益诉求。对于政府而言，教师资格制度未能有效促进职教教师队伍建设和教师队伍整体素质与质量的提升，进而未能有效促进职业教育目标的实现；对于职业学校而言，教师资格制度未能给予强烈的质量信号，教师资格证书缺乏预测效度，学校未因教师资格制度的实施而降低教师招聘的显性与隐性成本；对于职教教师而言，教师资格制度未能有效改善其经济待遇，提升其专业地位，促进其专业发展；对于职业学校的学生而言，教师资格制度未能保证教师的基本质量，进而降低其因择校不慎而可能受到非专业的、低质量的职业教育教学服务的风险。具体来说，教师资格制度的有效性问题主要表现在三个方面：教师资格认证低效、制度执行低效与制度整体低效。

一、职教教师资格认证低效

教师资格认证是教师资格制度的核心内容。教师资格认证的有效性既是制度整体有效性的决定因素，也是制度有效性的重要指标。根据本研究，现行职教教师资格认证总体低效，突出表现在三个方面：

首先，教师资格认证标准未能有效反映职教教师的专业性。根据研究，在现行教师资格制度框架下，尽管教师资格认证的宏观标准，即教师资格认证条件较好地反映了教师职业的通用资格，体现了教师职业的基本专业要求，但对职教教师职业普遍要求的专业实践能力未作任何要求，且微观层面的教育教学能力测试标准未能有效反映职教教师专业的内在规定性。有些省（市、自治区）根本没有制定专门的“中等职业学校教师教育教学能力测试标准”和“中等职业学校实习指导教师教育教学能力测试标准”，高级中学、初级中学、小学、中等职业学校教师、中等职业学校实习指导教师教育教学能力测试，采用的是一套通用标准。这种通用标准根本无法照顾职教教师专业内在规定性要求，以此标准进行教师资格认证缺乏预测效度，申请人即使达到了标准要求，也不一定具备职教教师职业必须的基本素质与能力，也不一定胜任职教教师工作，并不一定是合格的职教教师。另有些省（市、自治区）虽然制定了专门的“中等职业学校教师教育教学能力测试标准”和“中等职业学校实习指导教师教育教学能力测试标准”，但其设计逻辑依然是传统的知识逻辑，并没有根据职业教育特有的职业逻辑进行设计，因此，未能充分反映职教教师的专业性，尤其是职教教师突出强调的学生管理能力、专业实践能力体现得不充分。以此类标准评价申请人的职教教育教学能力同样缺乏预测效度。另外，既然职教教师资格认证标准不能有效反映职教教师的专业性，缺乏预测效度，也就不能有效凝聚职教教师专业共识，就难以成为职教教师培养培训的重要依据（据调查，71.1%的中职校长表示他们学校在教师培训方面完全没有参考中职教师资格认证标准）。换句话说，职教教师资格制度在凝聚职教教师专业共识方面缺乏有效性，未能有效减少因围绕职教教师专业的争议和标准开发而导致的效率损耗。

其次，教师资格认证方式不能有效审核申请人真实的教育教学素质与能力。①思想品德鉴定方式难以审核申请人真实的思想品德状况。现行教师资格制度在思想品德要求上将教师资格申请人与在职教师相混淆，目标设计过于理想，但鉴定方式又过于简单，只要求由申请人户籍所在地的街道办事处、乡（镇）人民政府或者工作单位、所毕业的学校填写由教育部统一印制的“申请人思想品德鉴定表”，因此，简单化的鉴定方式与理想化的目标要求使得思想品德鉴定低效，根本无法审核出申请人真实的思想品德状况。据调查，76.9%的中职教师认为现有教师资格认证中所采取的思想品德的鉴定方式不能审核出申请人思想品德的真实情况。②以面试、试讲和说课为主的教育教学能力测试方式虽然具有较高的表面效度，但在考察申请人思想道德素质、动手实践能力、专业知识方面缺乏有效性。另外，这类测试方式具有很大的随意性，受评审专家的主观因素的影响较大，加之缺乏相关研究，面试、试讲和说课的结构化程度较低，其效度令人担忧。③教育学和教育心理学考试内容效度低，考试内容与实际工作任务低相关甚至零相关。从部分省（市）教育学和教育心理学考试试卷分析来看，虽然考试内容与考试大纲具有较高的相关性，除个别试题以外，考题基本上在考试大纲规定的范围内，试题的水平要求与大纲的规定也没有太大差异，只是略偏识记，但考试内容与教师教育教学工作实际表现出低相关，甚至零相关。因此，虽然教育学和教育心理学考试被认为是教师资格认证的重要方式（87.7%的中职教师认为有必要或非常有必要在教师资格认定中开展教育学、教育心理学考试），但教育学和教育心理学考试缺乏有效性（34.6%的中职教师认为教育学和教育心理学考试“效果不明显”或“无效”），教育学和教育心理学考试成绩不能成为预测申请人实际教育教学表现的依据，通过考试或考试中得分较高的申请人，其课堂教学表现不一定好于未通过考试或考试中得分较低的申请人。

再次，教师资格证书缺乏预测效度。由于教师资格认证标准不能有效反映职教教师的专业性，加之认证方式的局限性，从而影响了教师资格认证结果——教师资格证书的预测效度。根据调查，15.2%的中职教师和15.7%的中职校长认为“申请人获得了教师资格证书并不可以代表其具备了教师职业必备的基本知识与能力”；25.2%的中职教师和31.3%的中职校长认为“拥有中职教师资格证书者不可以被认为是合格的中职教师”；81.6%的中职教师和79.3%的中职校长认为“在课堂教学表现方面，获得了教师资格证书的教师不一定比没有获得教师资格证书的教师好”。既然教师资格证书不能充分证明获得者已经具备了教师职业必备的基本知识与能力，获得了教师资格证书也没有被理所当然地认为是合格的职教教师，获得了教师资格证书的教师的课堂教学表现也不一定好于没有获得教师资格证书的教师，那么我们就很难用其来预测持有人的职业知识和能力以及未来的职业表现，也不能以教师资格证书判断其是否是合格的职教教师。这种缺乏预测效度的职业资格证书在弥补人类理性之不足、降低交易成本方面也就缺乏有效性。正因为如此，学校在教师招聘过程中，即使应聘者已获得了教师资格证书，但学校依然会重新考核应聘者的专业知识、教学能力、思想道德素质等职业素质，甚至有些学校直接以自己的教师资格标准代替教师资格证书要求，并不要求应聘者拥有教师资格证书。因此，学校并没有因为应聘者拥有教师资格证书而减少招聘环节、降低招聘成本。另外，教师资格证书的预测效度还表现出地域差异性。据调查，不同省（市、自治区）取得的教师资格证书的社会认可情况不同，预测效度也不同，但我国的教师资格证书是全国通用的。全国通用的教师资格证书的含金量却不同，这无疑进一步削弱了教师资格证书的权威性。此外，教师资格证书的预测效度还表现出类型差异性，中等职业学校教师资格证书的预测效度好于中等职业学校实习指导教师资格证书。

二、职教教师资格制度执行低效

首先，教师职业准入制度在中职学校尚未全面落实，且不同区域、不同类别教师之间存在显著性差异。教师资格制度是一项教师职业准入制度，任何人从事教师职业，都必须事先取得教师资格证书。然而，调查发现，作为教师职业准入制度的教师资格制度并没有被有效执行。2001年以后参加工作的中职教师，53.3%是“先上岗，后有教师资格证”，而且17.8%的中职学校在招聘新教师时并不要求应聘者必须具有教师资格证书，54.1%的学校只是在同等条件下优先录用有教师资格证书者。另外，在教师职业准入制度执行方面，还表现出地域差异性，东部、中部和西部之间均存在一定差异，尤其是东部与西部之间差异明显，从数据来看，东部好于中部，中部好于西部。此外，在教师职业准入制度执行方面，普通文化课教师、专业课教师与实习指导教师之间也存在显著性差异，普通文化课教师的情况明显好于专业课教师，而专业课教师的情况明显好于实习指导教师。

其次，中职学校实习指导教师持证率低，且不同区域中职学校的实习指导教师持证上岗情况存在显著性差异。虽然作为教师职业准入制度的教师资格制度在中职学校并没有得到有效执行，但作为教师执业资格制度的教师资格制度已得到有效落实，中职学校在职教师普遍能够持证上岗。根据调查，91.15%的中职教师拥有一种或一种以上教师资格证书，只有8.85%的教师没有取得任何教师资格证书。但进一步分析发现，实习指导教师的持证率非常低，只有7.49%的中职教师拥有实习指导教师资格证书，但实际承担实习指导教学任务的教师占教师总数的40.98%，由此说明大量的实习指导教师属于“无证上岗”或者说“持无效证件上岗”。另外，中职教师持证上岗方面，还表现出地域性差异，尤其是东部与中部之间、东部与西部之间存在显著性差异，东部地区持证上岗情况好于中部和西部。

三、职教教师资格制度整体低效

首先，教师资格制度在满足社会公共利益需要方面低效。一是教师资格制度在促进职教教师队伍建设方面低效。不仅在规范职教教师管理、约束教师招聘中的机会主义行为方面缺乏有效性，而且在促进职教教师来源多样化，形成合格教师“蓄水池”方面的效果也不明显。据调查，49.2%的中职校长认为现行教师资格制度在规范中职教师管理方面“无效”或“效果不明显”；47.4%的中职校长认为现行教师资格制度在约束教师招聘中的机会主义行为方面“无效”或“效果不明显”；55%的中职校长认为现行教师资格制度在促进教师来源多样化方面“无效”或“效果不明显”；52.3%的中职校长认为现行教师资格制度在形成合格中职教师“蓄水池”方面“无效”或“效果不明显”。二是教师资格制度在提升职教教师素质与质量方面低效。教师资格制度既没能有效保证职教教师“入口”质量，也没能有效促进职教教师专业化，进而未能有效促进职教教师队伍整体素质与质量的提升。据调查，42.9%的中职校长认为现行教师资格制度在保证教师“入口”质量方面“无效”或“效果不明显”；31.9%的中职校长认为现行教师资格制度在促进教师的专业发展方面“无效”或“效果不明显”；57.7%的中职校长和62.5%的中职教师认为现行教师资格制度在提升中职教师队伍整体素质与质量方面“无效”或“效果不明显”。三是教师资格制度未能有效约束中职学校外行教学行为。教师资格制度作为教师专业化的重要制度力量，原本可以在限制外行教学方面发挥重要作用，但现行制度在这方面缺乏作为。据调查，若以教师第一学历所学专业统计，中职学校普通文化课教师与专业课教师之比接近3:5，但以实际承担的教学任务统计，普通文化课教师与专业课（含实训课）教师的比例约为1:3至1:5。受教师结构性短缺的影响，中职学校普遍允许普通文化课教师兼任专业课或实习指导课教学任务。如据调查，在中职学校专任教师中，7.3%的教师专业教育背景与其承担的教学任务完全不一致，51.6%的教师专业教育背景与其承担的教学任务相关；8.7%的教师的教师资格认证专业与任教专业完全不一致，41.7%的教师的教师资格认证专业与任教专业相关。允许普通文化课教师兼任专业课或实习指导课教学任务显然违背了内行教学原则，有悖教师专业化精神，但现行教师资格制度在此方面没有作出任何相应的制度安排。因此，在约束外行教学行为，促进教学专业化方面缺乏有效性。另外，在内行教学方面，还表现出一定的地域差异性、学校水平差异性、教师类别差异性以及学校类型差异性，东部与中部地区的中职学校好于西部地区，国家重点中职学校好于其他非重点中职学校，普通中小学的情况好于中职学校。

其次，教师资格制度在满足教师个体利益需要方面低效。既没能有效满足教师的经济利益需要，也没能有效满足教师的非经济利益需要。据调查，累计74.9%的中职教师和65.9%的中职校长认为教师资格制度对改善教师的经济待遇“无效”或“效果不明显”；67.8%的中职教师和中职校长认为教师资格制度在提升教师专业地位方面“无效”或“效果不明显”；59.5%的中职教师和31.9%的中职校长认为现行教师资格制度在促进教师专业发展方面“无效”或“效果不明显”。另外，既然教师资格制度不能有效促进教师的专业发展，不能有效提高教师的专业地位，也就难以成为推动教师主动离开心理“舒适地带”，寻求自我专业发展并作出改变的制度力量，进而难以在职业教育教学改革方面发挥应有作用。

第五章　职教教师资格制度低效的制度分析

根据新制度经济学的观点，从制度的实施来分，制度包括正式制度、非正式制度及制度实施机制。从制度的源起来分，制度分为外在制度与内在制度。所谓外在制度是指由统治共同体的政治权力机构自上而下地设计出来，强加于社会并付诸实施的。内在制度则是指群体内随经验而演化出来的规则，它往往是被横向地运用于平等的主体之间（柯武刚、史漫飞，2000，pp. 119—130）。如果从特征来说，制度同时具有外生性与内生性特征。就制度的外生性而言，任何制度均是对一定的行为主体的行为规约，以约束行为主体为追求个人效用最大化而产生的机会主义行为倾向，由此保证公共利益的实现；就制度的内生性而言，任何制度都是为了弥补人类理性之不足，以便更好地满足利益相关者的利益需求，或者说制度源于利益相关者的利益需求，源于个人基于自身利益的理性计算。正式制度、非正式制度、制度实施机制、外在制度、内在制度以及制度本身的内生性与外生性要素共同构成了制度系统。制度系统共同作用于人们的行为活动，不同的制度系统结构不同，绩效也不同。制度系统的作用绩效，既取决于单项制度安排的质量，也取决于制度安排间的相互依存性与关联性。若各项制度安排之间能够相互协调和匹配，或者说制度之间处于耦合状态，那么制度系统就能发挥最大功效；若各项制度安排之间不能够相互协调和匹配，处于冲突状态，那么制度系统就不能实现功能最大化。另外，制度系统是在一定的制度环境中运行的，需要相应的配套资源，如果没有完善的制度环境和相应的配套资源，即便有效的制度系统也难以发挥作用。就单项制度安排而言，也是如此。一项制度安排的有效性不仅取决于其自身的设计质量，取决于制度的内生性要素与外生性要素的平衡状态，还取决于该制度与其他制度安排间的关系。如果一项制度能与系统内的其他制度安排实现有机结合，达到耦合状态，那它就能达到功效最大化；相反，若与系统内的其他制度安排相互冲突，那就不能达到功效最大化。此外，制度是镶嵌在制度环境中的，没有完善的制度环境，就不会产生有效的制度安排，同时，原本有效的制度安排，在无制度环境的支持下，也会丧失制度的原有功能。因此，制度质量、制度冲突与制度环境是影响制度有效性的重要因素，本章拟分别从这三个方面对职教教师资格制度低效的原因进行分析。

第一节　基于制度质量视角的职教教师资格制度低效分析

制度质量是世界银行在《2003年世界发展报告》中所使用的一个新概念。在该报告中，世界银行考察了国民收入与制度质量之间的关系，认为国民收入与制度质量之间存在正相关关系，一方面，较高的国民收入能够为提高制度的质量作出贡献；另一方面，也是更重要的一方面，制度质量的完善和提高能够为国民收入作出贡献。[①] 可见，制度质量可以直接影响制度的有效性，而制度实施的结果又反过来影响制度的实施与完善。就教师资格制度而言，教师资格制度的质量会直接影响该制度在教师队伍建设方面的效果，而该制度对教师队伍建设方面的效果也会反过来影响制度的实施与完善。高质量的教师资格制度有助于弥补人类理性的不足，满足利益相关者的利益诉求，进而获得广泛的社会认同，实现外在制度内生化。如此制度，人们会自觉遵守，从而大大节约了制度实施成本。相反，低质量的教师资格制度将不能有效弥补人类理性的不足，满足利益相关者的利益需要，难以获得社会的广泛认同，缺乏合法性基础，往往会沦为一种仪式化、形式化的制度。可见，制度质量是制度有效性的重要前提。当前，我国职教教师资格制度在设计上存在明显缺陷，重形式、轻实质的现象比较严重，除了前文提到的时效性、融通性、认证条件、认证方式等问题以外，还突出存在三个方面的质量问题。

一、教师资格制度忽视了职教教师的专业性

教师资格制度的有效性在一定程度上取决于其反映教师专业性的程度，教师资格制度规定的教师资格要求越能反映教师的专业性要求，制度就越有效。相反，教师资格要求越不能反映教师专业性的真实情况，制度就越低效甚至无效。然而，现行教师资格制度将七类教师资格纳入统一的认证框架内，很难照顾到各级各类教师的专业性，尤其是职教教师的专业性被忽视了。据调查，在谈到教师资格认证的改进意见时，78.29%的中职教师认为职教教师资格认证应充分考虑到职业教育教学特点（查吉德，2009，p.48）。现行教师资格制度对职教教师专业性的忽视主要体现在两个方面：一是资格划分不符合职教教师的专业实际；二是资格认证不能有效反映职教教师的专业要求。

---

① 洪名勇，施国庆．论制度结构对经济增长的作用［J］．郑州航空工业管理学院学报，2006，24（4）：34—40.

（一）资格划分不符合职教教师的专业实际

首先，只设立一种同时面向中职学校普通文化课教师与专业课教师的中等职业学校教师资格，忽视了两类教师的专业性差异。从教师教学任务来看，中职学校主要有三类教师，即承担普通文化课教学任务的普通文化课教师，承担专业课教学任务的专业课教师以及专门承担实训教学、学生实习指导任务的实习指导教师。但在教师资格分类上，现行教师资格制度只设两类教师资格，即面向普通文化课教师与专业课教师的中等职业学校教师资格和面向实习指导教师的中等职业学校实习指导教师资格。普通文化课教师和专业课教师申请的是同一类教师资格。这种资格划分并不符合普通文化课教师与专业课教师的专业实际，因为两者的职业任务存在较大差异。普通文化课教师主要从事的是高中阶段的普通教育，其目的是让学生掌握基本的应知应会的普通文化知识，并发挥文化课程的职业素质养成功能，培养学生对应的职业方面的素养，如职业道德、职业沟通能力等，教学方法主要是传统的讲授法；专业课教师从事的是以就业为导向的专业教育，目的在于让学生掌握就业岗位需要的专业基本理论和实践技能，要求教、学、做一体化，要求教师不仅能讲授，而且能动手，能指导学生实践。职业任务的差异，决定了普通文化课教师与专业课教师职业资格的差异，单一的中等职业学校教师资格显然无法兼顾两类教师的资格要求，忽视了两者的专业实际。另外，随着职业教育教学改革的深入开展，中职学校普遍存在教师结构性短缺的矛盾。一方面专业课教师供给普遍不足，另一方面普通文化课教师供给相对过剩。为缓解这一矛盾，中职学校普遍允许普通文化课教师兼任专业课教学任务。由普通文化课教师充任专业课教师，显然违背了内行教学原则，会降低专业教育教学质量，但在现有制度框架下，这种外行教学行为是合法的。因为普通文化课教师与专业课教师所持有的是同一类教师资格证书，加之现行教师资格制度并没有对跨学科或专业教学行为进行限制，由此导致跨学科或专业的外行教学行为盛行于中职学校。因此，将普通文化课教师与专业课教师资格归并为一类，不仅忽视了两类教师的专业性差异，而且在实践中助长了外行教学行为，有悖教师专业化与教师资格制度的基本精神。

其次，中等职业学校实习指导教师资格的设置值得商榷。①随着职业教育教学改革的深入和“双师型”教师队伍建设的不断加强，专门的实习指导教师已逐步失去了其存在的意义。以往，中职学校大多是以校内实习为主，实习指导教师资格尚且能够大体与“专门指导学生实习训练人员”的身份对应起来，但在近几年政府大力号召“中职在校学生最后一年要到企业等用人单位顶岗实习”的情形下，专门的实习指导教师的角色地位已是大为削弱了。另外，目前中职学校正在开展工学结合的人才培养模式改革，提倡理论与实践一体化，教、学、做一体化的课程教学模式，要求专业课教师具备“双师”素质，既具有教学实践能力，也具有专业实践能力，既能讲理论，也能指导实践。受此影响，近年来国家加大了“双师型”教师队伍建设的力度，以克服过去专业课教师只会讲理论，不会指导实践的问题。据调查，27.25%的中职专业课教师同时兼任了实习（实训）指导教学任务。因此，随着职业教育教学改革的深入和“双师型”教师队伍建设的不断加强，中职学校已不再需要大批量的专门的实习指导教师，只是在少数专业中需要少量专门的实习指导教师。专门的实习指导教师将逐步失去其存在的意义。②中等职业学校实习指导教师资格认证缺乏可操作性。一方面实习指导教师岗位缺乏吸引力，行业企业优秀人才不愿意来中职学校担任实习指导教师。在中职学校，相对于专业课教师、普通文化课教师，实习指导教师往往处于更加不利的地位，他们多数是辅助专业课教师完成实习指导教学任务，处于从属地位。加之各地政府普遍设置了人才引进“门槛”，一些有“一技之长”的能工巧匠难以达到政府的“门槛”要求（如学历、职称等），难以获得正式的财政事业编制，只能作为外聘教师（实行人事代理），而外聘教师的待遇、工作的稳定性以及在学校的地位均不理想。因此，在现有的人事分配制度下，实习指导教师岗位缺乏吸引力，具有丰富实践经验的行业企业优秀人才、能工巧匠并不愿意来学校担任实习指导教师。受此影响，制定实习指导教师资格认证标准非常困难。标准高了，会将大量适合担任实习指导教学任务的潜在实习指导教师拒之门外，而优秀人才又不愿意来；标准低了，则没有了任何约束力，制度也就形同虚设。如现行教师资格制度已降低了实习指导教师资格要求（如学历方面，只要求中等职业学校毕业），但即便如此，大量实习指导教师因缺乏正规的大学教育和师范训练，教育学和教育心理学考试、教育教学能力测试情况都不理想，很难取得教师资格证书。另一方面，也是更重要的，中职学校各专业对实习指导教师的要求差异非常大，很难以一种资格要求去满足所有专业，因为各专业面向的行业发展水平存在较大差异，专业人才市场供给也存在很大差异。有些行业发展相对成熟，专业人才市场供给充足，因此学校在实习指导教师招聘时会提出较高要求。如从一些学校实习指导教师招聘中了解到，有些专业招实习指导教师要求应聘者不仅具备本科学历，而且要求具有技师资格。但也有些专业面向的行业发展并不成熟，并没有相对成熟的职业技能证书，专业人才市场的供给严重不足，学校在招聘这类专业的实习指导教师时，既没有学历要求，也没有技术等级要求，只看重应聘者的实际动手能力。没有学历要求，是因为有学历的不一定技能就强，没学历的不一定技能就弱，而既有学历，又有技能者又不愿意来校从事实习指导教师工作；没有技能等级要求，是因为此行业没有含金量高的职业资格或技术等级证书，或者说已有的证书无法反映持有者的能力水平。可见，受专业差异的影响，单一的实习指导教师资格要求根本无法符合所有专业实际。③设置中等职业学校实习指导教师资格证书不符合教师资格制度作为一种执业资格制度的专业指涉。我国的教师资格制度实际上是一种教师执业资格制度，是政府对教师这种专业性强、责任重大、社会通用性强，且事关公共利益的专业实行的准入控制制度。但当前中职学校专门的实习指导人员主要是在专业课教师的主导下协助专业课教师承担实习、实训指导任务，对这些专门的实习指导人员，不少学校是按工人身份进行管理，并不是按教师身份进行管理。因此，这部分实习指导人员严格意义上不能称之为教师，而是相当于传统学徒制中的工人师傅，自然也就无须对之进行教师资格认证。

（二）资格认证不能有效反映职教教师的专业性

从已有研究文献和我们的调查来看，现行教师资格制度最大的缺陷就是忽视了职教教师的专业性，未能突出职业教育教学特点。据调查，11.3%的中职教师认为现行教师资格制度完全没有反映职教教师的专业特点，39.4%的教师认为反映不明显；10.7%的中职校长也认为现行教师资格制度完全没有反映职教教师的专业特点，29%的校长认为反映不明显。另外，在问及“对提升职教教师资格制度的有效性有何建议”时，49.8%的中职教师和51%的中职校长认为现行教师资格制度对职教教师的专业性关注不够，建议增加实际专业能力或技能测试，或增加企业实践环节，或考察教师动手实践能力等。另外，也有相当多的被调查者认为，作为职教教师，不仅要把知识和技能传授给学生，更需要具有很好的组织管理能力和心理沟通能力以有效地管理学生，使学生能安于学习，不至于打架斗殴，违法乱纪，甚至有教师认为目前这方面的能力比教学能力更重要。31.5%的中职教师和35%的中职校长认为在职教教师资格认证中应有针对性地对申请人的学生管理能力进行考核。此外，还有一些教师和校长建议普通高中教师资格与职教教师资格分开，并在教师资格认证专家委员会中邀请来自行业企业的专家，以便更好地考察申请人的动手实践能力；有些教师和校长则建议参照“双师型”教师要求，改革职教教师资格制度；有些教师和校长建议淡化学历，突出实践能力，等等。可见，虽然中职教师和校长们的具体建议存在一定差异，意见不一，但指向的核心问题都是职教教师的专业性问题，即如何在职教教师资格认证中，更好地体现职教教师的专业性。这些建议从一个侧面说明目前教师资格制度在这方面的不足。从本书第四章的调查分析来看，现行教师资格制度不论是在教师资格认证标准方面，还是在具体的认证考核方式方面（如教育学、教育心理学考试）均没有很好地反映职教教师的专业性要求。

二、教师资格制度忽视了制度的内生性

日本学者青木昌彦认为，人为的制度改革只是构造了外部制度环境的冲击，这种外部冲击如果没有内生性博弈的累积性效果的配合，人为设计的新制度将会发生走样（黄玉捷，2004）。可见，教育制度的内生性要求是确保制度有效性的重要条件，任何一项教育制度只有充分满足利益主体的利益需求，才能有效解决教育问题。正是看到了制度内生性的重要作用，有学者（康永久，2003，pp. 123—125）甚至否定制度的外生性，认为“教育制度归根结底来源于个人的利益追求和利益追求过程中的成本—收益计算（理性计算/估算）”。然而，正如刘复兴（2003）所言，我国传统的教育政策活动范式是一种单向度的政府选择模式，政府是唯一合法的决策中心；教育政策强调公益而排斥私益，并且把追求公益与追求私益尖锐对立起来；教育政策活动常常处于“受益人缺席”的状态，教育政策的利益相关者缺乏表达其利益诉求的渠道；教育政策作出的往往是外在的制度安排，注重在教育内部进行强制性制度变迁。因而，传统的教育政策活动范式难以适应教育政策环境的变化，难以有效地解决新的教育问题。就教师资格制度而言，忽视制度的内生性，忽视教师主体的利益诉求正是现行教师资格制度在职教教师队伍建设方面低效的重要原因。

我国的教师资格制度是国家强制性的外部制度安排，旨在规范教师职业准入，保证教师的“入口”质量，吸引更多优秀人才从事教师职业，从而提升教师队伍整体素质与质量。该制度突出强调制度的外部性，而忽视了其内生性要求，更多地是考虑制度实施者的有效性（效率），而忽视了利益主体——教师的有效性，重形式而轻实质。①在制度整体安排方面，没有针对职教教师专业的内在规定性，制定专门的职教教师资格制度，而是将职教教师资格与其他类型教师资格统一纳入一种制度框架下。这种制度安排对于制度实施者——政府而言，可以节约制度成本，提高效率，但不利于体现职教教师的专业性，忽视了职教教师的专业性诉求。②在资格认证对象方面，并没有将广大兼职教师纳入认证范围。虽然这种制度安排对于实施者——政府而言可以大大简化认证工作，节约认证成本，但随着职业院校兼职教师队伍规模的不断壮大，这种制度安排不仅损害了专任教师的利益，也忽视了兼职教师的利益诉求。对于专任教师而言，众多没有取得教师资格证书的兼职教师与他们一样也能从事教学工作，这无疑削弱了教师的专业性，降低了教师的专业地位，弱化了他们的社会

地位；对于兼职教师而言，他们兼职从事教学工作并非完全为了经济利益，特别是来自行业企业的管理、技术骨干，他们更多地是出于教师职业的光荣感、使命感等非经济利益考虑，希望通过兼职从事教学工作，以便更好地实现人生价值。因此，相比经济利益，他们更希望获得社会认同，获得合法的兼职教师身份，由政府颁授的教师资格证书无疑是一种重要的身份认同形式。当然，他们也可以在现行教师资格制度框架下，取得终身有效的合格教师资格证书。但获取这种认证程序较复杂的合格教师资格证书，花费的成本较高（如时间成本），但获得的收益却有限（毕竟不是专门从事教学工作）。因此，基于利益—成本计算，现行教师资格制度框架下的合格教师资格证书对兼职教师缺乏吸引力。③在职教教师资格划分上，并没有对普通文化课教师与专业课教师进行区分。这种制度安排对于制度的实施者——政府而言，同样可以简化认证工作，降低实施成本，提高效率，但这并不能兼顾专业课教师与普通文化课教师的专业特点，也不能有效满足两类教师的专业诉求。④在教师教育教学能力测试标准方面，有些省（市、自治区）并没有制定专门的职教教师资格认证标准，而是用一套标准去测试所有类型教师的教育教学能力。这种制度安排对于制度实施者——政府来说，也能简化教师资格认证手续，降低教师资格认证成本，提高认证效率，但对于职教教师而言，其专业性再次被忽视。在这种制度安排下，“黑板上开机器”也就不可避免了。⑤在教育学和教育心理学考试方面，考试大纲只分三个层次，即小学、中学和大学三个部分，不论是中等职业学校教师资格申请人，还是中等职业学校实习指导教师资格申请人，抑或是初级中学、高级中学教师资格申请人，他们的教育学和教育心理学考试均参照中学大纲执行，而且同一省（市、自治区）所采用的试卷也相同。这种制度安排大大节约了考试成本，提高了工作效率，却忽视了职教教师的专业性要求，降低了考试的效度。可见，这种单纯的外部制度安排仅仅考虑了制度实施成本，考虑了制度实施者的高效率，却忽视了制度主体——教师的专业利益诉求，不能有效反映职教教师的专业性。

不能有效反映职教教师专业性的教师资格制度也就无法得到社会的广泛认同，使该项制度安排遭遇“合法性”危机。所谓制度认同就是指利益主体对一项制度安排在价值上的承认与肯定，认为它是基本正义的，自己愿意遵守与维护它；制度的合法性是指制度符合已然存在的权力结构及其变化趋势、符合人们的正义要求，并由此被普遍承认、认可、接受和遵守。合法性的基础是同意。当一项制度不能满足利益主体的利益需要，那么就会被利益主体认为是不正义的、无“价值”的，进而也就不会自觉遵守它、维护它，由此不仅会增加制度的实施成本，更会影响制度的实际效果。一项制度安排只有经过制度认同，获得了公正的价值属性，才是有效的，也就是说正是由于制度体系本身的这种合理性，它才能得以认同，才能得到大多数社会成员在价值观念上的认可和行动上的支持，从而形成一条维系社会秩序正常运行的纽带（赵昆，2007）。虽然教师资格制度作为一项重要的制度安排，其意义、价值已被社会广泛认同，这种认同更多的是基于人们对理想的有效的教师资格制度的认同，而要将这种认同转变为现实的行动，则需要现实的制度适合于制度主体——教师的利益需求，适合于职教教师的专业性要求。如果教师资格制度不能满足教师的利益需求，不能有效反映职教教师的专业性要求，那么人们对教师资格制度价值的认同会加剧其对现行制度的失望情绪，并对现行教师资格制度确立的价值持怀疑态度。在这种制度框架下，申请人即使获得了职教教师资格证书也不被认为具备从事职教教师职业的基本知识与能力，职教教师资格证书获得者并不被认为是合格的职教教师。利益相关者对现行制度价值的怀疑表现在行动上就是确立自己的价值标准。如职教教师教育与培训机构不会以现行教师资格制度确立的职教教师资格标准作为职教教师教育与培训的依据；用人单位——职业学校也不会以职教教师资格证书的获得作为教师招聘录用的基本依据，代之以自身的教师资格考核方式；作为教师，并不是出于专业发展需要而申请教师资格证书，也不认为获得了教师资格证书就是合格的职教教师，只是将获得教师资格证书视为外部强制力量的要求。不同的价值标准的确立又进一步加剧了制度系统内的制度冲突，进一步削弱了制度的合法性，弱化了对制度的认同。总之，作为外部强制性制度安排，教师资格制度因忽视制度的内生性要求，未能充分满足利益主体——教师的利益诉求，不能有效反映职教教师的专业性特点，因此难以获得社会的广泛认同，从而降低了教师资格证书本身作为市场信号所应有的号召力和影响力，影响了制度的有效性。

三、教师资格认证对象上存在制度真空

制度真空是指对于某些行为没有相应的制度安排予以规范，形成制度结构中的“漏洞”，造成制度功能的缺失，从而使人们的某些行为得不到有效的约束和规范，给社会经济带来危害。可见，制度真空是制度“低效”或“失效”的重要因素。我国现行的教师资格制度就存在制度真空状况，突出体现在教师资格认证对象上。

近年来，为解决专业课教师和实习指导教师数量不足的矛盾，同时弥补专任教师专业实践能力的不足，我国大力支持和鼓励职业学校从行业企业聘请兼职教师，着力建设“双师”结构的教师队伍。如2007年《教育部关于“十一

五”期间加强中等职业学校教师队伍建设的意见》（教职成〔2007〕2号文）提出：“多渠道吸引专业技术人员、高技能人才到中等职业学校兼职任教。各地要从教育教学的实际需要出发，本着‘不求所有，但求所用’的原则，多渠道从社会上特别是企事业单位聘请在职、离职待岗或退休的专业技术人员、高技能人才，充实到职业学校教学一线，承担专业课或实习指导教学任务。对于在相关领域具有丰富实践经验和特殊技能的能工巧匠，也可经过必要的认定聘请到学校兼职任教。”在国家政策的引导和推动下，目前我国职业学校兼职教师规模不断壮大。截至2009年，中职学校（包括普通中专、成人中专、职业高中及其他职业教育机构）有校外兼职教师100 335人（含外籍兼职教师295人），占教师总数的12.82%。[①] 虽然数量庞大的兼职教师被认为是职教教师队伍重要的和有益的补充［事实上，聘请兼职教师担任职业学校教师也是国际上一种较普遍的做法，如2002年，日本专业学校（Specialized Schools）的兼职教师达109 000人，是全日制专任教师的3倍多（Moriki Terada，2007）］，但前提是兼职教师必须符合教学专业要求，具备相应的教师资格，否则，兼职教师越多，越会降低职教教师队伍的整体素质和质量，降低职教教师的社会地位和专业地位，成为职教教师“去专业化”的负面重要推力。因此，国外对兼职教师也会有明确的资格要求。早在1921年，美国西弗吉尼亚州《职业教育指南》要求每一所职业学校的教师都应该是合格教师（Qualified Teacher），如要求所有农业职业教育机构的教师都应是农业学院或相当程度的院校毕业，并完成专业教师培训课程，兼职教师也需满足这些条件或成功连续经营过一个农场两年且有农业教学工作或农业推广工作经历（J. F. Marsh，1921，pp. 14—27）。英国也要求职业学校的兼职教师与全日制专任教师一样取得教师资格证书，2000年2月10日英国终身学习部长（The Minister for Life-long Learning）会议发起了一份咨询文件《继续教育教师必须的教学资格》（Compulsory Teaching Qualification for Teachers in Further Education），从2001年开始，所有新教师，不论是专任教师，还是兼职教师都必须执行该要求（Norman Lucas，2007）。然而，据我国《教师资格条例》第二条规定：“中国公民在各级各类学校和其他教育机构中专门从事教育教学工作，应当依法取得教师资格。”可见，我国教师资格认证对象仅限专任教师，广大兼职教师并不需要获得教师资格证书。对于占中职教师队伍12.82%，且绝对数量与相对数量仍在不断扩大的兼职教师队伍不需要进行教师资格认证显然是教师资格制度的重大缺陷，大大影响了制度的有效性。首先，兼职教师资格制度的缺失，有悖教

---

① 数据来源：据教育部官方网站公布的2009年教育统计资料（中等教育）整理。

师职业准入制度精神。教师资格制度是一项职业准入制度，作为职业准入制度，即要求任何从事该职业者都必须具备职业资格，只有获得了该职业资格才被允许从事该职业活动，不论是专职还是兼职。如医生、司机等职业不论是专职还是兼职都必须具备相应的职业资格，否则可能会带来严重的安全事故。教师职业也是如此，只是低质量的、不合格的教学服务带来的不良影响和危害相对较隐蔽，也没有那么直接，但隐蔽的、间接的不良影响是确确实实存在的，这种不良影响正在慢慢地危害青少年的健康成长与发展，侵蚀着我国的职业教育大厦。其次，兼职教师资格制度的缺失，不利于保证职教教师队伍的整体素质与质量的提升。教师资格制度一个很重要的功能就是保证教师“入口”质量，确保每一名教师都是合格的教师，从而保证教师队伍的整体素质与质量能达到教育教学的基本要求。然而，可以想象，如果占教师队伍30%的兼职教师不需要进行教师资格认证就能从事教学工作，[①] 那么我们教师队伍的整体素质与质量如何得到保证？事实上，因为对兼职教师缺乏必要的资格准入制度，其质量问题已经引起了人们的担忧和关注。据中职学校的管理者（罗小秋，2010）反映，兼职教师主要有以下三个方面的问题：一是普遍缺乏责任心。部分兼职教师完全出于经济利益来校兼职，他们把自己看成是“临时工”，一些来自行业、企业的兼职教师在承担教学任务时往往心理准备和教育教学准备不充分，不太了解职业教育的人才培养目标要求，不够深入了解学习者现有的知识基础与需求、学习动机与目的，不熟悉学校在教学管理方面的要求，应付工作任务的心态和短期行为较明显，普遍缺乏工作责任心和积极的工作态度。二是缺乏教学技能，包括教学组织能力、语言表达能力、沟通协调能力等都比较差。三是缺乏以人为本的育人理念，比较多的兼职教师更关心教学任务的完成，对引导和帮助学习者正确做人、做事，开展职业道德教育和安全与健康教育方面比较忽视，常常出现两个极端：在教学过程中对学生行为不闻不问，只管自己讲授，不管学生是否接受；粗暴对待学生，用语言或行为伤害学生的自尊。再次，兼职教师资格制度缺失，不利于约束教师招聘中的机会主义行为。由于兼职教师缺乏基本的资格准入制度，完全处于人治状态，这为权力寻租与各类机会主义行为提供了便利，一些不具备基本教学资格者通过兼职教师通道进入教师队伍。这类教师往往既不具备专任教师的学历及师范技能，也不具有行业企业的实践能力，根本无法成为职教教师的有益补充。最后，兼职教师资格制度缺失，不利于职教教师专业化。教师资格制度是对教师资格条件及相应

① 据《教育部关于“十一五”期间加强中等职业学校教师队伍建设的意见》（教职成〔2007〕2号）要求，到2010年，全国中等职业学校教师规模达到130万人，其中兼职教师占教师队伍总量的比例达到30%。也就是说兼职教师人数要达到39万人。

身份的制度化确认，被认为是教师专业化的重要标志，也是推进教师专业化的重要制度力量。然而，现行教师资格制度允许占中职教师队伍30%的兼职教师不需要进行资格认证就可以从事职教教师职业，这显然有悖教师专业化精神，降低了职教教师的专业地位和社会地位。

除了认证对象方面存在制度真空以外，现行教师资格制度对于职教教师的一些特殊情况也缺乏相应规定，如升格后的中职学校的教师资格如何认证？按现行《教师资格条例》规定，如果中职学校升格为高职院校，教师必须重新申请高等学校教师资格，因为教师资格证书不允许向上融通，对于普通文化课教师和专业课教师而言，尚且可以，但对于实习指导教师该申请何种教师资格证书呢？因为我国并没有专门设定高等学校实习指导教师资格证书。因此，对于升格后的中职学校实习指导教师而言，他们根本没有获得合法执教身份的通道。又如对教师资格认证专家评审委员会的构成没有作出硬性规定，导致实践中教师资格认证专家委员会的构成缺乏专业考虑。据调查（查吉德，2009，p. 66），12.5%的中职教师认为教师资格认证专家委员会组成不合理。进一步了解发现，目前教师资格认证专家委员会主要由领导和从事教育、语言研究的专家组成，很少有教师所教专业方面的专家，尤其是一些特色专业。如此的专家认证委员会未能顾及专业的特殊性，不利于考核专业教师的专业知识及专业教学能力。

四、教师资格制度实施机制缺失

根据新制度经济学的观点，制度实施机制是制度的重要组成部分，离开了实施机制，任何制度尤其是正式制度就形同虚设。作为一项外在的制度安排，由于它产生的根据还没有完全内化于人们的行为和心理结构之中，与人们内在的习惯、习俗、文化传统等内在制度存在一定距离，在这种情况，外在制度能否得到遵守，强有力的制度实施机制就显得至关重要，而且当外在制度与内在制度的距离越大时，制度越不容易被遵守，越需要强有力的实施机制（王结发，2009）。而检验一项制度实施机制是否有效（或是否具有强制性），主要是看违约成本的高低。强有力的实施机制将使违约成本极高，从而使任何违约行为变得不划算（卢现祥，2003，pp. 38—41）。然而，遗憾的是，我国教师资格制度明显缺乏实施机制，缺乏相应的违约处罚条款及对各地教师资格制度实施情况的监管措施，加之层层委托代理的制度执行模式的缺陷，从而严重影响了制度的有效性。

首先，对各地制定的配套政策缺乏审核认证制度。2000年颁布的国家

《〈教师资格条例〉实施办法》第二十八条要求：省级人民政府教育行政部门依据本办法制定实施细则。也就是说，国家《〈教师资格条例〉实施办法》只是一个大纲，各地应根据自身情况制定更详细的可操作的实施细则，包括教育教学能力测试办法及标准、思想品德鉴定办法、体检要求、普通话水平测试要求、教育学和教育心理学考试等，其中教育教学能力测试办法与标准集中体现了各地对教师资格的要求。另外，我国的教师资格制度是一项全国统一的制度，教师资格证书虽由各省级教育行政部门颁发，但全国通用。作为全国通用的教师资格证书，理应在教师资格要求方面表现出统一性，各地的教师资格标准应突出体现国家教师资格的统一要求，以保证在不同地方取得的教师资格证书具有相同的社会认可度和效度。然而，我国教师资格制度对各类教师的教育教学能力并没有作统一规定，也没有原则性要求，而且缺乏相应的监管措施，对各地自行拟定的教育教学能力测试办法与标准并没有作审核认证。由此造成各地教育教学能力测试办法与标准参差不齐，尤其是职教教师教育教学能力测试标准差异非常大。如有些省（市、自治区）制定了专门的中等职业学校教师教育教学能力测试标准和中等职业学校实习指导教师教育教学能力测试标准，也有些省（市、自治区）根本没有制定专门的中等职业学校教师教育教学能力测试标准和中等职业学校实习指导教师教育教学能力测试标准。受此影响，不同地区的教师资格证书的含金量不同，预测效度也不一样，这在一定程度上影响了教师资格制度的社会认同，影响了教师资格制度的权威性。在调查中，广大中职教师也反映了此问题，在谈到教师资格认证的改进意见时，59.24%的教师认为教师资格认证应有全国统一的标准，以利于提高证书的含金量。

其次，对教师资格认证质量缺乏监控措施。在与中职教师的座谈中，部分中职教师反映教师资格认证“重形式，轻实质”，认证部门并没有真正严格把关，认证通过率几乎是百分之百，个别不能通过认证的主要是普通话不达标，方言太重，即便如此，只需要补测一次就能“达标”；还有些教师反映他们在申请教师资格证书过程中根本没有经过面试、试讲等教育教学能力测试，只参加了普通话测试，甚至有个别教师反映，他们的教师资格证书根本没有经过认证过程，是“上面”发下来的。进一步了解发现，目前教师资格认证采取的层层委托代理执行模式，基本上是属于“服务外包型”认证，即将认证环节分解，由不同部门或机构作出认证。如普通话测试、教育学和教育心理学考试一般委托给当地的高校；思想品德鉴定委托给申请人所在学校或工作单位或户籍所在地街道办事处或乡（镇）人民政府；教育教学能力测试情况复杂些，有些是由教师资格认证部门组织，有些地方受人员、经费限制干脆把这项工作交给用人单位（主要是针对在职教师），即由学校自己组织对本校教师资格申请人的教育教学能力测试，也有些地方将这项工作委托给高校（一般为地方教育学院、教师培训学院或具有教师教育功能的高校），各受委托的认证单位只需要将认证结果报给教师资格认证部门。教师资格认证机构受人员、经费限制，基本上只负责一些组织协调工作，对认证工作缺乏基本的监督管理，很难对受委托机构的教师资格认证质量进行监控。因此，在“服务外包”且缺乏必要的监管措施的情况下，认证质量也就难以得到保证，从而影响了教师资格制度的有效性。正是基于这一点，调查中部分中职教师建议：制定国家统一的教师资格标准，维护教师资格证书的权威性和严肃性，严格控制考核环节和证书管理。

再次，对违约行为缺乏处罚条款，导致教师资格制度执行不力。我国《教师资格条例》第六章专门针对教师资格申请人和教师资格认定工作人员的违约行为作出了处罚规定。如教师资格申请人弄虚作假、骗取教师资格的，或品行不良、侮辱学生，影响恶劣的，将撤销其已获得的教师资格，且自撤销之日起五年内不得重新申请认定教师资格；参加教师资格考试有作弊行为的，其考试成绩作废，三年内不得再次参加教师资格考试；教师资格考试命题人员和其他有关人员违反保密规定，造成试题、参考答案及评分标准泄露的，依法追究法律责任；在教师资格认定工作中玩忽职守、徇私舞弊，对教师资格认定工作造成损失的，由教育行政部门依法给予行政处分；构成犯罪的，依法追究刑事责任。但是，《教师资格条例》对于地方政府、学校的违约行为，尤其是不执行教师资格制度的行为并没有作出相应的处罚规定，由此导致了教师资格制度执行不力。一是“先上车，后买票”的问题比较突出，教师资格证书并没有成为职业学校教师招聘录用的必要条件，大量教师可以先获得教师岗位，再申请教师资格证书。据调查，53.3%的中职教师是“先上岗，后取得教师资格证书”，而且17.8%的中职学校在招聘新教师时并不要求应聘者必须具有教师资格证书，54.1%的的学校只是在同等条件下，优先录用有教师资格证书者。试想，如果允许教师“先上车，后买票”，那教师资格制度何以能保证教师“入口”质量？何以推动合格教师人才市场的形成？二是有些教师甚至“上了车，也不买票”。据调查（查吉德，2009，pp. 38—39），8.85%的中职教师依然没有取得任何教师资格证书。三是有些教师虽然取得了教师资格证书，但并没有“合乎规定”的教师资格证书，属于“持无效证件上岗”。这方面的问题尤其体现在实习指导教师方面。据调查，只有7.49%的中职教师拥有实习指导教师资格证书，但实际承担实习指导教学任务的教师占教师总数的40.98%，由此说明大量的实习指导教师属于“无证上岗”或者说“持无效证件上岗”。

最后，层层交互委托代理的制度执行模式存在明显缺陷。檀传宝（2005）曾将教育制度缺失分为三种情况：完全制度缺失；不完全制度缺失以及隐性或实质性制度缺失。不完善的制度安排其实是一种隐性的制度缺失。虽然我国现行教师资格制度建立了层层交互委托代理的制度执行模式，但这种制度执行模式存在明显缺陷，是一种隐性的制度缺失表现。教师资格制度的制定机构——教育部是初始委托人，各级各类学校的管理人员可以看作是最终代理人，在初始委托人与最终代理人之间存在一个自上而下层层传递、层层交互委托代理的政策执行代理链。教育部作为委托人将教师资格认证指导与管理工作委托给教育部在北京师范大学设立的教师资格认定指导中心，中心工作人员来自北京师范大学，事实上是将教师资格认证指导与管理工作委托给了北京师范大学，同时，将教师资格制度的具体执行工作委托给省级教育行政部门。省级教育行政部门既是本省教师资格制度实施政策的制定者，也是教育部教师资格制度执行代理人，负责本辖区教师资格认证与指导工作，同时还是教师资格制度的委托人，将教师资格认证工作委托给本省（市、自治区）教师资格认定指导中心及地市教育行政部门。省级教师资格认定指导中心负责本省（市、自治区）教师资格认证的指导与管理工作，并负责本省（市、自治区）高校教师资格认证工作①。地市教育行政部门又将教师资格认证工作委托给本市教师资格认定机构②和区（县、市）教育行政部门，地市教师资格认定机构负责本市辖区内高级中学教师资格、中等职业学校教师资格及中等职业学校实习指导教师资格的认证工作，并指导和管理本市整体教师资格的认证工作；各区（县、市）教育行政部门又将工作委托给本区（县、市）教师资格认定办公室，由它代理负责本区（县、市）初级中学、小学、幼儿园教师资格认定工作。省级及以下教师资格认证机构又往往不直接负责认证工作，而是将相关认证工作委托给学校、医院、乡（镇、街道）。如非师范专业毕业申请人的教育学、教育心理学培训与考试一般委托给本地高校；教育教学能力测试则委托给本地某所学校负责，在职教师的教育教学能力测试则委托给申请人所在的学校；申请人的身体素质检测委托给当地医院；普通话测试则委托给本地语言工作委员会，而语言工作委员会又会将部分工作委托给学校。甚至有些地方直接仿照教育部的做法，将教师资格认证机构直接外挂在当地的某所学校（如高校、教师进修

---

① 个别省份的中等职业学校实习指导教师资格的认定工作也由省级教师资格认定指导中心负责，如甘肃省。

② 各地名称不完全一致，有些地方称为教师资格认定工作办公室，也有的地方称为教师资格认定指导中心。

学校），由该所学校安排人员负责教师资格认证的组织实施工作。可见，每一层级的执行机构（人员）既是上一级机构委托人的代理人，又是下一级机构代理人的委托人，具有双重身份。这种层层交互委托代理的政策执行模式不利于教师资格制度的实施，突出存在以下几个方面的问题（包海芹，2004）：一是委托人与代理人目标函数不一致，致使政策目标不能有效贯彻。根据“经济人”假设，委托人和代理人在政策执行过程中，往往会追求自身利益最大化，而非政策效果最大化，各自在政策执行上的目标并不一致。作为政策制定者、初始委托人——教育部希望教师资格制度能促进教师队伍整体素质与质量的提升，规范教师管理，保证教师“入口”质量，推动教师专业发展，等等。但作为上级教育主管部门的代理人兼下级机构的委托人——地方教育主管部门更多地是追求政绩，对制度的实际效果并不太关注。作为地方教育主管部门的代理人——各地教师资格认证机构更多地是追求效率，往往会去繁就简，对制度的实际效果也不会太关注。如一些教师资格认证机构为了减少自己的工作量，提高工作效率，要么减少必要的认证环节，要么直接将工作委托给本地有关学校。如某校申请人比较多，则由该校自行组织有关认证工作，只要求将认证结果上报中心审批。作为利益相关者的代理人——学校管理机构则主要是为了提高本校教师的持证率，以便达到上级教育行政部门的指标要求，因此，在教师资格制度执行中往往重形式，轻实质，走过场的现象比较突出，甚至有时为了节约成本，过场也会免去。如据了解一些地方对于在职教师申请人，一般委托申请人所在学校组织教育教学能力测试，但实际上学校根本不会组织测试，而是直接给申请人测试成绩。因此，教师资格制度的目标和价值往往被层层委托代理活动吞蚀得所剩无几。二是委托人与各级代理人之间的信息不对称状况严重，政策委托人对各级政策代理人的执行过程很难进行监督和控制，往往给政策执行代理人提供各种机会主义便利。具有与委托人不同目标的政策执行代理人利用信息优势，按照自己的意向任意曲解政策原意，或者不认真履行政策执行职责，偏离既定政策方案。三是由于对代理人缺乏必要的激励措施，对其责权利也没明确规定，不存在代理人退出机制，致使委托人即使能够了解到代理人政策执行过程中存在的问题，也难以对其进行相应的处罚。而且委托人和代理人均非政策行为的最终受益者，他们都有追求自身效用最大化的利益冲动，因此，委托人不仅缺乏激励和动力监督执行代理人的行为，相反，有时候委托人还会包庇执行代理人在执行中的问题和机会主义行为。最后，因为委托代理链条太长，无论是上级政策信息的下达，还是下级政策执行反馈信息的上传，都需要经过层层代理环节，因此，不仅会导致教师资格制度在执行过程中政策信息逐级衰减，从而导致政策执行中的非人为“失真”行为，而且也不利于教师资格制度根据执行信息在实践中进行调整和完善。可见，层层委托代理政策执行模式在一定程度上影响了教师资格制度的执行，进而影响了制度的有效性。（见图 5－1）

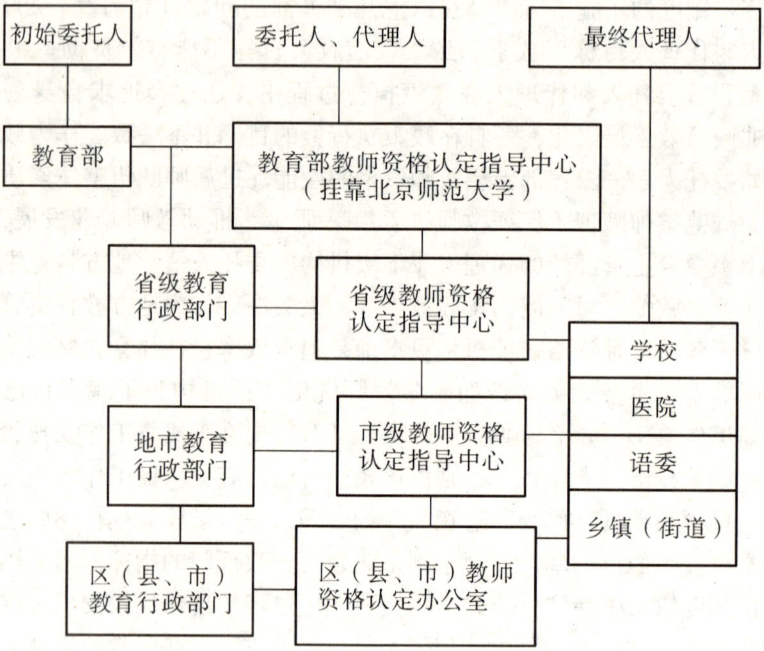

图 5－1　教师资格制度执行模式示意图

第二节　基于制度冲突视角的职教教师资格制度低效分析

现行教师资格制度在职教教师队伍建设方面“低效”，除了制度本身的质量问题以外，与制度冲突也不无关系。所谓制度冲突是指在制度结构内部，不同制度安排之间的作用方向不一致，在行为规范上存在矛盾和抵触，对于同一行为某些制度给予鼓励，而另一些制度则加以限制。这将造成人们无所适从，行为紊乱，使制度结构系统不能发挥其应有的整体功能（洪名勇、施国庆，2006）。围绕教师资格的正式与非正式制度、职教教师教育制度、职业学校人事分配制度、职教教师职务制度共同构成了职教教师制度系统。虽然系统内各种制度作用的角度不一样，但如果合力的方向一致，各制度处于耦合状态，那么就能有效发挥制度系统的功能，从而保证并提升职教教师队伍的整体素质与质量，相反，如果合力的方向不一致，就会导致制度间的相互冲突，造成能量内耗，从而影响制度系统的有效性，也会影响单项制度的有效性。（见图5－2、图5－3[①]）然而，现行教师资格制度与其他教师制度在教师队伍建设方面，不仅存在作用方向的差异，而且存在一定冲突，集中体现在教师资格方面。正如前文所述，教师资格问题古已有之，自教育产生以来，关于谁才有资格当教师的问题就一直备受关注。围绕此问题，从古到今，不同阶级、不同国家、不同利益集团、不同个体有着不同的观点，这些不同观点有些被吸收到正式制度中，有些则以非正式制度的形式存在，有些被外在制度采纳，有些则以内在制度的形式发挥作用。由此，围绕教师资格的不同观点反映到制度层面，就形成了正式制度间的冲突、正式制度与非正式制度的冲突、外在制度与内在制度的冲突。围绕职教教师资格的制度冲突的直接后果是不利于职教教师资格制度认同，令职教教师资格制度遭遇合法性危机，进而削弱了职教教师资格制度的有效性。因为制度安排的根本问题就是人们对制度的认同和遵守问题，一项在价值上得不到认同与肯定，行为上不予遵守或大多数人都有意违反或阳奉阴违的制度，就是非正义的制度，是一项缺乏合法性基础的制度，也就不可能有很好的实施效果。

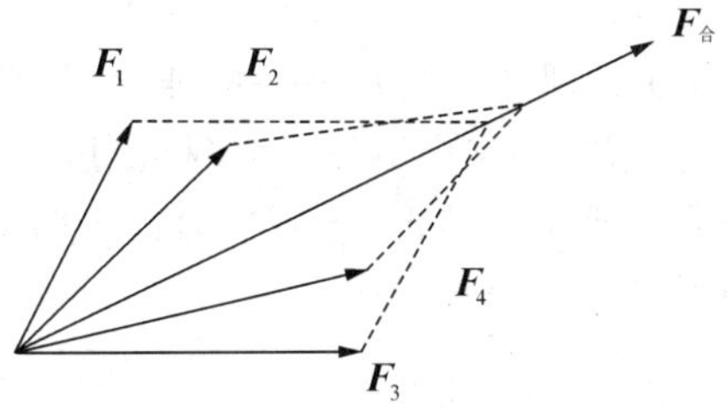

图5－2　制度耦合模型

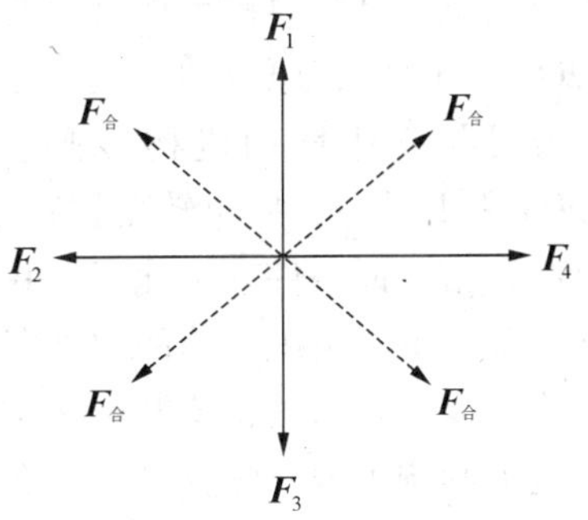

图5－3　制度冲突模型

一、职教教师资格制度与教师上岗资格制度间的冲突

由于历史的原因，我国职业教育形成了三足鼎立的局面：一是教育部门所属的职业高中；二是原劳动与社会保障部门（现人力资源与社会保障部门[②]）所属的技工类学校；三是行业部委所属的中等专业学校。虽然，近年来，各地

① 图中 F_1、F_2、F_3、F_4 为各种相关制度的作用力；$F_合$ 为各制度形成的合力。

② 因社会上仍习惯将技工类学校视为劳动部门的管理范畴，因此后文仍用劳动与社会保障部门，简称劳动部门。

为打破教育的条块分割局面，加之行业部委机构调整归并，逐步将过去行业部委所属的中等专业学校划归地方教育行政部门管理，但原劳动部门所属的技工类学校始终未能打破固有格局。由此，形成了职业教育“双轨制”管理局面，并直接导致了两种“合法”的职教教师资格制度的存在。1993 年我国《教师法》颁布实施，提出要实行教师资格制度。根据《教师法》的要求，国务院于 1995 年出台了《教师资格条例》，同年原国家教委出台了《教师资格认定的过渡办法》，并于 1996 年开始对在职教师开展资格认证工作。2000 年，教育部又颁布了《〈教师资格条例〉实施办法》，并于 2001 年全面实施教师资格制度，要求包括技工类学校在内的所有在职教师和新教师必须获得相应的教师资格证书才能从事教学工作。为贯彻《教师法》关于实施教师资格制度的要求，原劳动与社会保障部于 1997 年下发了《关于做好技工学校和就业训练中心及其他职业培训机构教师上岗资格认定工作的通知》（劳部发〔1997〕88 号），提出在技工学校、就业训练中心以及其他职业培训机构实施教师上岗资格制度，在这类学校和培训机构从事教学工作的在职人员和新进人员必须取得由劳动部统一印制和颁发的教师上岗资格证书。2003 年，为落实国务院《关于取消第二批行政审批项目和改变一批行政审批项目管理方式的决定》（国发〔2003〕5 号），原劳动与社会保障部又下发了《关于技工学校、就业训练中心以及民办职业培训机构教师上岗资格认定有关问题的通知》（劳社厅发〔2003〕15 号），提出转变教师上岗资格认证管理方式，并进一步细化了教师上岗资格认证条件。由此，在我国职业教育领域，存在两种教师资格制度，即教育部门负责组织实施的教师资格制度与原劳动部门负责组织实施的教师上岗资格制度。这两种正式制度在功能上是重叠的，并没有形成互补效应，在一定程度上影响了教师资格制度的有效性。

首先，增加了广大技工类学校教师的资格认证成本，影响了教师资格制度执行。根据教育部门的相关要求，在技工类学校从事教学工作必须取得相应的教师资格，包括中等职业学校教师资格和中等职业学校实习指导教师资格；根据劳动部门的相关要求，在技工类学校从事教学工作必须取得相应的教师上岗资格，包括文化技术理论课教师资格和生产实习指导教师资格。[①] 可见，从法律上而言，要在技工类学校从事教学工作，必须同时取得相应的教师资格证书和教师上岗资格证书。虽然根据《关于技工学校、就业训练中心以及民办职业培训机构教师上岗资格认定有关问题的通知》（劳社厅发〔2003〕15 号）规定，已经取得教育部门颁发的教师资格证书的人员，可以直接认定其文化技

---

① 文化技术理论课教师资格，教育部门称为文化课、专业课教师资格（统称为中等职业学校教师资格）；生产实习指导教师资格，教育部门称为中等职业学校实习指导教师资格。

术理论课教师资格，实习指导教师符合条件也可以直接认定生产实习指导教师资格，并由劳动保障部门颁发相应的职业培训教师上岗资格证书，① 但这种单向融通机制并不能有效减少申请人的“认证成本”（包括时间成本和经济成本），且多申请一类教师上岗资格证书并不会给其带来额外的收益，基于成本—收益计算，申请人显然不太可能主动申请两类教师资格证书。考虑到技工类学校由劳动部门领导和管理，技工类学校的在职教师更倾向于申请劳动部门要求的教师上岗资格证书，这无疑影响了教师资格制度的实施。

其次，削弱了职教教师资格证书的权威性。作为一项职业准入制度，教师资格制度本应具有不可替代性，任何人要从事职业教育教学工作，必须取得相应的教师资格证书。这是应然！而实然是，劳动部门实施的教师上岗资格制度也是一种职业准入制度，技工类学校教师除了可以申请教师资格证书以外，还可以申请教师上岗资格证书。一类教师却存在两种准入制度，这无疑削弱了教师资格制度作为职教教师职业准入制度的唯一合法性，削弱了其权威性。

再次，不利于形成职教教师资格的社会认同。两种教师职业准入制度实际上代表了两个利益团体（教育部门及劳动部门）在职教教师资格问题上的不同价值取向。这种价值取向直接体现在他们对教师资格认证标准（条件）的不同要求上。教育部门突出强调传统的师范技能，包括身体条件、语言条件、教育学和教育心理学知识及其运用能力等，而人社部门则更强调实践技能，如《技工学校、就业训练中心以及民办职业培训机构教师上岗资格条件（试行）》要求：技工学校专业理论课教师应具有本专业某一职业（工种）初级或以上技能水平；高级技工学校中承担高级技能培训或技工学校高级班的专业理论课教师应具有本专业某一职业（工种）中级或以上技能水平；生产实习指导教师则应具有高级以上（含高级）技能水平或相应专业高级以上（含高级）专业技术职务，其中，承担初级技能培训的生产实习指导教师，应具有中级以上（含中级）技能水平或相应专业中级以上（含中级）专业技术职务。两个部门对职教教师资格认证标准（条件）的不同规定，在某种程度上引起了职教教师资格问题的价值冲突，这种价值冲突进一步削弱了职教教师资格制度的权威性和公信力，影响了职教教师资格问题的社会认同。不论是教师资格申请人，

---

① 根据《关于技工学校、就业训练中心以及民办职业培训机构教师上岗资格认定有关问题的通知》（劳社厅发〔2003〕15 号）要求：“对已经取得教育部门颁发的《教师资格证书》的人员，专家认定工作委员会可直接认定其文化技术理论课教师资格，并由劳动保障部门颁发相应的职业培训教师上岗资格证书。对拟任生产实习指导教师的人员，专家认定工作委员会要对照相应的职业培训教师上岗资格条件，提出是否认定的意见。对符合条件的，可由劳动保障部门直接颁发相应的职业培训教师上岗资格证书；对不符合件的，要说明理由，并推荐其参加相应的技能强化培训，满足条件后，再由劳动保障部门颁发相应的职业培训教师上岗资格证书。”

还是教师教育与培训机构，抑或用人单位——职业学校在“冲突”面前，不得不基于自身利益考虑，重新思考职教教师资格问题。在此背景下，职教教师资格证书作为职教教师资格的法律证明，其效度将受到怀疑，获得了职教教师资格证书不论在形式上，还是在实质上都不被完全认可。在形式上，即使获得了教师资格证书，要在技工类学校从事教学工作，还必须获得教师上岗资格证书；在实质上，获得了教师资格证书，并不被认为已经具备了职教教师职业必备的基本知识与能力，也并不被认为是合格的职教教师。

二、职教教师资格制度与“双师型”教师资格制度间的冲突

在职教教师资格方面，除了教育部门强调的教师资格制度与劳动部门实施的教师上岗资格制度间的冲突以外，还存在教师资格制度与“双师型”教师资格制度间的冲突。“双师型”教师一词最早出现在政府文件中是在 1998 年，当年原国家教委的 1 号文《面向二十一世纪深化职业教育教学改革的原则意见》中首次提出重视“双师型”教师培养。自此，“双师型”作为职教教师队伍建设的一项重要内容受到各级政府的高度重视，不论是国家层面的政府文件，还是地方政府文件，凡涉及职教教师问题的几乎无一例外地提出了加强“双师型”教师队伍建设的目标要求。由于现行教师资格制度未能充分反映职教教师专业的内在规定性，未能突出申请人专业实践能力方面的要求与认证，因此，“双师型”教师概念的提出，在很大程度上迎合了人们对职教教师的专业性诉求。随着“双师型”教师资格制度的实施，进一步加剧了现行职教教师资格制度的合法性危机。在思想上，人们进一步怀疑现行职教教师资格制度的价值，既然职教教师资格认证标准不能有效反映职教教师的专业性，取得了职教教师资格证书也不能被视为合格的职教教师，那现行职教教师资格制度还有存在之必要吗？为缓解现行职教教师资格制度的合法性危机，重新迎得人们的认同，有学者提出改良现行教师资格制度，在职教教师资格认证标准中融入“双师型”教师资格要求。如时任教育部职成司副司长王继平（2008）认为，“双师型”是职教教师的基本素质，任何一名合格的职教教师都应该是“双师型”教师，职教教师资格条件应该对申请入职者从事相关行业（职业）的经历或经验、专业实践能力等方面提出要求。当人们对现行教师资格制度价值产生怀疑，那么在行动上也就不会遵守它、维护它，尤其是他们认为已经找到了合适的替代者——“双师型”教师资格制度之后，这种行为表现更加明显。因此，在实践上，各地区、各职业学校普遍开始实施“双师型”教师资格制度，强调教师的专业实践能力、行业企业工作经历，这无疑进一步弱化了职教

教师资格制度的地位和作用。

为加强“双师型”教师队伍建设，各级政府乃至学校自身普遍设定了“双师型”教师的建设目标。如我国2010年出台的《中等职业学校设置标准》要求新设中等职业学校“双师型”教师占专业教师的比例不低于30%；重庆市提出到2012年，全市中等职业学校专业教师中的“双师型”比例达到70%以上，2020年达到80%以上；[①] 安徽省提出到2012年，“双师型”教师达到专业课教师和实习指导教师总数的60%；[②] 天津市提出到2010年，中等职业学校“双师型”教师应达到学校专业课教师总数的60%以上。[③] 虽然“双师型”教师已成为职教教师队伍建设的方向，目标也非常明确，但对于“双师型”教师资格及其制度并没有清晰的政策，对于具备什么资格才算是“双师型”教师，“双师型”教师是一种“入门”资格，还是一种发展性资格要求等基本问题并不明确。在此背景下，各级政府、各类学校往往根据自己的理解，提出各自的“双师型”教师资格要求，并努力完成既定的目标任务。在“双师型”教师队伍建设过程中，各地（学校）或将教师资格制度作为一种形式化存在予以尊重，或迂回执行，或干脆避其道而行之，重新开辟一条教师资格认证通道。对于第一种情况，往往将“双师型”理解为：“教师资格＋其他职业资格”，因此认定“双师型”教师资格的前提条件是必须获得相应的教师资格证书。如重庆市在“双师型”教师资格认定中规定，不论是认定初级“双师型”教师，还是中级、高级“双师型”教师，均必须取得教师资格证书。这类“双师型”教师资格制度的实施在一定程度上促进了教师资格制度的实施，提高了教师的持证率。然而，这并不能认为“双师型”教师资格制度的实施提高了教师资格制度的有效性。制度的有效性不仅指制度被遵守而产生的效力，更包括制度实施的实际效果。事实上，我们讨论教育制度有效性问题，主要是讨论教育制度的“实效”问题，即在实际的教育制度活动中制度的效能。教育制度的“实效”必须以其“应然”存在的根据为前提，即教育制度的有效性必须以教育制度的合法性为必要条件。而一项制度要获得合法性，除了程序上合法以外，更要求制度本身包含的价值得到广泛认同，唯有如此，一项制度才能获得合法性基础，才能得到真正的认可与遵守，否则，人们要么违背制度规范，要么阳奉阴违，受此影响，制度也就不可能有实效。在“双师

---

① 参见：重庆市教育委员会《关于加强中等职业学校“双师型”教师队伍建设的意见》（渝教师〔2009〕26号）。

② 参见：安徽省教育厅、安徽省人事厅、安徽省财政厅《关于加强中等职业学校教师队伍建设的意见》（教师〔2009〕6号）。

③ 参见：天津市教育委员会《关于加快职业教育“双师型”教师队伍建设的意见》（津教委专〔2006〕8号）。

型”教师资格认证中增加教师资格证书的要求，这体现了教师资格制度作为一项国家法律的“效力”，但并不代表人们对教师资格制度价值的认同。在有教师资格制度的情况下，实施“双师型”教师资格制度本身就说明人们对教师资格制度实效的失望，对其价值的怀疑。因此，即使在“双师型”教师资格认证中有教师资格证书的要求，也不能提高教师资格制度的实效，相反，这将进一步加剧了教师资格制度的合法性危机。教师资格制度只能作为一种形式化存在，沦为徒有“效力”而无“实效”的鸡肋，而“双师型”教师资格制度才是一种实质性存在。另外，有些地方或学校为突出教师的专业实践能力和行业企业工作经历，而淡化教师资格证书的要求。如浙江省X市开通引进高技能师资的“绿色渠道”，鼓励面向社会公开招聘具有丰富实践经验的专业技术人员和高技能人才，担任专业课教师和实习指导教师。对在企事业单位或科研院所从事工程技术工作五年以上，并具备工程师、农艺师、经济师、技师以上等各类专业技术职务或相应的执业资格证书任职资格的人员，可按教师招聘程序直接进入面试，符合“双师型”教师条件的要优先录用。引进人员允许在三年内接受教师资格考核获得教师资格证书。[①] 又如浙江省Y市在“双师型”教师队伍建设方面，也提出了相同的优惠政策，符合“双师型”教师条件优先录用，并允许在三年内接受教师资格考核获得教师资格证书。[②] 这类政策允许高技能人才先上岗，再获取教师资格证书，显然是将地方政策凌架于国家法律之上，削弱了教师资格制度的法律效力，当然也影响了教师资格制度的实效。此外，有些地方或学校将“双师型”教师理解为“双师”结构教师，大量引进行业、企业的兼职教师，但对于兼职教师，现行教师资格制度起不了任何作用。

三、职教教师资格制度与职教教师资格内在制度间的冲突

我国数千年的教师发展史积淀了教师资格的固有传统，这些传统构成了教师资格的内在制度。教师资格的内在制度“以一种经常反复的、共同的活动为前提，不管其原始意义是什么，通过实际的练习、流传、遗传而变成为轻而易举和自然而然的——变得不言而喻的”（斐迪南·腾尼斯，1999，p. 301）。因此，相比外在制度，内在制度更容易被社会认同。而且这种内在制度作为一

---

① 参见：浙江省X市教育局《关于加强中等职业学校“双师型”教师队伍建设的意见》（X教政〔2008〕116号）。

② 参见：浙江省Y市教育局《关于印发“加强中等职业学校‘双师型’教师队伍建设的意见”的通知》（Y教职成〔2007〕11号）。

种文化传统往往具有持久的影响力，很容易让人们产生思维定式而难以改变，从而造成制度的“路径依赖”。外在的教师资格制度与内在的教师资格传统的融合或冲突，直接关系到制度的效能，如果两者高度一致，处于耦合状态，那么教师资格制度就容易得到相关主体的认同，并将其作为自身的行为规范，遵守并违护它；反之，如果外在的教师资格制度与内在的教师资格传统存在较大差异，处于冲突状态，那么教师资格制度就很难获得广泛认同，进而失去了合法性基础，也就很难得到人们的遵守和维护。事实上，作为一种“舶来品”、一种人为设计出来的外在制度——教师资格制度与我国内在的教师资格传统之间必然会有一定距离，会存在冲突，唯一可以改变的是距离的大小、冲突的激烈程度。如在我国，一直以来，并没有把教师作为一种专门的职业，一般来说，只要业有所专，识有所长，便可以收徒施教。孔子说“三人行，必有我师焉”。(《论语·述而》)韩愈言“道之所存，师之所存”，构成师生关系的条件是“闻道有先后，术业有专攻，如是而已”。可见，“能者为师”构成了中国教师资格之传统，尤其在职教教师资格方面，更是如此。受传统儒家思想及科举制的影响，职业教育始终没有得到官学乃至私学的重视，传授技艺的职业教育往往以学徒制的形式存在，传授者则是具有某一技艺之专长的师傅，如木匠、泥瓦匠、裁缝等，对于师傅的资格并没有严格的标准，主要是看其技艺水平，只要其技艺水平能被社会或者社区所认可就能收徒施教。与“能者为师”异曲同工的是“学高为师”，如东汉王充主张教师应“知古今”。他说：“古今不知，称师如何?”(《论衡·谢短》)唐代柳宗元主张为人师必须做到“专而通”、“新而一”，才能肩负起“以圣人之道及乎人”(《柳河东集·与杨诲之第二书》)的重任。清代王夫之强调教师要有丰富的知识，他说：“欲明人者先自明，博学详说之功，其可不自勉乎。”(《四书训义·卷38》)[①]“学高为师”、“能者为师”的师道传统对我国职教教师队伍建设产生了深远的影响。一是“学高为师”一直是职教教师资格的首要条件，而“学高”在现代教育体系中，就是“学历高”。长期以来，学历几乎就等于教师资格，只要有了一定的学历就被认为具备为师的条件，就可以当老师。正是因为在教师选聘过程中唯学历是从，才会有方鸿渐[②]们以假学历骗取教师职位的事件发生。受此影响，学校在招聘教师时，往往看重学历，对于教师是否取得了教师资格证书并不在意。假如一名无教师资格证书的研究生与一名有教师资格证书的本科生同时应聘教师岗位，学校多半会选择前者。既然可以凭学历招聘录用教师，那么教师

① 俞启定，杨瑾．关于中国教师资格的历史考察［J］．河北师范大学学报（教育科学版），2009，11（7）：65—70.

② 小说《围城》中的主人公。

资格制度也就可有可无了，它就不可能被很好地执行，往往会沦为一种形式化的制度安排。人们要么不严格“遵守”它，要么阳奉阴违，或者在教师资格认证过程中走过场，流于形式，并不能真正考察申请人的教育教学能力。二是“能者为师”的传统观念在职教教师队伍建设方面发挥着越来越大的影响。一方面，因为目前职教教师数量普遍不足，受此影响，职业学校本着“能者为师”的原则，从行业企业招聘“能工巧匠”以缓解教师数量不足的矛盾。另一方面，近年来，人们发现职业教育始终存在理论与实践脱离的问题，所培养的人才与社会经济发展需求存在巨大差距。于是，人们开始反思“学高为师”的师道传统，认为作为以就业为导向，以培养技能人才为己任的职业教育，其教师要的不是“高学历”，而是“高技能”，是“能者为师”而非“学高为师”。因此，为弥补目前职教教师专业实践能力不足的弱点，职业学校加大了行业企业“能工巧匠”的引进力度。以“能者为师”为原则选聘行业企业的“能工巧匠”充当教师的行为进一步弱化了教师资格制度的地位和作用。在思想上，削弱了教师资格制度的价值认同，使教师资格制度遭遇合法性危机，因为既然“能者为师”，那么教师资格认证也就失去了意义。在实践方面，削弱了教师资格制度的实施效果。首先，申请人只凭借某一方面的技艺，而无须通过教师资格认证就能获得教师岗位，这是对教师资格制度信奉的教师专业化精神的背离；其次，“能者为师”使得教师资格制度根本无法起到把好教师“入口”关的作用，也无法起到合格教师“蓄水池”的作用，因为学校招聘教师不是从有教师资格证书者中招聘，而是从“能者”中招聘；再次，教师资格制度难以起到约束教师招聘中的机会主义行为，“能者为师”中的“能”是一个非常宽泛的标准，因此无法限制人们以“能”为借口，在教师招聘中“搭便车”。

除了教师资格传统以外，在现实生活中，关于谁才有资格当教师这一问题，可谓仁者见仁，智者见智，不论是利益相关团体，还是个人都有自己的认识和看法，这些认识和看法构成了关于教师资格的又一内在制度。这些内在制度与教师资格传统一样也影响着教师资格制度的价值认同与实施。根据认知图式理论，个体对教师资格的看法或态度存在先入为主的主观范式或图式，对于外在的教师资格而言，个体的主观范式是先在的、内在的，是个体的先结构、前理解或前提性“知识”。个体对教师资格的认知图式，造成人们对教师资格产生一种先入为主的思维定式，这种思维定式规定了主体认知活动的倾向性，人们会过度接受合乎既有图式的信息，并对与图式不符的信息忽视或排斥。当外在的教师资格制度与个体内在的教师资格认知图式一致时，个体就会将外在的教师资格制度纳入已有的认知图式，对外在的教师资格制度进行“同化”，从而产生制度认同，进而将教师资格制度的要求内化为自身的思想与行动体系；相反，当外在的教师资格制度与个体内在的教师资格认知图式不一致或存在较大偏差时，个体往往会舍弃外在的教师资格制度要求，而坚持自己已有的教师资格认知。不同个体对教师资格的认知图式显然影响了教师资格制度的社会认同。而教师资格制度要获得社会认同，则必须足以引起个体认知图式的重构，即个体既有的教师资格认知图式被新图式所取代。要引起个体认知图式的重构，关键在于外在的教师资格制度在实践中被检验是有效的，唯有如此才能引起个体对已有教师资格认知图式的调整，并在个体认知活动中验证调整后的认知图式的正确性，进而逐步内化为指导个体进行事件解释及指导认知实践的相对稳定的主体意识（张凯、张美红，2007）。当前，我国的教师资格制度显然还不具备冲破人们固有认知图式的势能，其有效性始终备受质疑。现行教师资格制度在职教教师队伍建设中表现“低效”反过来成为人们固有教师资格认知图式的负强化力量，而不是消解因素。因此，职教教师资格制度与人们固有的职教教师资格认知图式的冲突进一步削弱了教师资格制度的有效性，而现行教师资格制度在提高职教教师队伍整体素质与质量方面的“低效”，使得教师资格制度不仅不能成为人们关于职教教师资格的固有认知图式的消解力量，促进职教教师资格认知图式重构，反而成为人们固有认知图式的负强化力量。

四、职教教师资格制度与其他职教教师制度间的冲突

在教师质量保障制度系统中，教师资格制度与职教教师教育制度、职业学校人事分配制度、职教教师职务制度之间也存在不同程度的冲突，这些冲突也在一定程度上削弱了教师资格制度的有效性。

首先，教师资格制度与教师教育制度的冲突。职教教师教育制度与教师资格制度之间并没有形成良性互动，各职教教师培养机构往往以各自对合格职教教师的理解探索自身的人才培养模式，并没有以获得教师资格证书或以职教教师资格制度确立的职教教师资格标准为依据展开教师培养工作。如天津工程技术师范大学探索的“双证书一体化”人才培养模式，旨在培养既有扎实的理论知识，又有较强动手能力，既能讲授专业理论课，又能指导技能训练，符合职业教育特点的“一体化”师资；又如江苏技术师范学院探索实施了“三性统一的双能型”师资培养模式，旨在培养既能从事理论教学，又能从事实践教学，并在学术性、技术性、师范性三个方面的知识、能力、素质均达到职业岗位要求。可见，职教教师培养机构对合格职教教师均有自己的标准，这些标准体现了它们对职教教师资格的价值取向。教师培养机构确立的“独到”的

价值取向与教师资格制度确立的价值目标总是存在或多或少的偏差，这不仅削弱了教师资格制度的权威性，也影响了教师资格制度确立的关于职教教师资格的价值认同。此外，我国并未建立完善的职教教师教育体系，因此，职教教师来源非常多元，既有普通大学毕业生，也有普通师范大学毕业生、职业技术师范院校毕业生，还有来自社会企事业单位的工作人员，这些不同来源的教师都有各自的优势，但也有各自明显的劣势。为此，人们往往会基于自身的利益考虑，在教师资格方面采取不同的价值取向，既有知识本位说，也有能力本位说，既有师范技能说，也有实践经验说，从而造成多元价值取向的局面，这种局面不利于职教教师资格制度的价值认同与实施。

其次，教师资格制度与人事分配制度间的冲突。众所周知，教师资格制度是一项教师职业准入制度，拥有教师资格证书是获得教师岗位的必要条件。因此，各地或学校的人事部门在教师引进政策方面必须有相应规定，并在此基础上根据各自的情况提出附加招聘条件。然而，有些地方（学校）的相关用人政策中并没有教师资格证书的要求，或者允许应聘者先上岗，后取得教师资格证书。无教师资格证书的要求或允许“先上岗，后拿证”显然与教师资格制度作为一项职业准入制度的要求存在冲突，不利于教师资格制度的执行。另外，除了用人方面的政策与教师资格制度有冲突以外，在编制方面也存在较大矛盾。教师资格制度旨在把好教师“入口”关，保证每一位入职的新教师都具备了职教教师必备的知识、能力和素质，均是合格的职教教师，而且在某种程度上教师资格制度设定的教师资格标准越高，制度越有效。然而，教师资格制度的“严”要求与教师编制不足之间常常存在矛盾。在调研中了解到，近年来，随着职业教育规模的迅速扩张，职业学校教师编制普遍不足，有些学校的编制还是20世纪90年代核定的。没有编制，对于公办学校来说就不能从政府那里获得人员经费，也就难以引进教师。为此，一些职业学校为了解决师资不足的矛盾，只能利用学校自有资金聘请教师，由此，学校就有了两种身份的教师：一种是有财政编制的教师，这部分教师待遇相对较好，能够享受国家事业单位应有的各项福利待遇；另一种是聘用制教师，有的学校也称为“外聘教师”或“校编教师”，这部分教师没有财政编制，属于合同制，在福利、待遇、工作的稳定性，甚至在学校的地位上都不如在编教师。在这种情况下，很难吸引优秀人才来职业学校当聘用教师，也难以留住优秀人才。因此，学校普遍会降低聘用制教师的入职“门槛”，甚至对聘用制教师的低要求有种心理上、文化上的认同，缺乏基本的专业化意识。这种对聘用制教师低要求的心理、文化认同进一步强化了在编教师的优越感，弱化了聘用制教师的专业地位。由此带来的后果是：①逆教师专业化而行之，相当一部分并没有达到职教教师基本资格要求的教师被允许进入职教教师队伍，进一步恶化了职教教师队伍质量，弱化了职教教师的专业地位；②对聘用制教师低要求的“理解”与“认同”，为聘用制教师招聘中的机会主义行为、“搭便车”行为、权力寻租行为提供了便利，一些不具备教师资格者通过“拉关系”、“走后门”，“合情、合理”地进入职教教师队伍；③既然在专业水平方面，聘用制教师被普遍认为低于在编教师，这种思维定式在一定程度上影响了聘用制教师的积极性和创造性的发挥，影响了教育教学质量。即使有个别教育教学能力比较突出的聘用制教师，也会受此文化影响，而难以长期坚持下来，因此优秀的聘用制教师的流失非常严重。另外，在现有人事管理制度下，教师编制是“终身制”，学校一般没有权力辞退在编教师，除非该教师犯了严重的错误（如违法乱纪），所以，教师如果不能获得教师资格证书或被认为不适合做教师也难以被清理出教师队伍，而将这些教师都调到非教学岗位并不现实。因此，受教师编制“终身制”的影响，往往是不合格的教师出不去，优秀的教师又进不来，教师资格制度很难起到教师队伍过滤器的作用，难以有效地促进教师队伍整体素质与质量的提升。

再次，教师资格制度与教师职务制度间的冲突。我国《教师法》第十六条明确规定：国家实行教师职务制度，具体办法由国务院规定。所谓教师职务是各级各类学校依据教育和教学的需要而设置的教师工作岗位。因此，教师资格制度是教师职务制度的基础，任何教师只有具备教师资格才能取得相应的教师职务。然而，奇怪的是，长期以来，有些地方教师职称评审条件中，并不要求申请人具有教师资格证书，也就是说，教师没有教师资格证书也可以获得助理讲师、讲师、高级讲师职务。众所周知，教师职务制度与教师的利益息息相关，它直接决定了教师的经济收入、专业地位和社会地位，因此，教师职务制度对教师的行为具有非常强的导向作用。如果该制度允许没有教师资格证书者获得教师职务，那给市场的信号就是教师资格证书是可有可无的，它并不能代表什么，既不会影响教师的职务升迁，也无须借此提高专业与社会地位。另外，在职务设置方面，长期以来，中等职业学校教师最高只能获得副高级职务，没有正高级职务，这在一定程度降低了职教教师职业的吸引力，从而压缩了职教教师资格制度的实施空间。

最后，围绕职教教师资格的诸多制度导致职教教师资格价值模糊和制度供给相对过剩，由此影响了教师资格制度的有效性。一方面，诸多制度确立的教师资格要求或标准单独来看似乎都十分合理，它们对教师提出的知识、能力和素质要求均是教师应该具备的。但它们忽视了一个根本问题，那就是什么才是初任教师应该具备的最起码的知识、能力和素质？虽然我们希望教师满足所有知识、能力和素质要求，但这只是一种理想，实践中并没有实施条件。因此，作为教师资格制度必须能起到价值澄清的作用，让人们了解什么才是职教教师必须具备的最基本的知识、能力和素质，哪些是附加的条件和要求，只有弄清楚了这个问题，教师资格才能真正拥有明确的方向，否则我们永远在做“加法运算”。显然，加得越多，实施起来越困难，在不能同时满足所有条件的情况下，人们往往按自己的标准行事，而将其他标准（包括教师资格制度的要求）置之不理。另一方面，诸多教师资格方面的制度，造成职教教师资格方面的制度供给过剩。人们很容易在市场上找到相对合理的“教师资格”方面的制度替代品，教师资格制度也就不存在稀缺性。受此影响，人们也就难以认同其价值，也就不会严格遵守。

第三节 基于制度环境视角的职教教师资格制度低效分析

制度环境是指直接或间接影响制度安排及实施的各种因素的总称，包括政治环境、经济环境、文化环境、教育环境等。任何一项制度安排都离不开特定的制度环境，良好的制度环境可以保障制度的有效实施，相反，则会阻碍制度的有效实施。现行教师资格制度在职教教师队伍建设方面“低效”，除了有制度质量、制度冲突方面的因素以外，还与制度环境有关。当然，影响教师资格制度实施的环境因素很多，政治、经济、文化、教育资源等环境因素都会对教师资格制度的有效性产生或多或少的影响，在此不便一一而足，本节只对与教师资格制度的有效性直接相关的三个方面的环境要素进行分析。

一、资源因素：职教教师有效供给不足

教师资格制度为教师职业所设置的“门槛”高低决定了制度的有效性。一般而言，“门槛”越高，制度越有效。而教师职业“门槛”高低直接受制于教师的有效供给。教师有效供给充足，教师职业“门槛”则可相应提高，制度越有效。相反，教师有效供给不足，则需要降低教师职业“门槛”，甚至取消“门槛”，制度越低效。换句话说，当教师有效供给充足时，教师资格制度就具有更大的实施空间，制度更容易实施，更有效；相反，如果教师有效供给不足，教师资格制度的实施空间就会很有限，制度就不容易实施，更低效。因此，教师的有效供给是教师资格制度实施的重要资源，它直接决定了制度的实施空间。当前，我国职教教师资格制度低效，一个很重要的原因就是教师有效

供给不足。虽然自20世纪80年代以来，国家出台了一系列旨在加强职教教师队伍建设的政策文件，如1986年原国家教委下发了《关于加强职业技术学校师资队伍建设的几点意见》、1997年原国家教委下发了《关于加强中等职业学校教师队伍建设的意见》、2001年教育部印发了《关于“十五”期间加强中等职业学校教师队伍建设的意见》、2006年教育部印发了《关于实施中等职业学校教师素质提高计划的意见》、2007年教育部印发了《关于“十一五”期间加强中等职业学校教师队伍建设的意见》，但职教教师有效供给不足的“顽疾”始终没有得到根本解决，甚至还存在不同程度的恶化趋势。造成职教教师有效供给不足的原因主要有三个方面：

（1）职教教师职业吸引力弱，优秀人才不愿意从事职教教师职业。职业教育作为精英教育分流的产物，始终难改“三流”教育、“失败者”教育的形象，人们对职业教育的认知图式，很容易会迁移到与职业教育有关的职业学校乃至职教教师上，会认为职业学校是“三流”的学校，职教教师也是“三流”的教师。加之，职教教师的收入待遇相对较低（如湖南某山区县，职教教师与义务教育教师收入年差2 400—4 000元①），但工作压力却很大，包括来自学校的压力——随着适龄人口的减少，职业学校生源竞争非常激烈，很多学校都面临生存危机；来自学生的压力——随着职业教育规模的不断扩大，学生的素质有不断恶化的趋势，从而增加了教师的工作难度；来自社会的压力——随着社会经济的发展，社会对职业教育的质量要求越来越高，要求人才培养质量与社会经济发展需要相适应，要求教师与时俱进适应社会经济发展要求，积极开展教育教学改革，从而增加了教师的工作难度。总体而言，职教教师的社会地位、经济待遇与其承受的职业压力极不相称，职教教师职业对优秀人才缺乏吸引力。尽管各级政府鼓励职业学校面向社会引进、聘请教师，尤其是行业企业的能工巧匠，但事实上，这只是政府的一相情愿，行业企业的优秀人才一般并不愿意去职业学校做教师。在职教教师职业整体吸引力不足的背景下，政府想通过引进、聘请行业企业“能工巧匠”缓解教师数量不足的矛盾，弥补职教教师队伍专业实践能力不足的预期设想将很难实现。

（2）职业教育规模扩张速度过快，加剧了教师的供需矛盾。据统计，2001年以来，中等职业教育的办学规模平均每年以10%以上的速度增长，年招生人数由2001年的398万人增至2009年的873.6万人，增长了119.5%，年均增长10.33%，招生规模首次超过普通高中（830.3万）；在校生由2001年的1 164万人增至2009年的2 178.7万人，增长了87.17%，年均增长

① 周凤华．教育政策执行中影响职业教育吸引力的情况调研报告［J］．中国职业技术教育，2009（22）：41—44.

8.15%，在校生总数占高中阶段教育总数（4 613 万）的 47.26%。[①] 与此同时，教师人数并没有同步增长。据统计，中职学校（含普通中专、职业高中和成人中专）专任教师人数由 2001 年的 64.1 万人增至 2009 年的 65.64 万人，仅增长了 2.4%，年均增长率仅为 0.3%。[②] 根据教育部颁布的《中等职业学校设置标准》，中等职业学校生师比最低要求是 20:1，以此测算，2009 年中职教师人数应为 108.94 万人，而实际只有 65.64 万人，即使加上 10.03 万名兼职教师，依然有 33.27 万名缺口。如果兼职教师按教学工作量来严格测算，并考虑教师结构性矛盾因素（普通文化课教师相对过剩，而专业课教师数量严重不足），职教教师缺口将远高于 33.27 万人。

（3）职业教育自身发展水平的不断提高，对教师提出了更高要求。近年来，我国职业教育教学改革深入开展，对教师提出了更高要求。一方面，随着课程结构的不断调整优化，对专业课教师的需求增大，而普通文化课教师相对过剩，这在一定程度上加剧了专业课教师的供需矛盾；另一方面，随着教育教学改革的深入开展，对教师的知识、能力有了更高要求，要求教师具备现代职业教育理念，掌握现代职业教育教学方法，这在一定程度上压缩了原本就不富裕的教师供给市场。

（4）职教教师培养培训体系不完善，不能满足职业学校教师需求。自 20 世纪 70 年代末开始，我国试图建立职教教师培养培训体系，经过 30 余年的努力，基本形成了由 8 所独立设置的职业技术师范学院（其中两所已改为科技学院）、34 所普通师范大学和综合性大学建立的“职业技术教育学院”[③] 以及 56 个国家级、300 多个省级职教师资培养培训基地组成的职教教师培养培训体系。但这一体系是不完善的，不能从根本上解决职教教师的有效供给问题，主要表现在三个方面：一是数量不足。相比职业学校的教师需求而言，以上职教教师培养机构所培养的职教教师可谓“杯水车薪”。二是专业结构问题。职业教育是以就业为导向的教育，专业设置非常灵活，专业范围广、专业面窄、更新周期短，而强调基础的普通高校显然专业范围更小、专业面更宽、专业调整更慢，因此难以满足职业学校专业教师需求。三是质量问题。因为当前我国尚未建立职教教师教育质量标准，各教师教育与培训机构一般是根据现有资源开展师资培养培训工作，并不能根据职教教师专业要求开展针对性的培养与培

① 数据来源：据国家统计局官方网站公布的《国民经济与社会发展统计公报》（2001—2009）中的数据整理。

② 数据来源：据教育部官方网站公布的教育统计资料整理。

③ 名称不一，有的称为“职业技术教育学院”，有的称为“职业技术学院”，也有的叫“职业教育和成人教育学院”，等等。

训。如当前教师教育机构的主要优势是普通教育资源，但缺乏专业实践、实训资源，因此，难以培养学生（学员）的专业实践能力。总体而言，我国职教教师培养培训体系并不能保证职教教师的有效供给。在教师有效供给不足的背景下，实施教师资格制度，其空间必然十分有限，而且很难被严格执行，正所谓“饭都吃不饱，谈何吃好”。

除了教师有效供给不足以外，经费是限制教师资格制度有效实施的又一资源因素。在经费方面，目前各地教师资格认证工作基本没有专项资金，只能依靠申请人交的认证经费，收不抵支的情况比较普遍。如福建省统计了 2003 年、2004 年该省各地教师资格认证经费的收支情况，2003 年 11 个省辖市中，除了泉州市和龙岩市收支略有盈余，漳州市收支持平以外，其他 8 个市均是收不抵支；2004 年，除了福州市、南平市略有盈余，漳州市收支持平以外，其他 8 个市均是收不抵支。（见表 5－1）在经费不足的情况下，教师资格制度的实施必然受影响，制度实施很难到位。如在职教教师专业实践能力的考核方面，有些地方为了节约经费，只能让申请人“在黑板上开机器”，并不能提供真实的操作设备和环境；在专家聘请方面也不能完全照顾到所有申请认证的专业要求，往往是为了考虑规模效益，组建一个专家认证委员会对多个不同专业教师资格进行认证。正因为如此，才会有广大中职教师反映的“专家委员会组成不合理，缺乏认证专业方面的专家”的问题。

表 5－1　福建省 2003—2004 年各地教师资格认证收支情况　单位：元

城　市	2003 年			2004 年		
	收　入	支　出	收入－支出	收　入	支　出	收入－支出
福州市	30 816	62 015	－31 199	73 728	69 745	3 983
厦门市	9 180	12 800	－3 620	15 660	19 200	－3 540
泉州市	431 280	413 526	17 754	176 400	182 355	－5 955
漳州市	99 840	99 840	0	109 440	109 440	0
莆田市	76 320	86 320	－10 000	2 400	3 200	－800
三明市	7 200	7 500	－300	7 960	8 920	－960
龙岩市	12 840	11 840	1 000	11 610	34 000	－22 390
南平市	4 200	9 853	－5 653	41 760	36 000	5 760
宁德市	1 200	3 120	－1 920	4 080	4 760	－680
总　计	680 076	706 814	－26 738	442 998	467 620	－24 622

注：高校教师资格认定没有收费。

此外，人力资源也是限制教师资格制度有效实施的重要资源因素。美国教育政策研究学者弗朗西斯·C. 福勒（2007，p. 248）认为，政策实施者的志愿和能力是政策实施成功的关键。当前我国教师资格制度实施“低效”与人力资源投入不足不无关系。据了解，各地教师资格制度的实施者多数为兼职人员，他们同时承担着其他工作任务，而且受经费限制，增加的工作任务并没有带来经济收入的相应增加，因此，政策实施者缺乏强烈的政策实施动机，并非出于志愿去实施教师资格制度；加之，缺乏政策实施的培训，一些实施者的政策实施能力不足，不能很好地把握和理解教师资格制度。受教师资格制度实施者政策实施动机与实施能力的影响，教师资格制度很难得到有效贯彻落实。

二、政治因素：教育政策执行不力

教育政策过程包括教育政策制定、教育政策执行与教育政策执行结果三个环节。其中，有效的教育政策执行是关键，它是将教育政策理想转化为教育政策现实的动态过程。美国政策学家艾利森甚至断言，“在实现政策目标的过程中，方案确定的功能只占10%，而其余的90%取决于有效的执行”。[①] 可见教育政策执行之于教育政策的重要性。然而，我国教育政策执行不力、执行失真的问题异常突出，主要表现在六个方面（王丽秋，2007）：一是教育政策在执行中遭到扭曲。当教育政策的执行部门和执行者发现政策对自己不利时，他们就会想方设法利用政策自身的言语疏漏歪曲成对自己有利的倾向从而实行之，表面上是执行了上级的教育政策，实际上却是在利用政策之便行方便自己之实。如政策要求职业院校的“双师型”教师应达到一定比例，学校虽然执行了上级政策要求，但对于什么是“双师型”教师往往会给出对自己有利的解释，并在教师分母上做文章，从而凑够政策要求的“双师型”教师比例。二是教育政策执行的表面化。在执行过程中，有些执行部门或个人有意不执行或变相执行，有的只是采取象征性的措施，甚至拒绝执行。如2006年，教育部下发了《关于建立中等职业学校教师到企业实践制度的意见》，对中职教师到企业实践作出了规定。但在实际执行过程中，一些学校因教学任务繁重，加之考虑到让教师下企业增加的办学成本，往往不能真正执行教师下企业的政策，但为了应付上级要求，形式上让教师在企业“工作”，而实际上教师仍在学校从事教学工作。三是教育政策在执行中被扩大。即政策在执行中被附加了不恰当的内容，使政府的调控对象、范围、力度、目标超越政策原定的要求。如

---

① 庄西真. 教育政策执行的社会学分析——嵌入性视角［J］. 教育研究，2009（12）：19—24.

《教师法》规定教师有“参加进修或者其他方式的培训”的权利，但在实际执行过程中，学校对于教师进修培训往往会增加诸多的附加条件，教师的进修培训权利并不能真正落实。四是教育政策架空执行。即教育政策执行机构或个人在教育政策执行过程中仅仅宣传政策内容，并没有制定出可操作的具体措施，从而造成教育政策无法落到实处。如长期以来，国家在发展职业教育方面，始终将教师队伍建设摆在突出重要的位置，并出台了一系列政策文件，旨在加强职教教师队伍建设。对此，一些地方政府、学校仅仅停留在加强职教教师队伍建设的意义宣传上，并没有实质性的措施，职教教师队伍薄弱的问题始终没有得到改善。五是教育政策替换执行。即教育政策执行机构或个人在执行教育政策的过程中“偷梁换柱”，使政策执行从表面上看与原政策相一致，而事实上却背离了原政策的精神内容。如教育部规定中职学生校外顶岗实习时间不少于一年，对此，一些学校将学生顶岗实习视为学生提前毕业，并以此作为减少学校办学成本的重要手段，完全采取“放羊式”实习，对实习单位、实习岗位不作任何选择，对实习过程不作任何监督管理，实习结果也缺乏考核，如此顶岗实习与顶岗实习政策的初衷相去甚远，根本不能培养学生的职业能力。六是教育政策截留执行，即教育政策在自上而下的传递过程中，执行主体将政策中途截留，使政策的精神和内容不能传达到目标群体和利益相关人。如2007年，教育部、财政部下发了《中等职业学校紧缺专业特聘兼职教师资助项目实施办法》，对特聘兼职教师进行资助，有些地方面对此政策并没有层层落实，没有落实到每所学校，而是由上级部门直接将资助名额拨给个别学校，学校也没有将此政策落实到利益相关的兼职教师群体，而是直接将资助名额指定给个别兼职教师。实际上将国家这项兼职教师资助政策当作地方政府或学校额外的“收入”，没有将此政策的精神进行宣传落实，并不能有效发挥该政策的激励示范作用。以上教育政策执行不力或“失真”现象并非是少数或偶然存在，事实上，教育政策执行不力或失真已是一种常态。在教育政策上，有法不依、阳奉阴违的情况非常普遍，已经形成一种气候。教师资格制度作为一项教育政策，在执行过程中，也受到此不良风气的影响，不同程度存在以上政策执行问题。如架空执行问题，一些地方没有根据《教师资格条例》及其实施办法，并针对职教教师专业特点制定专门的职教教师教育教学能力测试标准；又如表面化问题，一些地方（学校）并没有完全落实教师职业准入要求，允许教师先上岗，后取得教师资格证书，甚至上岗后，也不要求获得教师资格证书；再如扭曲执行问题，在教师招聘时，当学校或地方政府制定的教师资格要求与教师资格制度不一致时，会以各种理由拒绝执行教师资格制度，或根据自己的利益需要，有选择地执行，有时执行、有时不执行，对无利害关系者执行，对有利害关系者不执行，等等。教师资格制度执行中的种种“失真”、失范行为严重削弱了该制度的有效性。

三、文化—观念因素：教师专业化缺乏社会认同

职教教师资格制度总是离不开特定的社会文化环境，尤其是围绕职教教师的传统文化观念、社会认知会影响制度的实施。如职教教师资格的传统文化观念、人们对职教教师资格形成的自我认知图式、人们对职教教师专业化的态度都在一定程度上影响了教师资格制度的实施。由于前两个方面在本章第二节中已作论述，在此不再赘述。此处，仅简述人们对职教教师专业化的态度对职教教师资格制度的影响。

自20世纪60年代以来，教师专业化已成为一种国际趋势和共识。然而，围绕教师专业化的争论并没有停止，至少在实践中教师专业化仍有很长的路要走。试想，如果教师与医生、律师一样是一种专业，那么为什么教师没有医生、律师那种专业地位？人们对待教师教学工作的态度为什么不会像对待医生的临床工作那样敬重？对照成熟专业的一系列疑问反映了人们对教师专业化的一种不坚定的态度。换句话说，教师专业化只是一种理想，一种理念，是教师群体追求的一种理想目标，希望教师能获得与医生、律师等职业同等的专业地位和身份。事实上，教师专业化似乎只是停留在学者的学术论文里，在实践中各种去专业化、背专业化的行为屡见不鲜。人们对教师专业化的态度已成为影响教师资格制度实施的重要观念因素。虽然教师资格制度被作为推动教师专业化的重要手段，也是教师专业化的重要标志，但前提是教师被视为一种专业。如果教师不被视为一种专业，那么作为推动教师专业化的重要手段也就不会被有效执行。现实情况就是这样，虽然学术界普遍认为教师是一种专业，并非人人可以当教师，只有具备了专业资格者才能被允许当教师，然而实践中，人们往往又会背教师专业化而行之。如前文提到的职业学校普遍降低要求使用外聘教师、对兼职教师的“滥用”、允许普通文化课教师承担专业课教学任务均是背离教师专业化的做法。对于实践中产生的偏差，一个很重要的原因就是人们并没有完全认同教师是一种专业，因为教师的专业性并没有医生、律师等职业的专业性那么明显。如在资格制度方面，如果医生没有行医执照而从事临床医疗工作，其行为后果可能带来的损失任何人都能感知得到，而且对于医生的临床工作一般人不会有任何疑义，对于医嘱也往往是照单全收，因为人们并没有医学方面的知识储备，也没有临床经验，相比于医生，他们是“外行”，而医生是“专业的”。但教师职业则不同，如果教师没有资格证书而从事教学工

作，其行为后果可能带来的损失相对更隐蔽，很难直接感知得到，而且人们虽然没有受过教师教育，但一般都受过教育，有一定的感观经验。因此，对于教师的教学工作任何人都能发表自己的看法，都能充当“内行”，相比一般人，教师并没有突显出“专业性”。既然教师的专业性不明显，教师专业化可以有时有，有时没有，可以理论上有，实践上没有，那么作为推动教师专业化的重要手段，教师资格制度也就可以有时需要，有时不需要，条件允许时执行，条件不允许时不执行，对己有利时执行，对己不利时不执行。在这种状况下，教师资格制度很难发挥其应有的作用和功能。

第六章　职教教师资格制度创新

从经济学的角度而言，人们对教师资格制度的作用与功能期望可以视为该制度潜在或外在的收益或利润，这种潜在的收益要变为现实、外部利润要内部化则依赖于制度的有效性。如果该制度“低效”甚至“无效”，那也就不可能实现外部利润内部化、潜在收益现实化。一项不可能实现外部利润内部化、潜在收益现实化的制度也就需要有新的制度来替代，从而为制度变迁提供了必要条件。否则，潜在的利润终归不能成为现实，终归留在制度的外部。根据研究，我国现行教师资格制度在职教教师队伍建设方面表现低效，未能将该制度应有的作用与功能发挥出来，因此，需要制度的创新，以实现外部利润的内部化和潜在收益的现实化。本章将探讨职教教师资格制度的创新问题，试图设计专门的职教教师资格制度，包括职教教师资格认证制度、职教教师资格发放制度和职教教师资格管理制度，以期为国家强制性职教教师资格制度变迁提供参考。当然，受制于制度冲突、制度环境等方面的因素制约，新的制度不可能将所有的外部利润内部化，只能在现有制度环境下，使新的制度安排在理想与现实间达到某种平衡，并尽可能提高制度的有效性。另外，虽然现行教师资格制度缺乏有效性，但毕竟提供了教师资格制度的基本框架，而且根据制度路径依赖理论，初始的制度选择会强化现存制度的惯性，因为沿着原有制度变迁的路径和既定方向前进，总比另辟蹊径要方便一些。新的职教教师资格制度沿着现有教师资格制度创新，不仅更加方便，而且可以节约制度创新成本。因此，在创新路径上，本研究设计的职教教师资格制度并非完全摒弃现有的教师资格制度，而是在现行制度基础上创新与改进。

第一节　职教教师资格制度的设计原则

合法性、公平性、发展性和可操作性是确保教师资格制度有效性的基本条件，是职教教师资格制度创新必须遵循的基本原则。

一、合法性原则

合法性是指制度符合已然存在的权力结构及其变化趋势，符合人们的正义要求，并由此被普遍承认、认可、接受和遵守。合法性是一项制度被社会认同的基础，一项制度只有具备合法性，才能得到社会的广泛认同，才能被人们普遍接受和遵守，才能发挥其应有的效能。就职教教师资格制度而言，其合法性的内涵包括三个方面：一是职教教师资格制度必须符合我国现有的法律法规，制度设计必须在《职业教育法》、《教师法》、《教育法》等法律框架下进行。二是职教教师资格制度的价值选择符合人们的需要、价值取向和理想追求，满足人们内在的利益诉求。马克思主义认为，人类的实践活动具有两种尺度，即内在尺度和外在尺度。内在尺度即是需要的、目的的尺度。[①] 人们的实践活动包括教育政策活动总是从自己的目的出发，追求满足自己的需要。只有那些体现了实践主体的目的，满足了主体需要的活动才是正当的、有益的，也就是"善"的或合理的（刘复兴，2003，p. 47）。根据新制度经济学的观点，人们的行为根本上取决于成本—收益的理性计算。因此，职教教师资格制度只有能满足利益主体的利益诉求才能得到广泛的支持与认同，才具有合法性基础。三是外在的职教教师资格制度安排与内在的职教教师资格制度相耦合。作为外在的制度安排，职教教师资格制度与围绕职教教师资格的内在制度之间总是存在一定距离，而且距离越大，两者的冲突越激烈，制度越难以得到认同，越低效；相反，距离越小，两者存在更小的冲突，制度更易被认同和接受，越有效。因此，在制度设计上必须尽可能减小外在制度与内在的教师资格传统与认知的距离，将内在的职教教师资格制度有机地整合到外在制度安排中，力求实现外部制度内生化。虽然关于职教教师资格仁者见仁，智者见智，似乎无法实现外部制度的内生化，无法达到外在制度与内在制度的耦合状态，然而差异性背后也存在共性，各种围绕职教教师资格的外在与内在制度的共性就是职教教师的专业性。职教教师的专业性取决于职教教师的职业任务，履行职教教师的职业任务所必需的知识、能力和素质代表了职教教师专业的内在规定性。千百年来，人们在探讨职教教师资格时，虽然存在不同的理解，但追求的方向都是一致的，那就是力求找到某种资格，使得具备这种资格者就能胜任职教教师工作。因此，基于职教教师职业任务，能反映职教教师专业性的职教教师资格制度具有很强的整合能力，它能有效整合围绕职教教师资格的各种内在制度。总之，从合法性的视角出发，职教教师资格制度设计不仅要符合国家现有的法律法规，满足利益主体内在的利益需要，而且要有效整合内在的职教教师资格制度，力求外部制度内生化。

---

① 袁贵仁．价值学引论［M］．北京：北京师范大学出版社，1991. 169—176.

二、公平性原则

公平性原则既是检验制度有效性的重要指标，也是决定一项制度安排是否有效的重要条件。职教教师资格制度的公平性有两层含义：一是适用性问题，就是制度面前人人平等，任何人、任何情况下从事职教教师职业都必须遵守职教教师资格制度。职教教师资格制度是职教教师职业准入制度，任何人从事职教教师职业，不论是专职，还是兼职，都必须取得合法的职教教师资格；任何情况下，从事职教教师职业都必须先取得合法的教师资格证书，再上岗，绝不允许以任何理由、任何借口纵容“先上车，后买票”、“上了车，也不买票”的行为。二是差异性问题，就是要求职教教师资格制度必须尊重地区差异。我国幅员辽阔，各地社会经济发展水平极不平衡，如果职教教师资格制度用一个标准去框所有地区，难免会削足适履，也有悖教育公平。如为了提高制度的有效性，过于强调教师资格的高标准，那些相对欠发达地区的教师申请人可能就难以通过教师资格认证，难以获得教师资格证书，也就难以获得教师职业岗位。这种教师资格制度对于欠发达地区的教师资格申请人而言，是不公平的。因此，在制度设计上必须在有效性与公平性之间找到平衡点，兼顾效能与公平。

三、发展性原则

制度不仅可以通过对稀缺生产要素的重新配置使组织获得资源配置效率，而且作为一种重复博弈的规则，它还能为组织提供一种适应外部不确定性世界的“适应效率”（卢现祥，2003，p. 85）。适应性效率要求面对不确定性的世界，“根植于制度框架内的激励带动了‘干中学’的过程以及默会知识的发展，从而引领个人在决策过程中逐渐演化出一个与他们起先所面对的不一样的系统”（诺思，2008，p. 111）。因此，适应性效率要求制度能激发人们学习知识、技能，促使默会知识发展的主观能动性，激励人们创新的“主观意愿”。就教师资格制度而言，有效的教师资格制度不仅能促进教师资源（如人力资源、岗位资源）的合理配置，吸纳合适的人进入教师队伍，把好教师“入口”关，提高教师人力资源与岗位资源的利用效率，而且能激励教师教学知识、技能的习得和默会知识的创新，促进教师的专业发展，以应对不确定性的教育教学问题，从而促进教师队伍素质与质量的长期稳定提升。当今社会，终身学习已成为一种必需，教师必须不断地学习、不断地自我发展才能适应社会经济发展对职业教育教学的新要求。如当前为了促进职业教育发展，提高人才培养质量，我国实施了《中等职业教育改革创新行动计划（2010—2012 年)》，包括中等职业学校专业与课程体系改革创新计划等 10 项分计划，要求教师树立新的职业教育理念，并在教育教学工作中作出改变，适应专业与课程改革要求。但在长期的教育教学工作中，教师已经形成了自己的“舒适地带”，而且不会轻易放弃自己的“舒适地带”。如果不能将教师带离“舒适地带”，教育教学改革很难取得成功。以往的教育改革实践表明，强制将教师带离“舒适地带”，往往事与愿违，并不能奏效。新制度经济学的适应性效率理论，为我们提供了思路，即必须激发教师的“主观意愿”，促使其主动作出改变，主动逃离“舒适地带”，学习新知识与新技能，开展教育教学改革与创新，寻求专业发展。发达国家的经验表明，教师资格制度在促进教师专业发展、促使教师离开“舒适地带”方面具有重要作用。然而，在我国现有教师资格制度框架下，促进教师的专业发展始终以外部利润的形式游离在制度以外，并没有纳入制度框架内，因而也就不可能有效促进教师的专业发展。因此，在新的职教教师资格制度设计方面，应该改进现有教师资格制度在这方面的不足，坚持发展性原则，切实满足教师内在的利益（包括经济利益与非经济利益）需要，激发他们主动学习、主动创新的积极性，提高教师资格制度的适应性效率。

四、可操作性原则

任何一项制度的实施都离不开特定的制度环境，“作为一种‘公共物品’，制度同其他物品一样，其替代、转换与交易活动也都存在着种种技术和社会的约束条件”（卢现祥，2003，p. 80)。正因为受制于特定的制度环境，任何一项制度安排，往往难以达到收益最大化的理想境界。因此，制度创新必须以特定的制度环境为基础，在理想与现实间找到平衡点。就职教教师资格制度而言，必须考虑两个方面的环境因素：一是职教教师的有效供给状况。在一定程度上，职教教师的有效供给状况决定了职教教师资格制度的实施空间，教师的有效供给越充足，制度的实施空间越大，反之，制度的实施空间越小。如我国医生、律师职业资格制度之所以能有效实施，在一定程度上得益于医生、律师的有效供给充足，大量的高校毕业生热衷于从事医生、律师职业。当前我国职教教师的有效供给整体不足，职教教师队伍不仅存在质量问题，还存在专业课教师数量严重不足的问题。职教教师资格制度必须考虑这一现实背景，如在教师资格认证标准方面，虽然提高资格标准可以提高制度的有效性，但如果标准过高，不仅会加剧教师的供需矛盾，而且也不具有实施的可能性。一项不能实施的制度，纵使非常理想，非常完美也不能发挥应有的作用。因此，在职教教师资格制度的设计上，必须考虑职教教师的供需矛盾，考虑到职教教师队伍的实际状况。二是关于职教教师的其他制度安排。正如前文所述，当前我国围绕职教教师的制度有很多，在某种程度上表现出制度供给过剩。职教教师资格制度如果能与已有的制度形成互补，将有助于提高制度的有效性，也有利于操作。日本新制度经济学家青木昌彦的研究表明，制度之间的相互关联可能会形成制度效率损失，制度之间的互补可能会形成制度效率的提高（黄玉捷，2004）。如当前我国不少学者建议仿照美国的做法，建立多层级的教师资格证书体系，以满足教师专业发展的需要，即将教师资格定位为发展性资格，而非仅仅是入门性资格。但这种制度安排显然忽视了已有制度环境，如我国已有相对完善的教师职务制度，而且该制度在促进教师专业发展方面具有非常重要的作用。如果教师资格制度也设计多层级的证书体系，将与教师职务制度存在功能重复，会造成制度供给过剩，而且会大大提高实施成本，损耗制度的效率。因此，笔者认为，在现有制度环境下，职教教师资格制度易定位为入门性资格，从而避免与教师职务制度的功能重复，造成制度效率损耗。当然，将职教教师资格制度定位为入门性资格，并不是否定教师资格制度在促进教师专业发展方面的作用。在促进教师专业发展方面，可以实施教师资格注册制度，以此促进教师的专业发展。

第二节 职教教师资格发放制度设计

职教教师资格发放制度是职教教师资格制度的重要内容，主要涉及职教教师资格证书的分类，包括横向的教师资格类型和纵向的教师资格层次，通俗地讲就是要解决那些在中职学校从事教育教学工作的教师（包括专任教师和兼职教师）究竟应当依法取得何种教师资格的问题。鉴于我国当前教师资格划分存在的问题，结合我国职教教师队伍的实际状况及国际经验，笔者建议在横向资格划分上，将普通文化课教师资格与专业课教师资格分列，并取消中等职业学校实习指导教师资格；纵向上，分为短期教师资格、长期教师资格和终身教师资格。

一、职教教师资格横向设计

首先，普通文化课教师资格与专业课教师资格分列。现行教师资格制度将中等职业学校普通文化课教师与专业课教师归为一种教师资格，忽视了两类教师的专业差异性。在实践中，普通文化课教师与专业课教师的职业任务存在较大差异，由此两者的资格要求也应有差异。如果以一种标准去认定两种教师资格显然会缺乏效度，不能真正反映两类教师的专业性要求。如对于专业课教师，不仅要具备一般的教学实践能力，而且还要具有实践动手能力，但对于普通文化课教师虽然也强调职业性要求，但要求具有实践动手能力并不现实。因此，笔者建议在资格设定上，普通文化课教师资格与专业课教师资格分列，并制定相应的资格认证标准。

其次，取消中等职业学校实习指导教师资格。根据调查，目前中等职业学校实习指导教师持证率非常低，这与该类教师资格设置不合理不无关系。因为随着我国职业教育的发展和教学改革的深入，大量的课程是理论与实践一体化的课程，要求专业课教师不仅能讲理论，还能指导实习、实训，因此，实习指导教师的地位在弱化。另外，实习指导教师的身份特殊，虽然称为教师，但事实上，实习指导教师的身份是工人，或者说“亦师亦工”，他们更接近于企业的师傅，严格意义上不是“教师”，因此，也就无须进行教师资格认证。此外，在目前教师供给状态下，实习指导教师资格认证在实践中缺乏操作性，资格标准几乎无法统一。鉴于此，笔者认为应取消实习指导教师资格，由学校自行根据专业实习、实训教学要求，个性化设定实习指导人员资格要求。

二、职教教师资格纵向设计

我国现行教师资格制度是单一合格制证书模式，且教师资格“一次认定、终身有效”，也就是说只有一种终身证书。这种制度安排不利于促进教师的专业发展，且不适应不同的教师资格申请对象，也忽视了我国各地职业教育发展水平的差异。因此，笔者提出纵向上，设计短期证书、长期证书和终身证书三个层次的教师资格证书。长期证书是一种合格证书，其认证要求相对较高，认证程序相对复杂，除了基本条件认定以外，还要参加国家教师资格考试，通过考试才能获得长期教师资格。长期教师资格证书获得者被认为是合格的职教教师，能胜任职业教育教学工作。为促进教师的专业发展，长期证书与短期证书一样也具有有效期，但并非一次性有效，到了有效期，可以通过注册①的方式延长有效期。终身证书是一种荣誉证书，长期证书连续通过三次注册可以换取终身证书，终身证书终身有效，其获得者被认为是成熟的职教教师。短期证书

① 注册制度详见下文。

是一种临时性证书，且一次性有效，不能重复使用，过了有效期即自动失效，若要继续从事职教教学工作，必须申请长期教师资格证书。短期证书要求相对较低，认证程序相对简单，一般采用认定方式，即申请人只要达到了证书要求的基本条件，就可以颁授短期教师资格证书。短期教师资格证书获得者，被认为基本胜任职业教育教学工作，但并不是合格的职教教师。设置短期证书是我国职教教师队伍建设实际状况使然，是一种过渡时期的办法。首先，当前职业学校活跃着一支数量庞大的兼职教师队伍，而且在国家政策的鼓励下，其数量还会进一步扩大，如果与现行教师资格制度一样，不要求兼职教师取得教师资格证书，不仅有悖教师资格制度的专业化精神，而且会为兼职教师聘任中的机会主义行为提供便利，影响制度的有效性。然而，要求兼职教师与专任教师一样获取正式的、要求相对较高、认证程序相对复杂的长期教师资格证书又不现实。因此，有必要设置一种临时性的短期证书，不仅可以给兼职教师合法的执教身份，让兼职教师有种教师身份的认同感与使命感，激发其教学工作的责任感，而且可以约束兼职教师在聘任过程中的机会主义行为，维护教师资格制度作为教师职业准入制度的严肃性。其次，在职教教师教育制度方面，我国实行的是开放式的教师教育制度，职教教师，尤其是专业课教师大部分是非师范专业毕业生。这些非师范专业毕业生一般不会将职教教师作为其职业首选，往往是临近大学毕业时，根据就业市场情况，临时决定从事职教教师职业。他们在大学期间并没有相应的职业准备，既没有受过系统的教师教育，也没有教学实习经验，因此，毕业时不可能在短时间达到合格教师要求，取得长期教师资格证书，除非降低长期证书的认证要求，但如此一来又会降低证书的效度。如在我国现有教师资格制度框架下，一方面申请人即使取得了终身有效的合格教师资格证书，也不能表明其已经能胜任中职教育教学工作，是名合格的中职教师；另一方面对于非师范专业毕业生，学校往往是允许他们先上岗，并在学校规定的时间内取得教师资格证书，如有些学校规定，新教师必须在来校三年内取得教师资格证书（当然如果教师在三年内不能取得教师资格证书，也不会被调离教师岗位，只能是允许其延期取得教师资格证书）。如果强行要求这些教师必须先取得教师资格证书，后上岗，对于学校而言将难以聘请到符合要求的专业课教师，会加剧教师供需矛盾。因此，在开放式的职教教师教育制度背景下，有必要设置临时性的短期教师资格证书，给予非师范专业毕业生一段教学实习期，让其在实习期内掌握基本的教育教学知识和技能，同时，避免这部分教师“无证上岗”，维护教师资格制度的严肃性。再次，根据职教教师职业任务要求，职教教师不仅应具备教学能力，还必须具备专业实践能力以及学生管理能力，但在职教教师有效供给不足的情况下，很难要求申请人同时具备这三个方面的能力，因此，在教师资格认证中，往往重形式，轻实质，教师资格证书获得者，并不具备职教教师职业必须的教学能力、专业实践能力和学生管理能力。设置过渡性的短期证书，可以给新教师一段培养期，让他们在培养期内达到合格教师资格要求，获取长期教师资格证书，从而提高证书的效度。最后，由于我国各地职业教育发展水平存在较大差异，各类职业学校之间的发展水平也不平衡，在职教教师有效供给不足的情况下，如果仅有单一合格制证书，一些欠发达地区、发展水平相对落后的职业学校，尤其是农村的职业学校将很难招聘到有教师资格证书的教师。设置短期教师资格证书可以给欠发达地区、发展水平相对落后的职业学校教师队伍建设一个缓冲期。总之，增设短期证书，有助于解决制度的规范性与现实可能性的矛盾，进而有助于提高制度的有效性。

第三节　职教教师资格认证制度设计

教师是一种专业，专业性决定了教师必须通过严格的认证选拔过程，并非人人都可当教师。教师资格认证制度是教师资格制度的核心内容，它规定了教师资格认证的对象、标准以及认证方式，直接决定了谁才有资格当教师以及教师资格证书的效度。

一、职教教师资格认证对象

教师资格认证对象，即教师资格认证的范围，规定了哪些人可以依法获得教师资格。我国 1995 年颁布实施的《教师资格条例》第二条规定：中国公民在各级各类学校和其他教育机构中专门从事教育教学工作，应当依法取得教师资格。据此，我国教师资格认证的对象首先要求是中国公民，其次是专任教师。因此，外国公民在中国境内各级各类学校和其他教育机构从事教育教学工作不需要也不能取得教师资格；在各级各类学校和其他教育机构从事教育教学工作的兼职教师也不需要取得教师资格。这一制度安排不仅违背了教师资格制度作为一项职业准入制度的基本精神，削弱了教师资格制度的权威性和严肃性，而且不利于职教教师队伍整体素质与质量的提升和职教教师的专业化。近年来，包括外籍教师在内的兼职教师已成为我国职教教师队伍的重要组成部分。据统计，2009 年，中职学校（包括普通中专、成人中专、职业高中及其他职业教育机构）有校外兼职教师 100 335 人（含外籍兼职教师 295 人），占教师总数的12.82%。[①] 为了不留制度真空，维护职教教师资格制度的权威性和严肃性，提高制度的有效性，笔者认为在职教教师资格认证对象上，应将在中国境内的中职学校从事教育教学活动的外国公民以及在中职学校兼职从事教育教学工作的中国公民纳入教师资格认证范围。即所有在中职学校从事教育教学活动的人员，不论是外国公民还是中国公民，不论是专职人员还是兼职人员都必须依法取得相应的教师资格，才能从事职业教育教学活动。

二、职教教师资格认证方式

教师资格认证方式是教师资格认证制度的重要内容。我国现行教师资格制度采取的是认定与考试相结合的认证方式，对于师范专业毕业的教师资格申请人，如果满足基本的学历、身体、语言等条件，一般可以直接认定教师资格，也有些地方会对申请人作必要的教育教学能力测试；对于非师范专业毕业的申请人，除了基本条件认定以外，还要求通过教育学和教育心理学考试、教育教学能力测试。从调查来看，在职教教师资格认证中，思想品德鉴定方式、教育学和教育心理学考试缺乏效度，以面试、试讲为主的教育教学能力测试环节表面效度较高。笔者认为，认定与考试作为国际通用的两种教师资格认证方式本身无可非议，实践中低效的主要原因是目标设定不合理以及操作不恰当。首先，在教师资格认证中，必须设定一个相对合理的目标，如果目标要求过高，任何认证工具都可能会低效。如在现行教师资格制度框架下，造成思想品德鉴定低效的主要原因，除了认证方式本身的局限性以外，更重要的原因是对申请人思想品德目标要求过高，以至于任何一种测量工具都无法有效测量出目标要求的申请人的思想品德状况。其次，在操作层面，必须加强研究，提高认证的科学性，减少随意性。如目前教师资格认证中的教育心和教育心理学考试，对考试内容与考试的形式均缺乏研究，并没有结合职教教师专业性要求，从职教教师专业必须具备的基本的教育教学能力出发，系统、科学地设计考试内容，选择考试方式，而是简单地让所有中学阶段（初中、高中、中职）教师资格申请人使用同一份考试大纲和同一份考试试卷，且考试内容偏重识记，与职教教师面临的教育教学实际问题缺乏相关性，考察的重点不是申请人运用教育学、心理学理论处理教育教学实际问题的能力，而是教育学、心理学知识的记忆能力。这种考试显然不可能有很好的效度，考试分数并不能作为预测申请人课堂教学表现的依据。因此，笔者认为，在不能找到更好的替代方式的情况

① 数据来源：据教育部官方网站公布的2009年教育统计资料（中等教育）中的数据整理。

下，认定与考试依然是教师资格认证的主要方式，但为了提高认证的效度，需要科学合理地制定教师资格认证目标与标准，规范操作，增强教师资格认证的科学性，减少随意性。同时，应结合我国职教教师教育制度与教师资格证书种类，针对不同的申请人合理地选择教师资格认证方式。

国际经验表明，在教师资格认证方式上，是选择认定还是考试，抑或两者结合使用，主要取决于该国的教师教育制度，取决于教师资格申请人的教育背景。一般而言，申请人若受过严格的教师教育，则可以直接认定教师资格；若申请人没有受过严格的教师教育，则需要通过教师资格考试的方式进行资格认证。如法国有相对严格的职教教师培养制度，在巴黎有所高级职业师范学校，要求入读者必须通过学士学位第二试，或持有高级证书，并通过入学考试，修业三年，在此学校毕业或肄业，发给职教教师资格证书（孙邦正，1963，p. 166），即职教教师培养机构的毕业生可以直接认定职教教师资格。又如英国，虽然采取的是非定向型的开放式教师教育制度，但对职前教师培训机构、课程有严格的认证制度，申请人若在获得认证的职前教师培训机构完成相应的教师培训课程，可以被视为合格教师，并授予合格教师资格证书（赵中建，2008，pp. 2—5）。在美国（朱旭东，2008，pp. 6—9），采取的是相对开放的教师教育制度，更倾向于以考试作为教师资格认证的主要方式，如早在 1983 年，美国就已经有 21 个州正式立法确定了教师能力考试制度，运用教师资格考试来考察证书申请者是否具备成为一个教师应该具备的知识与基本能力，并将通过教师能力考试作为颁发教师资格证书的前提条件。但美国同时也建立了教师教育机构认证制度，培养教师的高等教育机构及其专业设置是必须经过有关机构的鉴定的，只有通过鉴定的机构才能有资格培养教师。在这类通过州教育管理机构认可的教师培训机构学习并毕业的申请人，可以直接申请获得教师资格证书。当然，这种情况也非绝对，有些国家既有严格的教师教育制度，也有严格的教师资格考试制度。如德国，建立了非常严格的职教教师教育制度，但同时也有严格的教师资格考试制度，任何人要从事职教教师职业都必须通过两次国家考试（Waldemar Bauer，2007）。事实上，德国的教师资格考试是检验或保证教师教育质量的重要手段，教师资格制度与教师教育制度并没有完全分离，而是相互融合、密不可分的。也有些国家，采取的是相对开放的职教教师教育制度，但依然采取教师资格认定方式，如日本。目前日本高中阶段职教教师可以申请三种教师执照，即通用执照（General License）、专门执照（Special License）和临时及短期执照（Temporary and Short-term License）。通用教师执照又分为普通执照（Odinary License）和高级执照（Advanced License）。绝大多数教师候选人要求获得通用教师执照。申请人完成教育部认可的相当于学士学位的大学教师培训课程，可以给予普通执照；已获得普通执照的申请人，完成相当于硕士学位的教师培训课程，自动可以获得高级执照；临时及短期执照则不要求受过专门的教师培训，也不要求完成必须的科目学习，而视情况进行认定；专门执照则通过考试的方式进行认证，但此考试绝非严格意义的教师资格考试，只是要求申请人通过简单的教师考试，且不同县的考试要求并不一样（Moriki Terada，2007）。

在职教教师培养方面，我国采取的是开放式的职教教师教育制度，并没有建立严格的职教教师教育机构或职教教师专业、课程认证制度。因此，教师来源非常丰富，且不同来源的职教教师申请人质量参差不齐。在此情况下，只能统一职教教师“入口”，以“入口”质量确保职教教师队伍整体素质与质量。要保证教师“入口”质量就必须有严格的教师职业准入制度，以经济高效、公平公正、科学合理的方式进行教师资格认证。在开放式的教师教育制度下，教师资格考试不失为一种理想的教师资格认证方式。虽然在国外教师资格考试作为教师资格认证的主要方式受到了一些质疑，但教师资格考试以其公正性、高效率等优点依然受到各国的普遍青睐。在职教教师来源多样化、缺乏统一的职教教师教育标准的情况下，教师资格考试是教师资格认证非常有效的方式，它能较好地确保教师“入口”质量，减少教师资格认证的随意性，减少人为因素对教师资格认证的负面影响，提高教师资格认证的公正性与权威性。

除了受教师教育制度影响以外，教师资格认证方式的选择还受教师有效供给的影响。一般而言，教师有效供给充足，教师资格制度的实施空间会更大，教师资格认证的方式也会比较单一；如果教师有效供给不足，教师资格制度的实施空间就会受限，教师资格认证方式也会比较丰富。正因为如此，世界各国为解决教师数量不足的问题，在传统的教师资格认证通道的基础上，纷纷开辟了选择性教师资格认证通道。选择性通道主要是为那些未达到合格教师资格要求者开辟的，而且针对不同的认证对象，会有不同的选择性通道。如在美国（朱旭东，2008，pp. 7—8），对于不符合职业经历要求的职教教师申请人，会以国家职业能力测试代替职业经历；对于一些不完全具备获得教师资格条件的社会杰出人士（如音乐家、艺术家），可以直接进行教师资格认定；为没有受过教师教育的申请人，提供选择性教师培养方案，等等。可见，美国为解决教师数量不足的问题，会针对不同的认证对象，提供不同的选择性通道。根据国际经验，笔者认为，虽然理想状态是所有教师资格申请人都应通过国家组织的教师资格考试，从而确保每一名通过考试的申请人都达到国家规定的职教教师资格标准，都具备从事职教教师职业必备的知识、能力和素质，都是合格的职教教师。然而，职教教师有效供给不足始终是职教教师资格制度面临的主要矛盾，许多职教教师资格申请人并不能达到合格教师资格要求，均有明显的短板。如非师范专业毕业的申请人虽然具备教学需要的专业知识，但缺乏师范技能，没有系统学习过职业教育学、职业心理学，没有教学实习经历，难以根据职业学校学生的特点，选择正确的教学方法将知识、技能传授给学生；来自行业企业的申请人虽然具备较丰富的非教学实践经验和相应的专业实践能力，但缺乏教育教学技能，不能将自己的实践经验与教学内容有机结合，并以恰当的方式传授给学生；师范专业毕业的申请人虽然具备较好的师范技能，却缺乏专业实践能力，而且因专业有限，师范专业毕业生不能满足职业学校专业课教师的需求。在职教教师有效供给不足的情况下，面对不同来源的教师资格申请人，如果实行单一的考试制度，那么只能是降低考试标准，让一部分不达标的申请人通过资格考试，或者严格把关，大量申请人不能通过考试，加剧教师的供需矛盾。为了不加剧职教教师的供需矛盾，保证教师供给，现行教师资格制度采取的就是第一种办法，即降低标准以致通过教师资格认证的申请人并非是合格的职教教师，从而降低了教师资格证书的效度，甚至免认证上岗（如兼职教师）或纵容“先上岗，后认证”。因此，基于职教教师有效供给不足的现实状况，在教师资格认证方式方面，除了实行国家教师资格考试以外，有必要辅之以教师资格认定方式。具体来说，长期教师资格采取国家教师资格考试的方式进行认证，短期教师资格采取相对更简单的认定方式进行认证。

三、职教教师资格认证标准

围绕谁才有资格当职教教师这一基本问题，从古至今，形成了诸多正式的与非正式的制度，内在的与外在的制度。人们对此问题的看法，反映了他们对职教教师资格的价值选择，围绕此问题的各种制度冲突，如正式制度与非正式制度的冲突，外在制度与内在制度的冲突，正式制度间的冲突，非正式制度间的冲突，均是人们对职教教师资格的价值冲突。这种价值冲突，集中表现在职教教师资格认证标准上。如果职教教师资格认证标准能够广泛地代表人们的价值选择，那职教教师资格制度就能得到广泛的认同，能更有效执行，否则，该制度将会遭遇合法性危机，也就难以被认同、接受和遵守。要使职教教师资格认证标准获得广泛的社会认同，则要求其能在理想与现实之间找到平衡点。从理想的角度来看，必须确保资格认证标准的效度，使得认证标准能反映职教教师的专业性，反映职教教师的工作实际；就现实性而言，认证标准必须考虑到职教教师有效供给状况、各地职业教育发展水平的差异，考虑到制度实施的可能性。在现行教师资格制度框架下，虽然对教师资格的基本条件，如学历、语言、身体提出了统一要求，但对于教师教育教学能力测试标准并没有统一的全国标准，而是由各省级教育行政部门制定，各地的标准并不一致，由此削弱了教师资格认证的权威性，降低了教师资格证书的信度与效度。虽然由于地域的差异，在职业教育教学方面会存在一定的差异，但作为一种专业标准，职教教师不能因地域而不同，因此，应制定全国统一的职教教师资格认证标准，包括职教教师资格认定标准与考试标准，从而提高职教教师资格认证的权威性，保证职教教师资格证书的信度和效度。

职教教师资格认定标准规定了职教教师资格申请人应达到的必要条件，只有达到了认定标准，才有资格参加职教教师资格考试。申请人达到了职教教师资格认定标准，通过认定，可以授予短期职教教师资格证书，被认为基本胜任职业教育教学工作。教师资格认定标准主要考察申请人的基本教育教学能力以及发展潜能，认定内容主要包括职业教育教学需要的基本专业知识、语言表达能力、基本的教学设计与组织能力、专业实践能力等，具体而言，包括学历、普通话、身体素质、思想道德素质、职业经历（专业技术职务或技术等级）等方面。认定形式主要以相关证明的鉴定为主，如学历证书、专业技术职务证书或技术等级证书、职业经历的相关证明、体检报告、思想品德鉴定证明、教学实习证明等，辅之以必要的面试（含试讲、实操）。另外，教师资格认定标准必须适度，不宜过高，也不宜过低，必须基于我国职教教师有效供给不足且不平衡的社会现实。如目前国内不少学者认为，随着我国高等教育的发展，在教师资格认证条件方面，应该提高学历要求，即由目前的本科学历提高至研究生学历。但笔者认为，职教教师资格认证学历不宜提高，理由有三：一是从调查来看，中职学校教师普遍（78.2%）认为目前教师资格认证中的学历要求适中，只有少数（10.2%）教师认为学历偏低；二是我国各地职业教育发展水平不平衡，对于相对欠发达地区而言，如果提高学历要求，会进一步加剧这些地区职教教师有效供给不足的矛盾。调查发现，对于教师资格认证中的学历要求，东部、中部和西部的中职教师的态度存在显著性差异，认为教师资格认证中学历要求偏低的比例分别是11.8%、18.2%和0。三是职业教育是以就业为导向的教育，强调学生职业能力的培养，对于教师的学历应该适度即可，即只要能满足职业教育教学要求就可以了，并非越高越好，高学历并不能代表更好的教育教学能力。在我国目前的高等教育体系下，学历代表的是学术水平，而不是教学能力或专业实践能力，因此，若提高学历要求，可能会给市场一个错误的政策信号，认为职业教育与普通教育一样均突出学术性。事实上，一所学校的办学方向，直接取决于其教师，如果教师主要来自普通大学的研究生，那必然会强调学术，而忽视实践能力；相反，如果教师多数是来自行业企业实践一线，那必定会强调学生的就业技能。英国学者逖普顿（Tipton，1973）认为，“手工艺人（Craftsmen）教出来的学生会是手工艺人，大学毕业生教出来的学生会去上大学”。[①] 这实际上反映了职业教育价值取向的差异，不同的价值取向决定了教师的选择。长期以来，在职教教师方面始终存在职业逻辑（The Logic of Work）与技术或知识逻辑（The Logic of Technology）的价值冲突（The Conflict of Value）（Vincent Troger & Wolfgang Horner，2007），若职业教育遵循职业逻辑，即以就业为导向，那么就应该强调教师的职业经历、专业实践能力，而非学术水平或高学历，教师遵循的也应是职业本位（Work-based）的工作逻辑，而非学校本位（School-based）的工作逻辑。相反，若遵循技术或知识逻辑，则对教师具有更高的学术或学历要求，而非职业经历与专业实践能力，教师遵循的应是学校本位的工作逻辑，而非职业本位的工作逻辑。事实上，在两种价值冲突面前，人们总是希望两者兼具，但往往又事与愿违。在“鱼与熊掌”不可兼得的情况下，欧美等发达国家往往会选择“职业经历或专业实践能力”，如美国几乎所有的州在贸易、工业、健康等职教教师资格认证上，都允许以职业经历的年限代替学历。事实上，只有 3 个州要求职教教师必须有学士学位，7 个州要求职教教师必须有副学士学位[②]，有 43 个州允许贸易与健康方面的职教教师以工作经历（一般要求至少两年）代替教师资格认证中的任何高等教育方面的要求（Richard L. Lynch & Sheila K. Ruhland，2007）。因此，从职业教育的价值取向出发，在目前的研究生培养制度下，笔者认为不宜提高学历要求。或者说，提高学历并不是当前职教教师队伍建设的主要矛盾，倒是满足现代职业教育发展需要的教育教学能力（包括学生管理能力、教学能力和专业实践能力）急需加强。

职教教师资格考试标准是对职教教师资格申请人提出的更高要求，要求申请人具备职教教师职业必备的教学能力、学生管理能力和专业实践能力。申请人达到考试标准，并通过教师资格考试，可以授予长期教师资格证书，被认为是合格的职教教师。原则上，人们只有先获得短期教师资格证书，并有不少于一年的职教教学实习经历、不少于半年的相关行业企业实践经历，且考核合格，才能申请长期教师资格，参加国家教师资格考试。如果申请人满足短期教师资格标准要求，并有不少于一年的职教教学实习经历和不少于半年的相关行业企业实践经历，且考核合格，经认定，也可以直接申请长期教师资格，参加

① Norman Lucas. Perspectives on Teachers of Vocational and Technical Education in the UK［A］. Philipp Grollmann & Felix Rauner. *International Perspectives on Teachers and Lectures in Technical and Vocational Education*［C］. Dordrecht：Springer Publishers，2007. pp. 251 – 276.

② 即受过两年的高等教育，相当于完成了我国的专科教育。

国家教师资格考试，通过考试可以授予长期教师资格证书，若不能通过考试，仍可授予短期教师资格证书。教师资格考试标准主要考察申请人是否具备合格职教教师必备的知识、能力和素质，考试形式主要可以分为笔试和面试（含试讲、实操）。笔试主要考察申请人的专业知识、职业教育学（含职业教育管理学、职业心理学）知识与能力、申请专业对应职业的基本知识与能力。为提高考试的效率，笔试可以采取综合考试的方式进行，将三个方面的内容整合成一份试卷。面试主要考察申请人的师范技能及相应的专业实践能力，尤其是动手实践能力。不论是笔试，还是面试均应尊重职业教育教学规律，体现职教教师的专业性，突出能力本位，重点考察申请人教学能力、学生管理能力和专业实践能力，提高考试内容与实际教育教学工作的相关性。如职业教育学考试应突出职教教师的实际工作问题，着重考察申请人运用职业教育学、职业心理学解决实际教育教学问题的能力，而不是知识的记忆能力。另外，教师资格考试标准应区别专家型教师资格与合格教师资格的要求，必须明确哪些是合格职教教师必须具备的基本的知识、能力和素质，不宜做“加法”，这也要求、那也要求，结果适得其反，偏离“基本”，总之，教师资格考试标准应体现入门性要求，而非专家型要求。

普通文化课教师与专业课教师的认证标准应有所侧重，尤其是专业实践能力方面的要求。对于普通文化课教师而言，只需要在普通文化课教学中体现职业性要求，发挥普通文化课程的职业养成功能，但并不要求教师具备动手操作技能，如电子商务专业的语文课，要求在语文课教学中能结合专业要求，培养学生商务谈判、沟通协调等商务能力，但并不需要教师具备较丰富的电子商务实战经验与能力。对于专业课教师而言，专业实践能力的要求则更高，要求教师具备专业相关的实际操作能力，如电子商务专业课程的教师，就要求具备电子商务实战经验与能力。

四、职教教师资格注册制度

在我国现行教师资格制度框架下，教师资格是“一次认定，终身有效”。教师资格终身制不利于教师的专业发展，影响了教师队伍长远建设效果，削弱了教师资格制度的有效性。因此，本研究认为，建立教师资格注册制度，即教师资格证书非终身有效，只是在有效期内有效，到了有效期必须进行注册登记，达到注册条件，并通过注册，证书才能继续有效，否则证书将失效。具体而言，教师资格注册制度包括注册对象、注册周期、注册方式、注册条件等内容。

首先，职教教师资格注册对象。教师资格注册主要针对的是长期证书，对于临时性的短期证书不予注册。设置短期教师资格证书是教师有效供给不足背景下的无奈之举，如果对临时性的短期教师资格证书给予注册，允许其长期有效，那将会成为这种"低标准"、"去专业化"的无奈之举的保护措施，从长远来看将不利于职教教师队伍整体素质与质量的提升。

其次，职教教师资格注册周期。教师资格注册周期是指已经获得教师资格证书的教师进行资格注册的时间间隔。考虑到我国各项工作一般以五年为一个规划周期，为便于与其他工作相衔接，易于操作，本研究倾向于在教师获得长期教师资格证书之时算起，每五年进行一次注册。持长期教师资格证书的教师若不能通过注册，证书将进入休眠期，并给予两年的缓冲期，若两年内影响认证的问题消失则可通过注册，证书将被激活并继续有效，若两年缓冲期内不能通过注册，证书将永久失效，要从事职业教育教学工作，必须重新申请相应的职教教师资格（俞启定，2006）。如教师因没有完成规定的继续教育学分而未能通过注册，若在两年的缓冲期内补上了规定的继续教育学分，则可以再次通过注册；如果教师因工作需要离开教学岗位调到学校行政管理岗位，由于没有完成规定的教学工作量而未能通过注册，若在两年缓冲期内补上了规定的教学工作量，则可以通过注册，证书将被激活并再次有效。长期证书连续通过三次认证，可以获得终身证书，终身证书终身有效，不需要进行注册。

再次，职教教师资格注册条件。教师资格注册条件直接受制于教师资格定位。若将教师资格定位为发展性资格，注册条件就应是递进式的；若定位为入门性资格，注册条件则应是无问题式注册。基于本研究将教师资格定位为入门性资格，因此应采取无问题式注册，即只要证书持有人已经履行且能够继续履行教师应尽的义务，完成且能够继续承担教育教学工作任务，就应给予注册。一般应包括五个方面的要求：①要有任教经历方面的要求，即在一个注册周期内平均每年必须完成一定学时的教学任务，如果没有达到必要的教学工作量，则不予注册。由此，将拥有教师资格证书但长期不从事教学工作的人清理出教师队伍（如调到学校行政岗位或教辅岗位的教师、离开了教育系统的"教师"），使教师资格证书真正成为教师的资格证书。②要有身心健康、师德品行以及其他涉及能否继续从事教育教学工作的要求。对不具有完全民事行为能力的（如有传染性疾病、严重心理障碍、精神病患等健康状况不适宜或者不能胜任教育教学工作的），在教育教学工作中有重大失职行为造成严重后果的以及国家教育行政部门规定不宜从事教育教学工作的其他情形的，不予注册。③要有教学业务考核方面的要求。要求每年教学业务考核合格，使得通过教师资格注册的教师都是合格的职教教师，由此将经实践检验不适合从事教学工作的人员清理出职教教师队伍，从而提高职教教师队伍整体水平。④要有继续教育要求。教师资格注册一个很重要的作用就是促进教师的专业发展，因此一定的继续教育要求是必要的。虽然我国教师职务制度也对教师的继续教育提出了要求，但教师职务制度提出的继续教育缺乏针对性，且教师职务的评审周期与教师职业资格注册周期不可能同步。因此，教师资格注册依然有必要增加继续教育的要求。但为了避免继续教育流于形式，提高针对性，有必要建立教师资格继续教育课程认证制度，即教师在资格注册周期内参加完成的继续教育课程都是经过认证的，从而使继续教育能真正促进职教教师的专业发展。⑤要有非教学工作经验要求，如要求教师在一个注册期内积累一定的与任教专业相关的非教学工作经验，促使教师能与时俱进地积累专业实践经验、锻炼实践能力。

最后，职教教师资格注册方式。教师资格注册主要采取认定方式，即只要符合教师资格注册条件，提交相应的证明材料，就可以给予注册。

第四节　职教教师资格管理制度设计

教师资格管理制度是教师资格制度的重要内容，它包括教师资格制度的实施机制、教师资格证书的时效性、融通性等内容。

一、职教教师资格制度的实施机制

造成现行教师资格制度执行低效的重要原因之一就是教师资格制度实施机制缺失，对于违反制度的行为没有相应的处罚措施，而且层层交互委托代理的执行模式，造成制度执行不力和种种执行“失真”问题。因此，有必要重新考虑教师资格制度的实施机制问题。根据诺思（2008，p. 81）的观点，受代理人自身效用函数的影响，委托代理人执行模式可能会影响制度实施的有效性。因此，他提出一种第三方实施的概念，但“在非人际关系化交换的条件下，纯粹自发的第三方实施系统的交易费用是相当高的。相比之下，由政治组织作为第三方、动用强制力量来实施合约，则在监管与实施合约方面存在巨大的规模效应”。诺思关于第三方实施机制的观点，为教师资格制度的实施机制创新提供了思路。受此启发，笔者认为可以由教育部作为制度强制实施的第三方，组建实体性教师资格认证管理中心。教师资格认证管理中心全面负责教师资格认证标准的研制、教师资格考试试卷研制、全国教师资格考试的组织以及教师资格制度的实施与管理工作，不再将制度执行委托给省级教育行政部门或高等学校，而是直接在各省（市、自治区）设立派驻机构（如教师资格认证管理中心××站），在各地级城市设立办事处。省级站点负责各地市办事处教师资格认证的管理，根据教师资格认证管理中心的统一要求，负责组织本省的教师资格考试及相关培训工作；各地办事处负责本地短期教师资格认定以及长期证书的注册登记工作，协助省级站点做好教师资格考试的组织及相关培训工作。这种第三方执行模式较好地避免了层层交互委托代理造成的制度信息耗损、执行失真、监管乏力等问题，而且有利于推动教师资格认证工作的专业化，有利于制度问题的反馈，便于制度的完善。

当然，教师资格认证管理中心作为教师资格制度实施的第三方必须具有相应的强制性实施权力，有权对违反制度的行为作出处罚，使得任何违反制度的行为变得不划算，否则第三方实施也会失效。在国外，政府作为教育政策实施的第三方，其强制性权力主要来自对教育经费的控制，如前文提到的英国教师教育认证制度的实施即由政府设立的教师培训管理署作为第三方实施部门，而其强制性权力则主要源自对教育经费的控制。如果教师培训机构不能执行政府确立的教师培训课程标准，不能通过教师培训管理署的教师培训机构认证，那将不能获得相应的办学经费。由于我国的职业学校采取的是属地管理体制，办学经费由学校隶属主管部门拨付，如市属学校的办学经费由市财政拨付，省属学校的经费由省财政拨付，因此，作为第三方，教师资格认证管理中心并不能通过经费控制获得强制性实施权力，但可以从教育部获得相关的政策性资源，进而获得强制性实施权力，如招生政策、评估政策等。如作为制度执行方的职业学校如果不能严格执行教师资格制度，允许教师“无证上岗”或“先上岗，后拿证”，那么，教育部可以限制其招生规模，情节严重的，甚至可以停止其招生，或在学校（专业）评估中一票否决，即教师不达标，不能通过相关评估，也就不能获得相应的政策性资源。总之，要提高第三方实施机制的有效性，就必须赋予第三方——教师资格认证管理中心相应的强制性实施权力，否则，第三方实施机制将难以起到应有的效果，教师资格制度执行将再次回到“老路”上。

二、职教教师资格证书的融通性

根据我国《教师资格条例》的规定，教师资格可以向下融通，而且高级中学教师资格与中等职业学校教师资格也可以相互融通，因此，在中职学校从事普通文化课或专业课教学的教师可以持有中等职业学校教师资格证书或高级中学教师资格证书或高等学校教师资格证书。这种制度安排，忽视了各级各类教师的专业性，忽视了职教教师专业的内在规定性。另外，现行教师资格制度对于教师资格的专业间融通问题没有作规定，对职业学校跨专业的外行教学行为缺乏约束，从而影响了职业教育教学质量。笔者认为，在新的职教教师资格制度框架下，中等职业学校教师资格应不允许与其他教师资格相融通，[①] 普通文化课教师资格与专业课教师资格之间也不允许融通，普通文化课不同学科教师资格之间也不允许融通，[②] 专业课教师资格的融通范围应有明确的规定。相比普通文化课教师资格，专业课教师资格的专业融通问题比较复杂。受教师供给与办学成本的影响，不允许专业课教师资格在专业间融通显然不现实，但如果允许专业课教师资格在专业间融通，那么融通范围将是一个非常现实而具体的复杂问题。笔者认为，可以将职业教育专业进行分类，相近专业归为一类，考虑到专业更新周期问题，每五年可以调整一次专业类别及专业目录。在专业类别划分上，可以借鉴中等职业学校专业指导目录的划分，将职业教育专业划分为十三大类，即农林类、资源与环境类、能源类、土木水利工程类、商贸与旅游类、信息技术类、加工制造类、财经类、交通运输类、医药卫生类、社会公共事务类、文化艺术与体育类及其他。在教师资格证书上注明专业类别及具体的专业名称，不同专业教师资格证书可以在本专业类内融通，但专业类别间不能融通，如信息技术类电子与信息技术专业教师资格证书可以与同属信息技术类的计算机通信、计算机及应用、计算机网络技术、计算机软件等专业教师资格证书通用，财经类财政事务专业教师资格证书可以与同属财经类的国有资产管理、会计、金融证券、税务等专业教师资格证书通用，但财经类专业教师资格证书与信息技术类专业教师资格证书不能通用。那些暂时不好归类的特殊专业可以归为“其他”，这类专业教师资格证书不允许与其他专业教师资格证书融通。

---

① 如果将高等职业教育完全纳入职业教育体系，有专门的高等职业教育教师资格制度或针对中等职业教育教师资格与高等职业教育教师资格，设计专门的职业教育教师资格制度，那么理论上，在职业教育体系内，可以允许高等职业教育教师资格向下融通，即持高等职业教育教师资格证书可以在中等职业学校从事教学工作。但目前，在管理体制上，我国高等职业院校是作为高等教育的一部分进行管理的，其教师与普通本科院校教师申请的是同一类教师资格证书，即高等学校教师资格证书，并没有考虑到高等职业教育的职业属性。为此，在现行制度框架下，高等职业院校教师持有的高等学校教师资格证书也不宜与中等职业学校教师资格融通。

② 为了确保内行教学，加之中等职业学校普通文化课教师相对过剩的现实状况，建议普通文化课不同学科的教师资格间不能融通。

三、职教教师资格证书的管理

教师资格证书是教师资格的主要体现形式，是持证人具有教师资格的法定凭证，因此，对于教师资格证书的管理，是教师资格制度的一项重要内容。为此，我国《〈教师资格条例〉实施办法》专门有一章内容关于资格证书的管理。2001 年为进一步规范教师资格证书的管理，教育部还专门制定了《教师资格证书管理规定》，对于教师资格证书的印制、资格证书的丧失或撤销、教师资格认定的纪律等均作了具体规定，如规定弄虚作假、骗取教师资格的，或品行不良、侮辱学生，影响恶劣的，撤销其教师资格，并规定自撤销之日起五年内不得重新申请认定教师资格。根据以上职教教师资格认证、发放制度的设计，对于教师资格证书的管理，本研究提出如下补充建议：①为区分短期证书与长期证书，资格证书分为红色与绿色两种文本，红色为短期证书，绿色为长期证书。②证书必须注明教师资格证书的种类、专业类别及专业名称，如中等职业学校信息技术类电子与信息技术专业长期教师资格证书。③实行证书注册制度，但仅限于长期证书。长期证书通过注册，在证书上给予注册登记；没有通过注册且在规定时间内没有达到注册要求的，长期教师资格证书失效；长期证书连续通过三次注册，可换取黄色的终身证书，终身证书终身有效，且无须注册。④短期证书一次性有效，有效期为五年。⑤教师资格证书的管理工作由教育部教师资格认证管理中心省级工作站负责。

第五节 职教教师资格制度的配套制度设计

教师资格制度的实施直接受制于教师的有效供给，教师有效供给充足，教师资格制度就有更大的实施空间，更易实施，也更有效。相反，教师资格制度的实施空间越有限，就越难以实施，也越低效。因此，要保证职教教师资格制度的有效性，必须切实解决职教教师有效供给不足的问题。影响职教教师有效供给不足的原因主要包括三个方面：一是缺乏稳定的合格的职教教师来源；二是缺乏灵活高效的职教教师任用制度；三是职教教师职业吸引力不足。本节将从制度层面，从以上三个方面对职教教师有效供给不足的问题进行探讨。

一、完善职教教师教育制度，确保稳定的职教教师来源

自 20 世纪 80 年代以来，我国政府一直试图通过扩大教师来源，多渠道解

决职教教师有效供给不足的问题。多渠道扩大教师来源的确在一定程度上缓解了职教教师有效供给不足的矛盾，尤其是来自社会的兼职教师已成为职教教师队伍的重要补充。然而，多渠道解决教师来源的前提是职教教师岗位有足够的吸引力，并有强大的职教教师培养体系为基础，否则多渠道解决教师来源可能会以牺牲质量为代价，且不能从根本上解决职教教师有效供给不足的问题。从理想的角度而言，虽然我们希望聘请大学教授，工厂、企业里的高级人才作为职业学校的兼职教师，但职业学校没有足够的能力吸引他们来学校做兼职教师。以笔者所在的高职院校为例，该校地处东部发达地区，可谓有一定的区位和经济优势，而且是国家示范性高职院校，但学校想从大学招聘退休教授作为兼职或专职教学人员，始终很困难。高职院校尚且如此，中职学校情况则更糟，尤其是相对欠发达地区、广大农村的中职学校。至于聘请企业的高级人才，情况也是如此。由于没有相关的政策支持，企业的高级人才一般不太愿意到职业学校做兼职教师，能来的往往也很难说是企业的高级人才。即使有些企业的高级人才出于校企合作或公益需要，愿意来职业学校做兼职教师，但他们的教学时间很难安排，一般很难完整地承担一门课程的教学任务，只能以讲座的形式承担部分教学任务，或与同学们分享实践经验。如果说在城市、东部沿海经济相对发达地区的职业学校，聘请企业高级人才担任兼职教师还有一定的实施可能性的话，那么对于农村、经济相对欠发达地区的职业学校而言，聘请企业的高级人才担任兼职教师则只有理论上的可能性了。因此，在当前及未来相当长时间，依靠兼职教师解决职教教师有效供给不足的问题并不现实。

解决教师有效供给不足的关键是建立科学合理的职教教师培养培训体系。可以说，构建科学合理的职教教师培养培训体系是解决职教教师有效供给不足的基础性工程。如果没有这项基础性工程，也就不会有稳定的、合格的教师来源，也就不可能从根本上解决职教教师有效供给不足的问题。在构建职教教师培养培训体系方面，我国自 20 世纪 70 年代末开始做了一些有益的探索，包括建立独立的职业技术师范学院、在普通高校建立培养职教教师的职业技术教育学院、依托普通高校和高等职业技术学院，建设职业教育专业教师和实习指导教师培养培训基地。截至目前，基本形成了由 8 所独立设置的职业技术师范学院、34 所普通师范大学和综合性大学建立的“职业技术教育学院”和依托普通高校和高等职业技术学院建立的 56 个国家级、300 多个省级职教教师培养培训基地组成的职教教师培养培训体系。但这一体系是不完善的，不能从根本上解决职教教师的来源问题，不能为职业学校提供稳定的合格教师，不仅不能满足职教教师数量需求，也不能满足职教教师质量要求与专业结构要求。

在完善职教教师培养培训体系方面，应加强普通大学与高职院校合作，充分发挥普通大学与高职院校各自优势，联合培养职教教师。相比高职院校，普通大学在职教教师培养方面，具有学术优势，但难以培养学生的职业能力，且缺乏专业针对性；普通大学的劣势可以通过与高职院校合作来弥补，高职院校与中职学校同属于职业教育，更能满足职教教师职业性、实践性的要求，且高职与中职的专业设置基本一致，能更好地满足中职学校对专业教师的需求。事实上，我国部分高职院校承担教师培养任务是有基础的，有些高职院校本身就是由教育学院、师范学校转制或合并组建而成，有非常好的教师教育基础。如深圳信息职业技术学院就是由深圳教育学院转制的；渤海石油职业学院是由华北石油教育学院与其他学校合并而成的；河北外国语职业学院是在河北南戴河外国语师范学校的基础上升格而成的。据统计，截至2007年，我国共有教师培养机构529所，开设教师教育专业的高职院校有59所，占教师培养机构总数的11.2%。[①] 这些高职院校如果能与普通大学合作，发挥各自优势，有理由成为我国职教教师重要的培养机构。另外，我国在一些办学条件较好的高职院校设立了国家或省级职教教师培训基地，这些基地主要承担的是职教教师培训提高任务，可以进一步拓宽基地的功能，使基地能够承担职教教师的培养任务。当然，也有学者会认为，高职院校在我国目前仍只有专科层次，以其培养职教教师不符合《教师法》对职教教师的学历要求（本科），但随着我国探索建立现代职业教育体系进程的推进，这一问题将能得到有效解决。如2011年1月，国家批准了《深圳市省级政府教育统筹综合改革试点实施方案》，方案提出：探索有条件的高职院校开展本科及以上层次应用型技术教育，构建起中等、专科、本科和研究生层次齐全的应用型技能人才培养体系。随着深圳探索本科、研究生高职教育试点工作的开展，高职院校将不再被限定为专科层次，也能培养本科生甚至研究生。因此，高职院校有理由在职教教师培养中发挥更大作用，有理由成为职教教师培养培训体系的重要组成部分。

在完善职教教师培养培训体系方面，应实施更有作为的开放式的教师教育制度。开放式的教师教育制度是指打破由独立的高等师范院校为主体的定向型师资培养体系，改由综合大学、文理大学等高等院校培养的非定向型教师培养制度。“二战”后，为了提高师范教育的水平，拓宽师范生的科学文化和专业知识面，以适应科学技术的发展和学生知识水平的提高，一些国家对师范院校进行了改革，将其合并到综合大学，以适应新时期教师教育的发展。到如今，教师教育制度由封闭走向开放，已成为一种国际趋势。如美国到20世纪60年代，独立的高等师范学院基本完成了它的历史使命，绝大多数师范学院已经演

---

① 崔洪杰．我国高等职业学校开设教师教育专业的现状研究——以河北省为例［D］．北京师范大学硕士学位论文，2009.17.

变成综合大学的教育学院。到 1970 年，全国专门培养教师的院校只剩下 16 所，综合大学成为师资培养的主体（祝怀新，2007，p. 26）；又如日本，1990 年，高等教育机构中设有师资培养课程的共有 1 186 个，其中大学 408 所，短期大学 410 所，研究生院 225 所，专科大学 71 所，指定的师资培养机构 72 个（韩清林，2003）。当前，虽然我国实施的也是开放式的职教教师教育制度，但这种开放是无序的、不作为的开放。首先，只强调来源的多元、开放，而忽视了职教教师专业开发，尤其是职教教师专业的标准研发，如职教教师专业的质量标准、课程标准等；其次，没有建立职教教师培养机构、职教教师教育专业或课程认证制度，致使职教教师培养质量参差不齐；再次，没有从教师专业化的视角出发，在更广泛的综合大学或专科大学设置职教教师专业，致使职业学校只能接受大量没有受过职教教师专业教育的普通大学毕业生。“开放式教师教育旨在更大范围内动员和利用优质教师教育资源，把教师教育这项事业做大做强；在于改革人才培养模式，在开放环境下和多学科综合背景下，在更高水平的学术平台上培养高素质教师，而绝不是淡化教师教育，更不是否定和取消教师教育。”（陈晓燕，2008，p. 5）笔者认为，开放式教师教育制度应淡化机构，强化专业意识，切实将职教教师视为一种专业，并有计划有组织地根据职业学校专业设置情况，在有条件的普通大学，包括高等职业院校设置相应的职教教师专业，从而为职业教育提供稳定的、专业化的教师来源，尤其是专业教师来源。另外，围绕职教教师专业，系统研发相应的质量标准和课程标准，并建立职教教师专业认证制度，以此规范职教教师教育工作，提高职教教师培养质量，为职业学校提供稳定的、高质量的教师来源。

总之，只有夯实了职教教师培养培训体系，才能真正解决职教教师有效供给不足的问题，才能为职教教师资格制度的实施提供更大空间，进而提高制度的有效性。

二、推进全员聘用制，构建职教教师合理流动机制

除了职教教师培养培训体系不完善以外，教师编制不足是造成职业学校教师有效供给不足的又一个重要因素。据对 I 省 A 市的调研，当问及“该市职教教师短缺是没人来当老师呢？还是要当的很多，但是合格的太少？还是说我们编制或其他制度的制约”时，该市分管职业教育的领导非常肯定地告诉我们：造成职教教师短缺的关键是制度制约。因为管事的不管人，管人的不管事。教育局管事，但不能管进人，进人的决定权在学校的主管部门。另据了解，该市的人员编制是 2002 年修订的，但这几年职业教育发展非常快，因此，参与座

谈的中职学校校长普遍反映编制严重不足（查吉德，2009，pp. 121—130）。

没有编制，对于公办学校来说就不能从政府那里获得人员经费，也就难以引进教师。为此，近年来一些职业学校为了解决师资不足的矛盾，只能利用学校自有资金聘请教师，这部分教师实行人事代理，没有正式的财政编制，不能完全享有国家事业单位的所有福利，工资待遇相对较低，甚至在学校的地位也不如财政编制教师。没有财政编制，进一步降低了职教教师职业的吸引力，学校很难吸引优秀人才来校当外聘教师（也有学校称为校内编制教师），也难以留住优秀人才。受此影响，学校只能降低外聘教师的入职“门槛”，甚至对外聘教师的低要求有种心理上、文化上的认同感。因此，有不少未能达到职教教师基本资格要求（如学历）的申请人，通过这一通道“合情合理”地进入职教教师队伍。另外，外聘教师的流动性非常大，有时会中途辞职或在教学计划已经安排后提出辞职，给学校的正常教学秩序产生了很大的负面影响。面对外聘教师的突然离职，学校只能匆忙地临时找人代替辞职教师的教学工作，对于代替者的资格根本无法作要求，有时甚至只要有人代替离职者上讲台，以免造成无人上课的局面就行了。可见，在教师编制不足的情况下实施的外聘教师制度，严重制约了职教教师资格制度的实施，恶化了职教教师队伍整体素质与质量，与职教教师专业化要求背道而驰。如何解决这一问题？笔者认为，由政府根据在校生人数，重新核实编制数，补充学校教师编制是一种理想选择。然而，在现有经济条件下，由政府出钱把所有教师都管起来并不现实，尤其是在西部经济欠发达地区，政府并没有足够的财力解决教师编制问题。因此，解决编制不足的问题，还必须在制度上创新，除了前文提到的兼职教师制度以外，还可以打破身份管理，实行岗位管理，推动符合市场经济要求的全员聘用制。

当前，职业学校不仅存在教师数量不足的问题，也存在相对过剩的现象，一些不符合教师资格要求或不能有效承担教学任务的教师占据了有限的教师编制资源，但在现有人事管理制度下，教师编制是“终身制”，不能将这些人清理出教师岗位，有限的编制或岗位资源就难以最大限度地发挥其效能。实行全员聘用制，教师不再实行身份管理，而是按岗位进行管理，根据岗位聘请教师，并提出相应的岗位标准，提供相应的岗位报酬，那些不符合岗位标准的教师将不能获得聘任，从而最大限度地发挥教师岗位资源的效能，为教师资格制度的实施释放制度空间。一方面，全员聘用制避免了学校根据教师身份不同（在编教师与外聘教师）而设置不同的教师准入“门槛”，避免人为降低外聘教师的准入“门槛”，从而有利于职教教师职业准入制度的执行。另一方面，全员聘用制可以打破学校教师编制的“终身制”，通过竞争将不符合教师资格标准要求的教师淘汰，避免了不符合要求的教师“出不去”，优秀的教师“进不来”的现象，为教师资格制度的严格执行扫清了制度障碍，使教师资格制度能真正起到教师队伍过滤器的作用。

三、完善职业教育制度，提高职教教师职业吸引力

要解决职教教师有效供给不足的问题，除了完善职教教师教育制度和人事分配制度以外，还必须切实解决职教教师职业吸引力不足的问题。可以说，职教教师职业吸引力不足是导致职教教师有效供给不足的根本性原因，是制约职教教师资格制度有效实施的基本问题。即使建立了完善的职教教师教育制度，能够培养足够的合格的职教教师，但职教教师职业吸引力不足，优秀人才不愿意从事该职业，依然不能有效解决职教教师有效供给不足的问题；纵使有完善的人事分配制度，能够为优秀人才提供岗位，但受职教教师职业吸引力不足的影响，依然不能引来“金凤凰”。

要解决职教教师职业吸引力弱的问题，则必须从制度的内生性出发，切实满足利益主体——教师的利益需要。一方面，努力改善职教教师的经济待遇，满足他们的经济利益需求；另一方面，也是更重要的，就是切实提高职教教师的社会地位和专业地位，切实满足他们的非经济利益诉求。要提高职教教师的社会地位，则必须在职业教育制度层面进行新思考。在某种程度上，职教教师职业吸引力不足是职业教育吸引力不足的副产品。长期以来，我国职业教育在制度安排上，是作为精英教育分流的产物而存在，难免给人以“失败者教育”、“三流教育”的形象；职业教育是一种终结性教育，不能满足人们对更高层次的教育需求（如本科、研究生教育），缺乏吸引力。因此，要提高职教教师职业吸引力，必须完善职业教育制度，改善职业教育形象，提高职业教育吸引力。一方面切实将职业教育作为人们成才的选择性通道，而非精英教育的分流通道。如果说接受普通教育是一种传统的成才之路的话，那么接受职业教育则应成为一种选择性的成才之路。求学者可以根据自己的实际情况选择接受普通教育或职业教育。另一方面构建现代职业教育体系，为选择职业教育者提供更宽阔的成才通道。职业教育成为人们成才的选择性通道的前提是，职业教育与普通教育的成才之路是一样宽广的，两条道路也不是截然分开的，求学者可以根据实际情况选择转轨。然而，当前作为成才之路的职业教育相对狭窄，其成才的空间远不及普通教育，在学历层次上只能到专科级别，影响了求学者的成才机会。另外，职业教育与普通教育之间缺乏“立交桥”，一旦选择了职业教育，就难有转向普通教育的机会（俞启定等，2010）。因此，在制度安排上，应加快构建体现终身教育要求的职业教育与普通教育、职前教育与职后教

育、中职教育与高职教育相互沟通、有效衔接，初等、中等、专科、本科乃至研究生层次职业教育协调发展的现代职业教育体系，使职业教育成为人们成才的选择性通道，而非精英教育的分流通道。总之，通过提高职业教育吸引力，进而提高职教教师职业吸引力，从而解决职教教师有效供给不足的深层次问题，为职教教师资格制度的实施提供更大空间。

第七章　结束语

一、主要结论与建议

教师资格制度是国家对教师实行的职业许可制度，是国家为保障从事教师职业者具备基本的从业资格而予以的标准规定和审核认可制度。教师资格制度因在教师质量保障方面具有不可替代的重要作用而受到世界各国的普遍重视。我国于1996年开始实施教师资格制度，并于2001年全面实施。教师资格制度的实施对我国教师队伍建设具有重要的意义。不论是教师资格制度实施前的酝酿阶段，还是实施之初，诸多学者从不同角度对实施教师资格制度的意义给予充分肯定，普遍认为教师资格制度在规范教师管理、保证教师“入口”质量、促进教师来源多样化、促进教师专业化、提升教师队伍整体素质与质量等方面都具有重要作用。然而，实施了十余年的教师资格制度其有效性如何？如果低效，其制度层面的原因是什么？如何创新才能提高制度的有效性？本书根据新制度经济的理论框架，循着“制度源起与功能—制度有效性标准—制度有效性表现—制度低效分析—制度创新”这一逻辑思路，围绕以上三个问题，对职教教师资格制度的有效性问题进行了系统研究。在借鉴国内外相关研究文献的基础上，通过大量调查研究，结合教师专业化、制度有效性等相关理论，本研究得出以下主要结论与建议：

第一，从制度的源起与功能来看，教师资格制度与其他众多制度安排一样，均是源于人性的弱点，弥补人类理性的不足，减少不确定性和风险，降低交易费用，满足利益相关者的利益需要。对于政府而言，有效的教师资格制度可以规范教师管理、保证教师“入口”质量、促进教学及教师专业化、约束教师招聘中的机会主义行为、提升教师队伍整体素质与质量，进而提高教育质量，保证教育目标的实现。对于学校而言，有效的教师资格制度可以促进教师来源多样化、促进合格教师“蓄水池”的形成，进而缓解教师有效供给不足的矛盾；有效的教师资格制度还可以降低学校教师招聘与培养培训的费用，包括显性的招聘成本与隐性成本（如招聘到不合格教师带来的风险）。对于教师而言，有效的教师资格制度有助于改善其经济与社会地位。对于学生及其家长而言，有效的教师资格制度可以降低其择校不慎的风险。因为教师资格制度可以确保每所学校的每位教师是合格的，是能胜任教学的，因此，不论选择哪所学校，学生都可以受到基本的合格的教育教学服务，减少了因择校不慎而受到低质量、非专业的教育教学服务的风险。

第二，职教教师资格制度总体表现低效，未能有效满足利益相关者的利益需要。具体表现在三个方面：一是职教教师资格认证低效。认证标准未能有效反映职教教师的专业性；认证方式不能有效审核申请人真实的教育教学能力；认证结果——教师资格证书缺乏预测效度。二是职教教师资格制度执行低效。中职学校并没有严格执行教师的职业准入制度，大量的中职教师属于“先上岗，后取证”，不少学校在教师招聘中并不要求应聘者必须拥有教师资格证书；少部分在职教师依然没有取得任何教师资格证书；绝大多数承担实习指导教学任务的教师并没有取得中等职业学校实习指导教师资格证书，属于“无证上岗”或“持无效证件上岗”。三是制度整体缺乏有效性，未能有效满足利益相关者的利益需要。对于政府而言，教师资格制度在规范职教教师管理、约束教师招聘中的机会主义行为、促进职教教师来源多样化、形成合格职教教师“蓄水池”、保证职教教师“入口”质量、促进职教教师专业化和教学专业化方面的效果均不理想，未能有效地促进职教教师队伍建设和教师队伍整体素质与质量的提升，进而未能有效促进职业教育目标的实现；对于学校而言，教师资格制度未能给予强烈的质量信号，教师资格证书缺乏预测效度，学校并未因教师资格制度的实施而降低教师招聘的显性与隐性成本；对于教师而言，教师资格制度未能有效改善其经济待遇，提升其专业地位，促进其专业发展；对于学生而言，教师资格制度未能保证教师的基本质量，促进职业教育的均衡发展，进而未能保证其能受到合格的职业教育教学服务，降低其因择校不慎而受到非专业的、低质量的职业教育教学服务的风险。

第三，从制度层面来看，现行职教教师资格制度低效既有制度质量问题，也有制度冲突与制度环境方面的因素。在制度质量方面，现行教师资格制度忽视了职教教师的专业性，认证标准效度低；忽视了制度的内生性，不能有效满足利益主体的利益诉求；在认证对象上存在制度真空，广大兼职教师无须资格认证，削弱了教师资格制度的权威性和严肃性；制度实施机制缺失，不仅缺乏违约处罚条款，而且对各地的配套政策、制度实施缺乏监管措施，加之层层交互委托代理的制度执行模式的缺陷，导致了制度执行低效。在制度冲突方面，现行教师资格制度既与一些外在制度（如原劳动部实施的教师上岗资格制度、教育部门实施的“双师型”教师资格制度、职教教师教育制度、职教教师职务制度、职业学校人事分配制度等）存在一定冲突，也与内在的制度（如教师资格传统、人们的教师资格认知图式）存在一定冲突。制度冲突影响了制度的社会认同，使制度遭遇合法性危机，进而影响了制度的执行。在制度环境方面，职教教师有效供给不足压缩了教师资格制度的实施空间；教育政策执行不力的整体政策氛围，影响了教师资格制度的执行，导致制度执行中的种种失真行为；人们对教师专业的认知态度也在一定程度上影响了教师资格制度的价值认同。

第四，现行职教教师资格制度的有效性与人们期待之间的差距，为制度创新提供了势能和动力。在现有教师资格制度框架下，笔者试图设计新的专门的职教教师资格制度，包括职教教师资格认证制度、职教教师资格发放制度和职教教师资格管理制度。相比现行教师资格制度，本研究设计的职教教师资格制度表现出以下几个特点：①适应范围更加广泛。在资格证书层次上，充分考虑不同申请对象的现实情况，借鉴发达国家的经验，设计了短期证书、长期证书和终身证书，从而使教师资格证书适应面大大拓宽。同时，提高了证书的预测效度。②突出职教教师的专业性。本研究设计的职教教师制度突出强调职教教师的专业性，根据职教教师的职业任务要求，横向上，将职教教师资格分为中等职业学校专业课教师资格和中等职业学校普通文化课教师资格，并将专业课教师分为 13 大类；在资格标准方面，根据职教教师的专业性要求，强调能力本位，包括学生管理能力、教学能力和专业实践能力；考虑到职教教师的专业性要求，提出取消教师资格向下融通以及高级中学教师资格与中等职业学校教师资格相互融通的规定，要求专业课教师资格只能在专业类别以内融通，不能跨专业类别融通，从而能有效约束外行教学行为，促进教学专业化。③将发展性与操作性有机结合。我国职教教师队伍建设中面临的最为突出的问题是教师有效供给不足。在这一背景下，设计多层次发展性教师资格，制定过于理想化的资格标准就可能缺乏可操作性。但教师资格制度毕竟是教师专业化的重要途径，促进教师的专业发展是其发生发展的重要意义所在。因此，在可操作性的前提下，本研究充分考虑了资格证书的发展性要求，除了在证书层次上设计了短期证书、长期证书和终身证书以外，还提出教师资格证书注册制度，长期教师资格证书持有人若要通过注册必须完成规定学分的职教教师资格培训课程、累积一定时间的与专业相关的非教学工作实践经验，从而有助于促进教师的不断自我学习和自我提高，克服了现行制度“一次认定、终身有效”的弊端。④将差异性与统一性有机结合。我国幅员辽阔，各地社会经济、职业教育发展水平存在巨大差异，但职教教师的专业性并不因为地域差异性而改变。因此，本研究认为，为了提高制度的有效性，必须确保制度的统一性，包括实行全国统一的教师资格考试制度，如果对个别欠发达地区实行照顾性政策（如降低教师资格标准），那不仅有损于制度的权威性与有效性，而且会进一步拉大地区间的差距，使得弱者越弱，强者越强。然而，地区差异性作为一种社会现实存在，在制度安排上也不得不作出妥协与让步，否则制度将缺乏合法性基础，也难以有效实施。为解决地区差异性与全国统一性的制度矛盾，本研究提出，增加短期教师资格证书为欠发达地区教师队伍建设提供一个缓冲期。在缓冲期内，国家可以加大对西部、广大农村欠发达地区的职教教师培养培训力度，帮助他们达到合格教师资格要求，从而促进全国职教教师队伍整体素质与质量的提升，实现职业教育的均衡发展，实现更大意义上的职业教育质量公平。⑤重视制度实施机制。在制度实施机制方面，新设计的职教教师资格制度引入第三方实施机制，由政府作为制度实施第三方，强制推行教师资格制度，以确保制度的完全执行，避免现行层层交互委托代理制度执行模式导致的种种制度执行中的失真问题。

第五，制约职教教师资格制度实施及有效性最重要的因素就是教师有效供给不足。职教教师的有效供给状况直接决定了教师资格制度的实施空间。在某种程度上，教师的有效供给越充足，教师资格制度的实施空间越大，制度越有效；反之，制度的实施空间越有限，制度越低效。因此，要提高职教教师资格制度的有效性，必须切实解决职教教师有效供给不足的问题。在此方面，本研究提出三点建议：一是完善职教教师教育制度，为职业学校提供稳定的合格的教师来源；二是推进全员聘用制，构建教师队伍合理流动机制，避免不符合要求的教师“出不去”，优秀的教师“进不来”的现象，为教师资格制度的实施扫清制度障碍；三是完善职业教育制度，构建现代职业教育体系，增强职业教育吸引力，进而增强职教教师职业吸引力。

二、主要问题与展望

本书借用新制度经济学的理论框架研究职教教师资格制度的有效性问题，试图为相关的理论研究与我国教师资格制度改革提供借鉴与参考。然而，由于笔者对新制度经济学这一研究工具并非十分了解，可能没有将之十分恰当地运用，加之新制度经济学毕竟是经济学的理论，用之研究教育制度问题，始终没有完全的解释力。如在经济学中，交易方是十分清晰的，制度的利益主体也十分清楚，利益也比较明确，但教育政策往往不是这样。如教师资格制度的交易方并非十分清晰，制度的利益相关主体也比较模糊，利益更加隐蔽。另外，新制度经济学本身依然处于发展中，并不成熟，对制度的有效性问题提出了基本的分析框架，但对于制度创新并没有很好的措施。如为了提高制度执行的有效性，新制度经济学家提出了第三方实施的概念，但未能提出保证第三方不偏不倚行事的应对措施。因此，本研究不可避免地存在不足与缺憾，主要体现在四个方面：一是对现行教师资格制度有效性的分析，缺乏量化研究。受研究条件所限，一方面，对教师资格证书与学生学业成绩的相关性未作量化研究，而事实上，这是教师资格制度有效性的重要方面。如果教师持有教师资格证书情况（有无教师资格证书、有哪种教师资格证书、有哪个专业的教师资格证书等）与学生学业成绩存在正相关关系，那就证明教师资格制度对促进教学质量的提高是有效的，教师资格证书能作为学生学业成绩的预测依据；相反，如果教师持有的教师资格证书情况与学生学业成绩不存在相关关系，那么说明教师资格制度未能有效促进教学质量的提升，教师资格证书不能成为学生学业成绩预测的依据。另一方面，效率是制度有效性的重要体现，但本书也未能基于教师资格制度的实施成本与收益，对教师资格制度的实施效率作量化研究。二是本书虽然对现行教师资格制度的有效性问题进行了较深刻的剖析，但本书设计的职教教师资格制度未必能克服现行教师资格制度存在的所有问题，其有效性有待实践检验。三是本研究的重点是职教教师资格制度的有效性，并没有对职教教师资格标准作深入研究，虽然提出了职教教师的专业性决定其专业资格的基本思路，并根据职教教师的职业任务提出了学生管理能力、教学能力、专业实践能力三种能力要求，但终归没有制定出符合职教教师专业性的认证标准。四是职教教师资格制度低效的表现与原因之间错综复杂，在行文中难免交织重复。如制度执行低效、制度认证低效既是职教教师资格制度低效的表现，同时也是制度整体低效的重要原因。因此，在制度低效的原因分析中，难免与制度有效性分析的部分内容重复。

鉴于本书存在的以上不足与缺憾，笔者拟在后续的研究中进行完善。一方面继续关注教师资格制度问题，收集相关数据，对教师资格证书与学生学业成绩的相关性进行量化研究；另一方面对职教教师资格认证标准进行深入研究，力图建立充分反映职教教师专业性，符合职业教育教师工作逻辑的职教教师教育教学能力标准体系，包括短期教师资格认定标准和长期教师资格考试标准。

附 录

中等职业学校教师资格制度实施办法[①]
（草案）

第一章 总 则

第一条 为保障中等职业学校教师队伍的质量和整体水平，促进中等职业学校教师的专业发展，依据《中华人民共和国教师法》（以下简称《教师法》），参照《教师资格条例》，制定本办法。

第二章 中等职业学校教师资格发放制度

第二条 横向上，中等职业学校教师资格包括中等职业学校专业课教师资格和中等职业学校普通文化课教师资格。

第三条 纵向上，中等职业学校教师资格包括短期教师资格、长期教师资格和终身教师资格。

第四条 根据教育部《中等职业学校专业目录（2010 年修订）》，暂将中等职业学校专业课教师资格分为 13 个专业类别，包括农林类、资源与环境类、能源类、土木水利工程类、商贸与旅游类、信息技术类、加工制造类、财经类、交通运输类、医药卫生类、社会公共事务类、文化艺术与体育类及其他。以后专业课教师资格的专业类别及具体专业每五年调整一次，调整依据为同一时期教育部修订的最新《中等职业学校专业目录》。

① 该实施办法是笔者根据本书的研究结论制定的，是论文第六章“职教教师资格制度创新”的具体化成果。

第三章　中等职业学校教师资格认证制度

第五条　中国公民，合法的外国公民和港澳台居民均可申请中等职业学校教师资格，其中，外国公民和港澳台居民只能申请中等职业学校短期教师资格。

第六条　在中国大陆各类中等职业学校（包括中等专业学校、技工学校、职业高中、成人中专和其他中等职业教育机构）专职或兼职从事教学工作，必须具备中等职业学校教师资格。

第七条　短期教师资格采取认定方式进行认证，主要以相关证明的鉴定为主，如学历证书、专业技术职务证书或技术等级证书、职业经历的相关证明、体检报告、思想品德鉴定证明、教学实习证明等，辅之以必要的面试（含试讲、实操）。长期教师资格采取国家统一的教师资格考试的方式进行认证。

第八条　申请短期教师资格应具备以下条件：

1. 具有本科或以上学历，或专科学历且具有高级技师以上技术等级或高级工程师以上专业技术职务或具有相关行业企业10年以上持续工作经历。

2. 具有良好的语言表达能力和基本的教学设计与组织能力。

3. 身心健康，无传染性疾病，无精神病史，适应教育教学工作的需要。

4. 具有良好的思想道德素质，无违法乱纪行为。

5. 年龄在18至60岁之间。

第九条　申请长期教师资格应具备以下条件：

1. 具有短期教师资格证书或无短期教师资格证书，但满足短期教师资格认定条件。

2. 有不少于1年的职业教育教学实习经历，且考核合格。

3. 有不少于半年的相关行业企业实践经历，且考核合格。

4. 普通话水平达到国家语言文字工作委员会颁布的《普通话水平测试等级标准》二级乙等以上标准；少数方言复杂地区的普通话水平应当达到三级甲等以上标准；使用汉语和当地民族语言教学的少数民族自治地区的普通话水平，达到三级乙等以上标准。

5. 年龄在18至55岁之间。

第十条　具备申请长期教师资格条件者，可以参加国家教师资格考试，考试包括笔试和面试，笔试内容主要包括专业知识、职业教育学（含职业教育管理学、职业教育心理学）知识、申请专业对应职业的基本知识；面试包括试讲、专业实训设备操作等。通过考试者颁授长期教师资格证书。

第十一条 实行中等职业学校教师资格注册制度。

1. 短期证书有效期为五年，且一次性有效。持有人在有效期内应取得长期教师资格，若在有效期截止之前未能取得长期教师资格，将不能继续从事中等职业学校教学工作。

2. 长期证书有效期为五年，但可以通过注册延长有效期。长期证书每五年注册一次。长期证书持有人达到注册条件可以给予注册，证书继续有效；若持有人未能达到注册条件，证书进入休眠期，持有人将不能继续从事中等职业学校教学工作。证书休眠期限为两年。若休眠期内影响注册的问题消除，可以给予注册，证书被激活，并继续有效；若休眠期内影响注册的问题无法消除，证书将永久失效，持有人若要从事中等职业学校教学工作，必须重新申请中等职业学校教师资格。长期证书连续通过三次注册，可以获得终身证书。终身证书终身有效，不需要进行注册。

3. 长期教师资格证书注册必须满足以下条件：①注册期内，平均每年完成100个学时的教学工作量，且教学考核合格。②注册期内，平均每年完成不少于40个学时的继续教育课程学习，且考核合格。继续教育课程应是通过教育部认证的职业教育教师资格指定培训课程。③注册期内，累计具有不少于10个月的企业顶岗实践（实习）经历。④思想品德健康，无违法乱纪或重大教学事故。⑤身体健康，具备从事教育教学工作的能力。

第四章 中等职业学校教师资格管理制度

第十二条 国家成立教师资格认证管理中心，中心隶属于教育部，并在各省设立工作站，在各地级市设立办事处。

第十三条 教师资格认证管理中心全面负责教师资格认证标准的研制、教师资格考试试卷的研制、全国教师资格考试的组织以及教师资格制度的实施、业务培训与管理工作；省级站点负责本辖区内各地市办事处教师资格认证的管理，根据教师资格认证管理中心的统一要求，负责组织本辖区的教师资格考试和相关培训工作；各地市办事处负责本地短期教师资格认定工作、协助省级站点做好教师资格考试的组织和相关培训工作以及长期教师资格注册工作。

第十四条 各地级市教师资格认证工作办事处每年春季和秋季各受理一次

短期教师资格认定申请，办事处应对申请人提交的证明材料进行鉴定，并组织必要的面试，并于10个工作日做出是否认定短期教师资格的结论，并在教师资格认证管理中心官方网站上公布。对符合认定条件者，颁发相应的短期教师资格证书。获得短期教师资格的时间应从批准之日算起。

第十五条　教师资格认证管理中心每年秋季组织一次全国教师资格考试。各省级工作站应对参与人的资格条件进行审核，并负责本辖区的教师资格考试的组织工作。考试成绩应在20个工作日内在教师资格认证管理中心官方网站上公布，并于成绩公布后10个工作日内向考试合格者颁发长期教师资格证书。获得长期教师资格的时间应从批准之日算起。

第十六条　教师资格认证管理中心各地市办事处每年秋季受理一次教师资格注册，对申请人提交的证明材料进行鉴定，并于5个工作日内做出是否给予注册的结论。

第十七条　任何人在中等职业学校从事教学工作都必须具有合法且有效的中等职业学校教师资格证书。

第十八条　中等职业学校教师资格证书必须注明专业及专业类别，专业课教师资格证书只能在本专业类别内融通。不便归类的特殊专业教师资格证书不允许与其他专业教师资格融通。任何普通文化课教师资格证书不能与专业课教师资格融通，也不能与其他学科普通文化课教师资格融通。

第十九条　中等职业学校教师资格证书分为三种颜色，红色为短期证书，绿色为长期证书，黄色为终身证书。

第二十条　教师资格证书的管理工作由教育部教师资格认证管理中心省级工作站负责。

第二十一条　申请人应当按照国家（地方）财政、价格管理部门的规定缴纳认证费用。

第五章　附　则

第二十二条　持短期教师资格证书的在职教师，不享有教师职务晋升资格。

第二十三条　持短期教师资格证书的在职教师只享有实习教师工资待遇，长期教师资格每通过一次注册，职务工资上调一个等级。

第二十四条　本办法自颁发之日起施行。

参考文献

1. 包海芹．教育政策执行中的委托代理问题［J］．江苏高教，2004（3）:14—17.

2. 包秀荣．我国教师资格制度的形成及其意义［J］．内蒙古民族师范学院学报（哲社版），1996（4）：58—61.

3. 操太圣，卢乃桂．伙伴协作与教师赋权——教师专业发展新视角［M］．北京：教育科学出版社，2007.

4. 陈向明．教师资格制度的反思与重构［J］．教育发展研究，2008（15—16）：42—45.

5. 陈晓燕．开放式教师教育背景下中国教师教育机构认证制度研究——以美国 NCATE 和 TEAC 认证为借鉴［D］．华东师范大学硕士学位论文，2008.

6. 陈幼德．德国职业教育教师资格及其培养模式的启迪［J］．教育发展研究，2000（2）：80—83.

7. 陈振华．国外教师资格证书制度的若干问题［J］．华东师范大学学报（教育科学版），1996（3）：85—90.

8. 陈祝林，徐朔，王建初．职教师资培养的国际比较［M］．上海：同济大学出版社，2004.

9. 崔洪杰．我国高等职业学校开设教师教育专业的现状研究——以河北省为例［D］．北京师范大学硕士学位论文，2009.

10. 崔运武．中国师范教育史［M］．太原：山西教育出版社，2006.

11. ［德］彼得·阿特斯兰德．经验性社会研究方法［M］．李路路，林克雷译．北京：中央文献出版社，1995.

12. ［德］斐迪南·腾尼斯．共同体与社会［M］．林荣远译．北京：商务印书馆，1999.

13. ［德］柯武刚，史漫飞．制度经济学：社会秩序与公共政策［M］．韩朝华译．北京：商务印书馆，2000.

14. ［德］马克斯·韦伯．经济与社会（上卷）［M］．林荣远译．北京：商务印书馆，1997.

15. 第四战略专题调研组．职业教育发展战略研究［J］．教育研究，2010

(7)：20—25.

16. 董仁忠，石伟平．挑战与应对：教育全球化背景下的我国职业教育发展［J］．职教通讯，2006（11）：12—16.

17. 樊纲．渐进改革的政治经济学分析［M］．上海：上海远东出版社，1996.

18. 方芳，王雷．高中阶段教育的学生情况比较——以湖南省宁乡县调查数据为例［J］．辽宁教育研究，2008（8）：34—37.

19. 冯务生．制度有效性理论论纲［J］．理论与改革，2005（5）：15—19.

20. 高葵芬．发达国家教师资格证书制度之比较［J］．安庆师范学院学报（社会科学版），2003（5）：101—102.

21. 高兰生，陈辉岳．英语测试论［M］．南宁：广西教育出版社，2000.

22. 高山艳，刘红云．对建立职业学校教师职业资格制度的思考［J］．职业教育研究，2008（9）：60—61.

23. 龚兴英．日本教师资格制度的特点及其启示［J］．比较教育研究，2004（5）：13—17.

24. 顾明远．教师职业的专业化论要［J］．中国高校师资研究，2002（2）：6—7.

25. 韩清林．积极推动师范教育转型，构建开放式教师教育体系［J］．教育研究，2003（3）：54—60.

26. 和震．中等职业学校教师素质状况与提高策略［J］．教育研究，2010（2）：84—88，94.

27. 贺文谨．职教教师教育的反思与建构——基于专业化的视角［D］．华东师范大学博士学位论文，2007.

28. 贺文瑾．略论职技高师“双师型”师资队伍建设［J］．教育与职业，2003（23）：50—52.

29. 洪名勇，施国庆．论制度结构对经济增长的作用［J］．郑州航空工业管理学院学报，2006，24（4）：34—40.

30. 胡春梅．制度分析方法与教育政策执行研究［J］．教育理论与实践，2007（5）：26—29.

31. 黄建．制度分析方法：公共行政学研究的“利器”［J］．理论月刊，2008（8）：139—141.

32. 黄玉捷．博弈论制度分析方法的演变及其理论的形成［J］．生产力研究，2004（12）：228—231.

33. 姜大源．当代德国职业教育的主流教学思想研究［M］．北京：清华大学出版社，2007.

34. 教育部人事司，教育部考试中心．教育心理学考试大纲（中学）［M］．北京：北京师范大学出版社，2002.

35. 教育部人事司，教育部考试中心．教育学考试大纲（中学）［M］．北京：北京师范大学出版社，2002.

36. 教育部师范司．教师专业化的理论与实践［M］．北京：人民教育出版社，2003.

37. 教育部职业教育与成人教育司，教育部职业技术教育中心研究所．新世纪中国职业教育发展——2004—2007年职业教育发展报告［M］．北京：高等教育出版社，2009.

38. 教育部职业教育与成人教育司．面向21世纪中等职业教育教学改革文件汇编［M］．北京：高等教育出版社，2000.

39. 金难．对在我国建立职业资格制度的构想［J］．社会学研究，1996（5）：1—8.

40. 康永久．教育制度的生成与变革——新制度教育学论纲［M］．北京：教育科学出版社，2003.

41. 全国教育科学"九五"规划国家教委重点课题"面向21世纪职业教育师资队伍建设对策研究"课题组．面向21世纪职业教育师资队伍建设对策研究［M］．北京：高等教育出版社，2003.

42. 孔晓东．教师资格制度与教师教育制度衔接问题的思考［J］．职业时空，2007（17）：13—14.

43. 李方，钟祖荣．教师专业标准与发展机制——教师专业化国际研究译文集［C］．北京：北京出版社，2004.

44. 李国钧，李雯．构建我国教师资格分级别认定制度的探析［J］．教师教育研究，2006（4）：40—43.

45. 李建德．"新制度经济学"的命名者——威廉姆森其说、其人［J］．经济译文，1994（1）：52—58.

46. 李蔺田．中国职业技术教育史［M］．北京：高等教育出版社，1992.

47. 李永鑫，肖荣勋．中国教师资格认证制度：问题与对策［J］．当代教育论坛，2008（3）：58—60.

48. 李子江，张斌贤．我国教师资格制度建设：问题与对策［J］．教育研究，2008（10）：43—46.

49. 梁蕴甫．职业教育法令汇编［Z］．北京：商务印书馆，1935.

50. 林向英，韦小满，郑慧勇．中等职业学校学生问题行为现状调查与分析［J］．中国特殊教育，2005（7）：70—75.

51. 林义．制度分析及其方法论意义［J］．经济学家，2001（4）：79—85.

52. 刘复兴．公共教育权力的变迁与教育政策的有效性［J］．教育研究，2003（2）：10—14.

53. 刘复兴．教育政策的价值分析［M］．北京：教育科学出版社，2003.

54. 刘捷．专业化：挑战21世纪的教师［M］．北京：教育科学出版社，2002.

55. 刘京辉，刘育峰，赵志群．中国职业教育教师标准研究［R］．教育部职业技术教育中心研究所，2000.

56. 刘来泉．世界技术与职业教育纵览——来自联合国教科文组织的报告［M］．北京：高等教育出版社，2002.

57. 刘润清，韩宝成．外语测试和它的方法（修订版）［M］．北京：外语教学与研究出版社，2000.

58. 刘伟．经济增长与宏观调控［R］．广州讲坛第二十三讲，2005-07-25.

59. 刘学钊，凌先有，赵永军等．加拿大、美国职业资格制度的启示［J］．中国水利，2004（11）：62—63.

60. 刘育峰．论专业与职教教师职业［J］．中国职业技术教育，2009（15）：61—64.

61. 刘育锋．对我国职教教师职业化若干问题的反思［J］．职教论坛，2006（12）：20—23.

62. 卢万合，蔡文香．教师资格认证制度存在的问题及其完善策略［J］．成人教育，2008（2）：60—61.

63. 卢现祥，朱巧玲．新制度经济学［M］．北京：北京大学出版社，2007.

64. 卢现祥．西方新制度经济学［M］．北京：中国发展出版社，2003.

65. 陆家海．全面实施教师资格制度的重要意义［J］．广西教育，2002（21）:9—10.

66. 罗小秋．优化兼职教师队伍管理与服务机制［J］．中国高等教育，2010（2）：53—54.

67. 马庆杰．中等职业学校学生问题与教育对策［J］．新课程研究（职业教育），2008（7）：174—175.

68. 毛才盛．职教师资资格认定的政策研究［J］．职业技术教育（理论版），2007（7）：56—58.

69. [美] E. 博登海默. 法理学哲学与法律方法 [M]. 邓正来译. 北京：中国政法大学出版社，1999.

70. [美] 保罗·A. 萨缪尔森，威廉·D. 诺德豪斯. 经济学（第12版）[M]. 高鸿业等译. 北京：中国发展出版社，1992.

71. [美] 丹尼尔·W. 布罗姆利. 经济利益与经济制度 [M]. 陈郁等译. 上海：上海三联书店，上海人民出版社，1996.

72. [美] 道格拉斯·C. 诺思. 制度、制度变迁与经济绩效 [M]. 杭行译. 上海：格致出版社，上海三联出版社，上海人民出版社，2008.

73. [美] 弗朗西斯·C. 福勒. 教育政策学导论（第二版）[J]. 许庆豫译. 南京：凤凰出版传媒集团，江苏教育出版社，2007.

74. [美] 霍尔姆斯组织. 明日之教师 [M]. 葛正明，金松译. 长春：东北师范大学出版社，1992.

75. [美] 约翰·罗尔斯. 正义论 [M]. 何怀宏等译. 北京：中国社会科学出版社，1988.

76. [美] 约翰S. 布鲁柏克. 教育问题史 [M]. 吴元训译. 合肥：安徽教育出版社，1991.

77. 孟宪乐. 教师专业化发展与策略 [M]. 北京：中国文史出版社，2005.

78. 民国教育部. 职业教育法令汇编 [Z]. 上海：中华书局，1935.

79. 潘胜寒，赵瑞情. 关于我国教师资格制度的政策评析 [J]. 安阳师范学院学报，2003（6）：34—36.

80. 漆书清. 教育统计与测量 [M]. 广州：广东高等教育出版社，1999.

81. 钱怀瑜，陈进卫. 论实行教师资格制度的重要意义 [J]. 渭南师专学报（社会科学版），1998（1）：88—92.

82. 钱平. 对中职学生厌学行为的调查分析与对策研究 [J]. 中国职业技术教育，2009（2）：11—13.

83. 秦立霞. 美国教师资格认证制度及其效应研究 [D]. 陕西师范大学博士学位论文，2008.

84. 邱开金. 中高职学生教育问题比较研究——来自浙江第一高级技工学校的调查报告 [J]. 浙江工贸职业技术学院学报，2006（3）：39—48.

85. 渠素彬. 实施教师资格认证制度的意义探讨 [J]. 北京教育学院学报，2008（3）：26—28.

86. 璩鑫圭，童富勇，张守智. 中国近代教育史资料汇编·实业教育/师范教育 [M]. 上海：上海教育出版社，2006.

87. 任学印. 关于我国教育资格证书制度的思考［J］. 中小学教师培训，2000（1）：61.

88. ［日］青木昌彦. 比较制度分析［M］. 周黎安译. 上海：上海远东出版社，2001.

89. 沈鸿敏. 日本教师资格证制度改革的最新进展及其对我国的借鉴意义［J］. 外国教育研究，2008（9）：19—24.

90. 沈宗奇. 台湾地区网络银行利益区隔与消费者行为之研究［D］. 国立东华大学企业研究所博士学位论文，2001.

91. 石金涛，陈琦. 职业资格制度的发展：人力资本理论的观点［J］. 科学管理研究，2003，21（6）：104—108.

92. 苏宏章. 利益论［M］. 沈阳：辽宁大学出版社，1991.

93. 孙邦正. 师范教育［M］. 台北：中正书局，1963.

94. 檀传宝. 制度缺失与制度伦理——兼议教育制度建设［J］. 中国教育学刊，2005（10）：10—11.

95. 唐玉光. 教师专业发展与教师教育［M］. 合肥：安徽教育出版社，2008.

96. 唐智彬. 职业教育教师专业化的困境与出路［D］. 湖南农业大学硕士学位论文，2007.

97. 田效勋，车宏生. 面试预测效度和构想效度研究述评［J］. 心理科学进展，2009，17（4）：870—876.

98. 汪秉权，屠群锋. 美、德、法、日等国职业教育的教师资格［J］. 机械职业教育，2001（9）：43—44.

99. 王保华. 国际教师教育机构认证制度研究［M］. 武汉：华中师范大学出版社，2007.

100. 王汉澜. 教育测量学［M］. 开封：河南大学出版社，1987.

101. 王继平. “双师型”与职业教育教师专业化［J］. 职业技术教育，2008（9）：50—54.

102. 王建磐. 教师专业化与教师教育政策的选择［J］. 高等师范教育研究，2001，（9）：1—4.

103. 王结发. 论制度认同［J］. 兰州学刊，2009（12）：28—33.

104. 王珺瑶. 全国职教基地专家在津探讨“双师型”师资培养战略［EB/OL］. http://www.tj.xinhuanet.com/campus/2010-12/23/content_21700440.htm，2010-12-23.

105. 王乐夫，姚洪略. 技术性、学术性与师范性相结合培养“双师型”

中职师资［J］. 中国职业技术教育，2009（3）：51—52.

106. 王丽秋. 教育政策执行失真现象的阐释［J］. 黑龙江教育学院学报，2007，26（8）：24—26.

107. 王奇. 关于中国教师资格制度的几点思考［J］. 首都师范大学学报（社会科学版）（增刊），2004. 184—185.

108. 王奇. 在教师资格有效性上做文章——上海进一步推进教师资格制度改革的思考［J］. 上海教育，2005（05B）：6—7.

109. 王森. 关于教师资格制度的思考［J］. 教育与职业，2007（3）：56—57.

110. 王宪平，唐玉光. 教师资格制度与教师教育制度关系研究［J］. 教师教育研究，2004（5）：22—26.

111. 吴全华. 意义与问题——对我国教师资格制度的解读［J］. 华南师范大学学报（社会科学版），2001（4）：90—93.

112. 吴全全，王泽荣. 职教教学改革新要求视角下的职教教师的专业素质［J］. 中国职业技术教育，2008（26）：5—6.

113. 许家文. 从经济学范式谈以科斯为代表的新制度经济学对新古典经济学的修正［J］. 商业现代化，2008（28）：394—395.

114. 严望良. 职业资格制度的国际借鉴与思考［J］. 上海综合经济，2002（7）：54—55.

115. 杨朝祥. 技术职业教育辞典［Z］. 台北：三民书局印行，1984.

116. 杨瑾，余艳. 教师资格定期认证制度研究［J］. 人民教育，2006（20）：13—16.

117. 姚建国. 立足国情，放眼未来，尽快完善我国教师资格认定和教师教育制度［A］. 第四届中国科学家教育家企业家论坛和2005中国教育热点问题研讨会论文集［C］. 2005. 220—225.

118. 姚琳. 关于我国教师资格认证标准的几点思考［J］. 集美大学学报，2007，8（2）：12—16.

119. 叶澜，白益明，王枬. 教师角色与教师发展新探［M］. 北京：教育科学出版社，2001.

120. 尹弘飚，李子建. 论课程改革中的教师改变［J］. 教育研究，2007（3）：23—29.

121. 游桂兰. 新课程标准下高中英语测试内容效度分析［D］. 武汉：华中师范大学硕士学位论文，2000.

122. 俞启定，和震，查吉德等. 深入理解规划纲要 促进职业教育科学发展［J］. 中国职业技术教育，2010（27）：5—17.

123. 俞启定，杨瑾. 关于中国教师资格的历史考察［J］. 河北师范大学学报（教育科学版），2009，11（7）：65—70.

124. 俞启定. 从顶层设计入手，改进完善教师资格制度——“中国教师资格制度研究”主报告［R］. 全国教育科学“十五”规划教育部重点课题“中国教师资格制度研究”课题组，2008.

125. 俞启定. 教师资格再认证问题研究［J］. 教师教育研究，2006，18（6）：16—20.

126. 袁贵仁. 价值学引论［M］. 北京：北京师范大学出版社，1991.

127. 袁贵仁. 在中国首届教师资格制度国际学术研讨会上的讲话［N］. 中国教育报，2005-04-09（1）.

128. 袁振国. 教育政策学［M］. 南京：江苏教育出版社，2001.

129. 查吉德，苏海燕. 广州市番禺区制造业缺工状况的调查研究［J］. 中国职业技术教育，2010（18）：56—60.

130. 查吉德. 广州市技能型人才培养与市场需求的拟合度研究［J］. 职教论坛，2006（10. 上）：44—47.

131. 查吉德. 国外职教教师资格制度研究述评——制度有效性的视角［J］. 外国教育研究，2011（3）：45—50.

132. 查吉德. 教师资格制度的基本矛盾探析［J］. 教育导刊，2011（1）：49—52.

133. 查吉德. 论中职教师的专业性［J］. 职业技术教育，2011（1）：62—66.

134. 查吉德. 我国教师资格制度研究述评［J］. 江苏技术师范学院学报，2011，17（1）：64—70.

135. 查吉德. 职业教育教师资格制度研究报告［R］. 教育部、财政部中职教师素质提高计划之公共项目“职业教师资格制度研究”课题组，2009.

136. 翟海魂. 英国中等职业教育发展研究［M］. 北京：高等教育出版社，2005.

137. 张凯，张美红. 认知图式：社会认知的偏差与重构［J］. 新西部，2007（8）：208—209.

138. 张烨. 教育政策的制度分析：必要、框架及限度［J］. 复旦教育论坛，2006（6）：24—32.

139. 张宇. 我国当前职教师资培养的基本经验、基本问题和发展需要［R］. 北京师范大学博士后出站报告，2009.

140. 赵康．专业、专业属性及判断成熟专业的六条标准——一个社会学角度的分析［J］．社会学研究，2000（5）：30—39.

141. 赵昆．“经济人”假设与制度认同［J］．齐鲁学刊，2007（5）：122—125.

142. 赵志群，苏敏．职业资格研究——职业资格和学历证书相互沟通的基础［J］．职教论坛，2005（12）：4—7.

143. 赵志群．关于职业学校教师的职业及其专门化问题的研究［J］．河北职业技术师范学院学报（社会科学版），2002，1（1）：20—25.

144. 赵中建．英国和日本教师资格认证制度研究［R］．全国教育科学“十五”规划教育部重点课题“中国教师资格制度研究”子课题“英国和日本教师资格认证制度研究”课题组，2008.

145. 中国社会科学院国情调研课题组．中国职业教育：发展与挑战——来自中国社会科学院的报告［J］．职业技术教育，2007（21）：18—49.

146. 钟启泉．教师“专业化”：理念、制度、课题［J］．教育研究，2001（12）：12—16.

147. 钟启泉．“教师专业化”的误区及其批判［J］．教育发展研究，2003（4/5）：119—123.

148. 周凤华．教育政策执行中影响职业教育吸引力的情况调研报告［J］．中国职业技术教育，2009（22）：41—44.

149. 周南照．教师教育改革与教师专业发展：国际视野与本土实践［M］．上海：华东师范大学出版社，2007.

150. 朱旭东．美国教师资格证书制度研究报告［R］．全国教育科学“十五”规划教育部重点课题“中国教师资格制度研究”子课题“美国教师资格证书制度研究”课题组，2008.

151. 祝怀新．封闭与开放——教师教育政策研究［M］．杭州：浙江教育出版社，2007.

152. 庄西真．教育政策执行的社会学分析——嵌入性视角［J］．教育研究，2009（12）：19—24.

153. 邹吉忠．论制度思维方式与制度分析方法［J］．哲学动态，2003（7）：6—9.

154. Adam Gamoran. *The Quality of Vocational Education*：*Background Papers from the 1994 National Assessment of Vocational Education*［C］. Washington，D. C.：National Institute on Post-secondary Education，Long Learning Office of Education Research and Improvement，U. S. Department of Education. 1998.

155. Albert Shanker. Professional Testing for Teachers [A]. Michael L. Chernoff, Paula M. Nassif & William Phillip Gorth. *The Validity Issue: What should Teacher Certification Tests Measure?* [C]. New Jersey: Lawrence Erlbaum Associates, Inc., Publishers, 1987. pp. 35 – 44.

156. Ayten Ulusoy. A Comparative Study on Vocational and Technical Teacher Training Systems in the Germany, France and United Kingdom from Member of European Union and Turkey [R]. Ankara – Turkiye: Ankara University – Iveta Regional Conference – 20 – 22 October 2003.

157. Beatrice Laura Carnielli, Candido Alberto Gomes & Clelia de Freitas Capanema. TVET Teachers in Brazil [A]. Philipp Grollmann & Felix Rauner. *International Perspectives on Teachers and Lectures in Technical and Vocational Education* [C]. Dordrecht: Springer Publishers, 2007. pp. 27 – 53.

158. Committee on Certification and Training of Teachers. *Report of the Committee on the Selection and Training of Teachers for State Aided Industrial Schools for Boys and Men* [R]. New York: The National Society for the Promotion of Industrial Education, 1913.

159. David Snedden, Ruth Mary Weeks & Ellwood P. Cubberley. *Vocational Education: Its Theory, Administration and Practice* [M]. Boston: Houghton Mifflin Company, 1912.

160. Edwen J. Weber. Vocational Competency Examination for Preparatory Teachers and Teacher Coordinators in Vocational Business and Office Education [DB/OL]. http://www.eric.ed.gov/PDFS/ED042893.pdf, 1970 – 00 – 00.

161. Elizabeth A Ethridge. Alternative Certification: A Threat to Quality [J]. *Childhood Education*, Winter 2000/2001, 77 (2): p. 94.

162. Goldhaber, D. D. & Brewer, D. J. Does Teacher Certification Matter? High School Certification Status and Student Achievement [J]. *Educational Evaluation and Policy Analysis*, 2000, 22 (2): pp. 129 – 145.

163. H. C. Kazanas & L. D. Kieft. *A Experimental Project to Determine More Effective Vocational Education Certification in Michigan by Competency Examination* [M]. Ypsilanti: University Press, Eastern Michigan University, 1966.

164. Hanushek, Eric A., John F. Kain & Steven G. Rivkin. Why Public Schools Lose Teachers [J]. *Journal of Human Resources*, 2004, 39 (2): pp. 326 – 354.

165. Helen F. Ladd. Teacher Labor Markets in Developed Countries [J]. *The Future of Children*, 2007, 17 (1): pp. 201 – 217.

166. J. F. Marsh. *A Catechism on Vocational Education in West Virginia under the Smith - Hughs Law* [M] . Charleston: Jarrett Printing Co. , 1921.

167. Jane N. Ryland . Brief Summarization of State Requirements for Certification/Recertification of Postsecondary Vocational Education [DB/OL] . http: //www. eric. ed. gov/PDFS/ED204630. pdf, 1981 - 05 - 00.

168. Jette Harrybye, John Houman Sørensen & Gunnar Finnbogason etc. *Teachers and Trainers in Vocational Training* (*Volume* 4: *Denmark*, *Finland*, *Iceland*, *Norway and Sweden*) [M] . Thessaloniki: CEDEFOP - European Centre for the Development of Vocational Training, 1997.

169. Joseph S. Taylor. *A Handbook of Vocational Education* [M] . New York: The Macmillan Company, 1914.

170. Joshua D. Angrista & Jonathan Guryan. Does Teacher Testing Raise Teacher Quality? Evidence from State Certification Requirements [DB/OL] . http: //www. nber. org/papers/w9545. pdf? new_ window = 1, 2003 - 03 - 00.

171. Lee, Lung - Sheng Steven. *Development of Technology Teacher Certification in Taiwan* [R] . The Annual Meeting of International Technology Education, 2002.

172. Linda Darling - Hammond & Gary Sykes. Wanted: a National Teacher Supply Policy for Education: the Right Way to Meet the "Highly Qualified Teacher" Challenge [J] . *Education Policy Analysis Archives*. 2003, 11 (33): pp. 1 - 55.

173. Melissa. E. W & Anthony. B . F. Trends in California Teacher Demand: A County and Regional Perspective [DB/OL] . http: //ies. ed. gov/ncee/edlabs/projects/project. asp? projectID = 144&productID = 58, 2008 - 07 - 00.

174. Michael A. Rebell. Disparate Impact of Teacher Competency Testing on Minorities: Don't Blame the Test Takers-or the Tests [A] . Michael L. Chernoff, Paula M. Nassif & William Phillip Gorth. *The Validity Issue*: *What Should Teacher Certification Tests Measure*? [C] . New Jersey: Lawrence Erlbaum Associates, Inc. , Publishers, 1987. pp. 1 - 34.

175. Michael L. Chernoff, Paula M. Nassif & William Phillip Gorth. *The Validity Issue*: *What Should Teacher Certification Tests Measure*? [C] . New Jersey: Lawrence Erlbaum Associates, Inc. , Publishers, 1987.

176. Monk, David H. Subject Area Preparation of Secondary Mathematics and Science Teachers and Student Achievement [J] . *Economics of Education Review*, 1994, 13 (2): pp. 134 - 145.

177. Moriki Terada. The Development and Present Situation of Vocational and

Technical Teachers' Professions in Japan [A] . Philipp Grollmann & Felix Rauner. *International Perspectives on Teachers and Lectures in Technical and Vocational Education* [C] . Dordrecht: Springer Publishers, 2007: pp. 159 – 183.

178. NCES. America's Teachers Ten Years after "National at Risk" [DB/OL] . http://nces.ed.gov/pubs94/94149.pdf, 1994 – 08 – 00.

179. NCES. Public Secondary School Teacher Survey on Vocational Education [DB/OL] . http://nces.ed.gov/pubsearch/pubsinfo.asp? pubid = 94409, 1994 – 02 – 28.

180. NCES. Qualifications of the Public School Teacher Workforce: Prevalence of Out-of-Field Teaching 1987 – 88 to 1999 – 2000 [DB/OL] . http://nces.ed.gov/pubs2002/2002603.pdf, 2004 – 08 – 00.

181. Norman Lucas. Perspectives on Teachers of Vocational and Technical Education in the UK [A] . Philipp Grollmann & Felix Rauner. *International Perspectives on Teachers and Lectures in Technical and Vocational Education* [C] . Dordrecht: Springer Publishers, 2007. pp. 251 – 276.

182. O'donnell, Brian Charles. *A Model for Registering Teachers, Accrediting Teacher Education and Awarding Advanced Certification in Australia* [D] . The University of Western Sydney Macarthur, 1999.

183. Philipp Grollmann, Felix Rauner. *International Perspectives on Teachers and Lectures in Technical and Vocational Education* [C] . Dordrecht: Springer Publishers, 2007.

184. Richard L. Lynch & Sheila K. Ruhland. Career and Technical Teaching and Teacher Education in the United States of America [A] . Philipp Grollmann & Felix Rauner. *International Perspectives on Teachers and Lectures in Technical and Vocational Education* [C] . Dordrecht: Springer Publishers, 2007. pp. 277 – 306.

185. Richard L. Lynch. Occupational Experience as the Basis for Alternative Teacher Certification in Vocational Education [A] . Adam Gamoran. *The Quality of Vocational Education: Background Papers from the* 1994 *National Assessment of Vocational Education* [C] . Washington, D. C. : National Institute on Post-secondary Education, Long Learning Office of Education Research and Improvement, U. S. Department of Education, 1998. pp. 43 – 64.

186. Thomas J. Kane, Jonah E. Rockoff & Douglas O. Staiger. What does Certification Tell us about Teacher Effectiveness? Evidence from New York City [DB/OL] . http://www.dartmouth.edu/~dstaiger/Papers/nyc%20fellows%

20march%202006. pdf, 2006-03-00.

187. Vincent Troger & Wolfgang Horner. Teachers of Technical and Vocational Education in France [A] . Philipp Grollmann & Felix Rauner. *International Perspectives on Teachers and Lectures in Technical and Vocational Education* [C] . Dordrecht: Springer Publishers, 2007. pp. 97 – 121.

188. Waldemar Bauer. TVET Teachers and Instructors in Germany [A] . Philipp Grollmann & Felix Rauner. *International Perspectives on Teachers and Lectures in Technical and Vocational Education* [C] . Dordrecht: Springer Publishers, 2007. pp. 123 – 158.

189. William H. Dooley. *Principles and Methods of Industrial Education for Use in Teacher Training Classes* [M] . Boston: Houghton Mifflin Company, 1919.

190. William P. Sears, Jr. *The Roots of Vocational Education* [M] . New York: John Wiley & Sons, Inc. , London: Chapman & Hall, Limited, 1931.

后记

本书是在我的博士论文的基础上修改而成的，在即将付梓之际，心中并没有收获的喜悦，而是倍感压力。一是我深知本书还有很多不足，与诸多师长、领导、亲朋的期望仍有很大差距。二是在历经三年完成博士学业及本书之后，我深信自己已经选择了一条布满荆棘的学术之路，这本书只是一个开始，前面的道路还很长很长。

拙作能呈现在诸位面前，离不开诸多师长、领导、亲朋以及那些认识的与不认识的同道中人的帮助与支持。在此，谨向他们致以最衷心的谢意。

首先，感谢我的导师俞启定教授。因为先生，我有幸成为北京师范大学的一名博士研究生；因为先生，我有幸接触到“职业教育教师资格制度”这一新的研究领域。本书从选题，到论文写作再到付梓出版，先生倾注了大量心血。可以说，没有先生的教诲、鼓励与支持，就不会有本书。

其次，感谢广州番禺职业技术学院的领导，学校领导在我的博士研究生学习与论文写作上给予了大力支持并提供了诸多帮助。尤其要感谢校党委书记焦兆平教授。焦书记是我走上职业教育研究工作的领路人，也是我生活上的导师。焦书记为人处世宽容豁达，令我终身受益。在广州番禺职业技术学院工作的九年，我的每一次进步与成长都离不开焦书记的支持和帮助。

再次，感谢北京师范大学教育学部和震副教授、赵志群教授、李兴洲副研究员、高鸿源教授、曾晓东教授，国家教育行政学院邢晖研究员、教育部职教中心研究所余祖光研究员、刘育锋研究员，中国职业技术教育杂志社赵伟社长，广东技术师范学院刘合群教授、王川教授，暨南大学出版社黄圣英女士，广州大学教育学院陈少华副教授、师兄张宇博士、李霄鹏博士、同学陈建录博士、李红卫博士以及师门王秋、吴信辉、毛翠丽、李亚萍、李宇睛、王欢、徐文新等所有同学，他们为我的学习、本书的写作与出版提供了诸多帮助。

最后，要感谢我的爱人黎荷芳女士，我年迈的父母查长和先生、官金凤女士，岳父黎守道先生、岳母杨荣秀女士以及我可爱的儿子查浩宇小朋友。家人是我最大的支持，也是我生活的希望所在，但这些年我亏欠他们的实在是太多太多！在此送上最诚挚的谢意与祝福，祝他们幸福安康！也祝天下所有的家庭幸福美满！

查吉德

2011 年 5 月